A STUDY ON THE EFFECTIVENESS OF IDEOLOGICAL AND POLITICAL EDUCATION FOR COLLEGE STUDENTS

# IN THE NEW MEDIA ERA

BASED ON THE PERSPECTIVE OF SOCIALIST CORE VALUES

# 新媒体时代

## 大学生思政教育实效性研究

### 基于社会主义核心价值观视角

范益民◎著

中国经济出版社
CHINA ECONOMIC PUBLISHING HOUSE
北京

**图书在版编目（CIP）数据**

新媒体时代大学生思政教育实效性研究：基于社会主义核心价值观视角 / 范益民著．--北京：中国经济出版社，2023.11

ISBN 978-7-5136-7536-9

Ⅰ．①新… Ⅱ．①范… Ⅲ．①大学生-思想政治教育-研究-中国 Ⅳ．①G641

**中国国家版本馆 CIP 数据核字（2023）第 209941 号**

责任编辑　叶亲忠
责任印制　马小宾
封面设计　华子图文

**出版发行**　中国经济出版社
**印 刷 者**　北京柏力行彩印有限公司
**经 销 者**　各地新华书店
**开　　本**　710mm×1000mm　1/16
**印　　张**　16.25
**字　　数**　250 千字
**版　　次**　2023 年 11 月第 1 版
**印　　次**　2023 年 11 月第 1 次
**定　　价**　88.00 元
**广告经营许可证**　京西工商广字第 8179 号

**中国经济出版社** **网址** www.economyph.com **社址** 北京市东城区安定门外大街 58 号 **邮编** 100011

# 摘要

ABSTRACT

新媒体自诞生以来到目前的广泛运用，凭借其强大的技术魅力，高度嵌入了现代大学生的日常生活场域，对大学生的学习方式、思维方法与交往模式，产生了重大影响，成为大学生群体成长的重要背景和参照。

大学生社会主义核心价值观培育工作，是高校思想政治教育工作的重要任务和核心内容之一。在新媒体时代，大学生的价值观念、道德行为呈现出了多样化、极具时代性的特征。受新媒体技术的“推波助澜”和西方国家在新媒体技术方面的优势，网络虚拟阵地上中西价值观的争夺较量日趋白热化，而作为未来发展一代的大学生自然成为各方争夺拉拢的首要对象。聚焦青年大学生群体，审视在他们身上折射出来的价值观的变化，自觉地从本学科的视域剖析和阐释变化背后的原因，这对于坚定社会主义道路自信、理论自信、制度自信和文化自信，提升高校思想政治教育工作的实效性具有重要意义。

本书以“新媒体时代”作为分析的时代框架，“大学生群体”作为关照的研究对象，“社会主义核心价值观培育”作为研究的内容，从以下几个方面依次铺开论述。

一是什么是新媒体时代，这是本书研究的前提背景，从学理上首先对什么是新媒体、新媒体时代的特征、新媒体对社会关系的变革影响等进行了较为详细的阐述。随后围绕新媒体时代对大学生社会主义核心价值观培育提出的新要求做了详尽梳理，这为后面论述的展开奠定了学理基础。

二是新媒体时代大学生社会主义核心价值观培育的现状分析。通过大量的实证数据和已有的研究成果，分析梳理出了大学生社会主义核心价值观培育的主流、存在的问题，并遵循由外到内的逻辑顺序，从学校、家庭、社会和主体四个维度，对大学生社会主义核心价值观培育中存在的问题进行了系统剖析。

三是新媒体时代大学生社会主义核心价值观培育的理论基础与基本原则。为了使新媒体时代大学生社会主义核心价值观培育更有可控性和可操作性，本书以马克思主义基本原理、思想政治教育方法论与传播学的相关理论为基础，作为构建对策研究的分析工具；社会主义核心价值观要想真正在大学生中间落地生根，还必须依靠对培育原则的科学认识。总体遵循政治性、人本性、整体性、实效性和实践性五个基本原则。

四是新媒体时代大学生社会主义核心价值观培育的外部实现路径。这是本书的核心和关键，同时也是难点。从法律规制、完善监管、技术控制实现大学生社会主义核心价值观培育的新媒体传播环境多维联动优化。在新媒体平台上构建学校、家庭、社会三方协同培育模式，围绕发挥学校的主阵地作用、增强家庭学校联动效能、提高社会治理机制水平进行了详尽的论证分析，力求实现对该问题的外部环境的破解。

五是新媒体时代大学生社会主义核心价值观的培育重在实践养成。这是本书研究的落脚之处，也是大学生社会主义核心价值观培育最终的归宿。社会主义核心价值观要切实转变为个体认同，直至走向信仰，归根结底离不开主体的自主性这一因素。“线上”与“线下”的实践结合是本章的主线，本书对实践养成的目标、实践养成的前提与实践养成的方式等三个逻辑关系进行了深入分析。

新媒体时代，大学生正处于一个多元价值观念碰撞博弈、交锋整合的过程中，开展大学生社会主义核心价值观培育工作是一项系统工程，既关乎社会主义制度的未来发展走向，也与大学生思想政治教育实效性息息相关。对其研究不可能一蹴而就，而应将其作为一项持续性的、创新性的、系统推进的伟大工程。对于这个工程的推进，需要汇聚更多优秀专家、学者的智慧与力量，方能取得应有的成效。路漫漫其修远兮，作为一名思想政治教育工作者，义不容辞，任重道远！

# 目录

CONTENTS

# 第一章 导 论

马克思在《〈黑格尔法哲学批判〉导言》中说，理论在一个国家实现的程度，总是取决于理论满足这个国家的需要的程度。[①] 党的十八大报告深刻阐释了社会主义核心价值观构建的重要意义及战略要求，提出要“倡导富强、民主、文明、和谐，倡导自由、平等、公正、法治，倡导爱国、敬业、诚信、友善，积极培育社会主义核心价值观”。[②] 这是我党对社会主义核心价值观认识的一次质的飞跃，对大学生社会主义核心价值观的培育提出了新要求。党的二十大报告强调“广泛践行社会主义核心价值观”，指出“用社会主义核心价值观铸魂育人，完善思想政治工作体系，推进大中小学思想政治教育一体化建设”。[③] 这为高校思想政治教育工作指明了方向。与此同时，随着网络通信等技术的突飞猛进，以“两微一端”（微博、微信、新闻客户端）为代表的新媒体媒介，正在引发人们生活、学习、交往的深刻变动，尤其在媒体融合发展进程中，突飞猛进的媒介技术不断重构着人与自身、人与世界的关系，不仅影响着人们看待世界的方式和角度，还使社会生活呈现出许多前所未有的新文化景观。媒介不仅仅是组织、政党或个人根据其需求选择是否使用的技术，它的存在已然成为社会和文化实践的一个结构性条件，同时存在于特定的文化领域以及作为整体的社会中。在媒介化社会中，媒介技术对社会生活的影响无处不在、无时

① ［德］马克思，恩格斯．马克思恩格斯选集（第1卷）［M］．中共中央马克思恩格斯列宁斯大林著作编译局，编译．北京：人民出版社，2012：11.

② 胡锦涛．坚定不移沿着中国特色社会主义道路前进　为全面建成小康社会而奋斗［N］．人民日报，2012-11-09.

③ 习近平．高举中国特色社会主义伟大旗帜　为全面建设社会主义现代化国家而团结奋斗——在中国共产党第二十次全国代表大会上的报告［M］．北京：人民出版社，2022：44.

不有，人们从经济、政治和文化等各种社会机制中都能感受到一种影响效力显著的“媒介逻辑”。特别是进入移动互联网时代以后，数字化技术已经成为中国社会现代化转型的重要驱动力，媒介逻辑影响和规制着人类社会生活中的一切文化、秩序和规范。可以说，当前社会互动的基本特征就是遵循以数字化技术为载体的媒介逻辑，使社会互动持续向深度媒介化状态过渡。社会主义核心价值观培育工作是一项关乎国之大计、民族未来的重大课题，对于我国青年大学生群体而言意义尤为深远。基于此，结合新媒体深度发展的时代背景环境，对大学生社会主义核心价值观培育展开探讨和研究势在必行，更是提升大学生思政实效性的迫切要求。高校思想政治教育工作者、理论工作者必须直面这一时代命题，从理论和实践层面，对于这一大学生时代课题给出有力的探索和回应。

## 第一节　选题缘起与意义

### 一、选题缘起

#### （一）意识形态领域的博弈——“中国价值”话语权确立的需要

以网络通信、移动互联网、云计算、物联网、大数据等领域的科技创新为先导，整个时代所表征出的大变革、大发展、大融合的发展事态已成为不可逆转的历史潮流。中国互联网络信息中心（CNNIC）发布的第 49 次《中国互联网络发展状况统计报告》显示，截至 2021 年 12 月，我国网民规模达 10.32 亿人，我国手机网民规模达 10.29 亿人，我国即时通信用户规模达 10.07 亿人，我国网络视频（含短视频）用户规模达 9.75 亿人。①

勃兴的新媒体较之传统媒体在意识形态的传播整合和意义建构上表现出了超强的功能。它可以在网络空间中集约化生产并批量化复制具有特殊意蕴的意识形态符号——意义体系，使之裂变传播，拓展了意识形态建构功能的符号编码的传播及运作模式，把意义系统与象征模式传播给时空上

① 中国互联网络信息中心．第 49 次《中国互联网络发展状况统计报告》［EB/OL］.［2022-03-26］. http：//www.cnnic.net.cn/hlwfzyj/hlwxzbg/hlwtjbg/202202/t20220225_ 71727.htm.

比较分散的潜在受众，并转化为民众所能接受的模式，“根据一种他会乐意看到在一切人类中间得到传播的‘模式’去行动，根据这样一种类型的文明去行动：他为这种文明的到来而工作，并为保持这种文明而去‘抵抗’那些威胁着要瓦解这种说明的力量”①。“媒介就是意识形态”，这是著名学者 J. 希利斯·米勒的观点，足见媒体对意识形态影响之深。

在高速发展的新媒体时代，网络平台成为中西抢夺意识形态话语权的前沿阵地。西方国家借助新媒体传播的开放性、高效性、强关系性和不易控性等媒介属性，依托先进的技术和传媒垄断地位，大肆渗透其意识形态、价值观和政治制度。“发达的工业文化较之它的前身是更为意识形态化了”②，各种西方价值观以不易被人察觉的隐蔽方式通过各种网络文化媒介频频出场，故事情节精妙布局、炫美画面、震撼视听场景的迷障，以《纸牌屋》《权力的游戏》为代表的美剧都展现出了西方文化中一以贯之的“上帝选民”、自我中心主义和个人英雄主义情结，将西式的英雄观、文化观、历史观、政治观等潜移默化地投射到观众的思维意识中，牵引着国人的思维逻辑。民主、自由、人权等“普世价值观”以网络空间为言说平台化身正义与秩序的“裁判员”，通过塑造人们对于政治、文化、社会生活的评价标准，转换着国人的思维方式。③ 这给中国思想文化领域带来了前所未有的风险挑战，意识形态领域中的多元与一元的碰撞冲突加剧，严重威胁着我国的意识形态安全。对此，习近平总书记指出：“牢牢掌握党对意识形态工作领导权，全面落实意识形态工作责任制，巩固壮大奋进新时代的主流思想舆论。”④“适应互联网快速发展形势，善于运用网络传播规律，把社会主义核心价值观体现到网络宣传、网络文化、网络服务中，用正面声音和先进文化占领网络阵地”⑤ 显得刻不容缓。

### （二）媒介变迁引发社会结构的演进

基于移动互联网的微博、微信、微视频及抖音、西瓜、小红书等自媒

---

① ［意］葛兰西．实践哲学［M］．徐崇温，译．重庆：重庆出版社，1990：61.

② 蒋红．高校意识形态工作亟待加强［J］．红旗文摘，2014（21）：30.

③ 徐艳玲，李朝慧．西方网络空间社会思潮乱象对中国的影响及其应对［J］．思想教育研究，2022（5）.

④ 习近平．习近平著作选读（第一卷）［M］．北京：人民出版社，2023：36.

⑤ 参见中共中央办公厅印发的《关于培育和践行社会主义核心价值观的意见》，http：//news. xinhuanet. com/politics/2013-12/23/c_ 118674689. htm。

体大行其道，已成为主流传播方式，微传播急剧改变着中国的传播生态和舆论格局。微传播正以惊人的速度渗透人类社会的政治、经济、思想文化等诸多领域，给我国全方位的发展带来了严峻的挑战。新媒体技术产生的社会影响超越了工业革命：工业革命以机械技术解放了人的四肢，使人类脱离了繁重的体力劳动；新媒体则是一场深刻的智能革命，以人工智能解放了大脑，把人们从智力劳动中解放出来。新媒体是人类社会文明形态的一种，具有高度开放化、极强去中心化、民主草根化等显著特征，必然对传统社会形成挑战，引发人们的生活交往方式、思想思维方式的巨大变革。

文化传播最强有力的手段就是媒体。传播内容更加复杂、传播载体更加隐秘、传播对象更加自由的新媒体正改变着文化的传播形态，使得文化得以更便捷、更广泛传播。其一，实现了信息传播的无国界。信息资源大众化、公开化、全球化与平等化。人人成为“自媒体”“信息源”，人人都是麦克风，大众思想更开放、个性更独立、个人本位凸显，自上而下的信息垄断、信息传递，思想“把关”模式被消解。其二，主流话语权弱化。新媒体衍生的强大虚拟空间，导致世俗化、思潮多元化、大众化甚至草根化，网上思想观点交锋、话语权争夺白热化；同时也使网络语言碎片化与“煽情化”，主流话语体系、官方文本及传统意识形态的掌控力等遇到前所未有的挑战和解构。

在人类文明的发展史上，任何观念、思想的传播均需要一定的传播方式或者媒介，依托适宜的传播环境，才得以为大众所认同采纳。① 当然，技术并不是推动社会进步的唯一力量，它和制度设计、资源配置、权力分配等社会历史条件一同发生作用，但技术往往会成为事件的触发点。当下，最出彩的技术变革自然归属于网络新媒体，其已成为探讨许多问题时不能回避的内容和基点。

### （三）新媒体对大学生生活世界的渗透

胡锦涛同志深刻地指出：“一个有远见的民族，总是把关注的目光投向青年；一个有远见的政党，总是把青年看作推动历史发展和社会前进的

① Shearon A. Lowery，Melveň L. Defleur. Milestones in Mass Communication Research ［M］. AllynandBacon，1994：225.

重要力量。”[①] 大学生是走在时代发展前沿的群体，他们拥有怎样的道德观念、理想信念关乎我国未来社会发展的方向，更决定着中华民族伟大复兴是否顺利实现。2014 年 5 月 4 日，习近平总书记在北京大学师生座谈会的讲话中指出：“我为什么要对青年讲讲社会主义核心价值观这个问题？是因为青年的价值取向决定了未来整个社会的价值取向，而青年又处在价值观形成和确立的时期，抓好这一时期的价值观养成十分重要。”[②]

学生群体是网民中规模最大的职业群体。作为乐于接受新事物的群体，大学生深受新媒体影响。在网络信息场中，泥沙俱下、参差不齐，我国高校大学生必须提升媒介素养，夯实网络信息的甄选能力，在与西方价值观的较量对比之中，升华道德水平、提升“免疫力”，从理论、历史和现实维度深层次不断强化对中国共产党为什么能、中国特色社会主义为什么好等根本问题上的高度价值认同。本书研究始终从思想政治教育的学科定位出发，立足于提升新时代大学生的思想政治教育实效，以促进学生全面发展作为研究的基本导向。如何借力新媒体将社会主义核心价值观教育融入高校思想政治教育的全过程、大学生成长成才的各环节；如何结合各方面实际，趋利避害，发挥新媒体特有优势为深入推动大学生社会主义核心价值观培育添砖加瓦？上述问题成为笔者探讨的动因。

## 二、选题意义

研判一个问题的价值，关键看它是否满足时代的需求，是否能够为当今时代提供理论层面或现实层面的参考。在这场刀光剑影的网络之战中，暗暗角力的是各自国家的核心价值观念。“社会主义核心价值观不去占领，其他价值观就会去占领。”[③] 从理论上，必须充分梳理清楚社会主义核心价值观“是什么”，为什么“必须坚持”以及“怎样坚持”，从而使当代大学生不仅“知其然”，更“知其所以然”。选择在新媒体环境下研究大学生社会主义核心价值观培育问题，不仅是当前意识形态斗争发展的现实需

① 胡锦涛．迈向新世纪，创造新业绩——在共青团第十四次全国代表大会上的祝词［N］．人民日报，1998-06-20.

② 习近平．青年要自觉践行社会主义核心价值观——在北京大学师生座谈会上的讲话［N］．人民日报，2014-05-05（2）.

③ 范洁波．大学生社会主义核心价值观教育的困境及对策［J］．高教探索，2014（2）：168-171.

要，也是为党育人、为国育才的时代要求，更是当代大学生全面发展的成长呼唤，这对于提升大学生思政教育实效性意义极其重大。

### （一）理论意义

#### 1. 拓展了中国式现代化精神生活共同富裕的研究论域

实践是认识的来源，中国特色社会主义的伟大实践推动着社会主义核心价值观的丰富和发展。党的十八大以中央文件的形式公布社会主义核心价值观的基本内容，“三个倡导”的24个字体现出了极强的包容性和阐释张力，为全国各族人民尤其是当代大学生社会主义核心价值观的培育提供了基本的遵循与依据。新时代新征程，党的十九大将社会主义核心价值体系规定为习近平新时代中国特色社会主义思想的基本方略，而社会主义核心价值观作为核心价值体系的内核凝练和集中表达，从文化领域上升到政治领域，标志着我们党对社会主义核心价值观的理论认识达到了一个新高度，是在文化强国建设上的重大举措，更是中国式现代化的题中之义。党的二十大报告强调：“中国式现代化是物质文明和精神文明相协调的现代化。”① 从概念提出到战略高度，我们对社会主义核心价值观的认识不断丰富深化，也为我们进行学术研究拓展了新的研究论域。

#### 2. 丰富和充实大学生社会主义核心价值观培育的基础理论

马克思认为：“人创造环境，同样，环境也创造人。”② 高校思想政治教育工作的核心和主旋律就是大学生社会主义核心价值观的培育研究工作。面对新媒体时代的扑面而来，媒介的崭新形式，从新媒体视域探讨大学生社会主义核心价值观培育的问题，就显得极为迫切和突出。以新媒体时代作为介入分析的视角，这是本书的独特学术价值所在。从学理上，科学界定新媒体、新媒体时代的概念内涵，梳理分析新媒体时代大学生价值观的生成机制，这对于全面理解当前大学生思政实效的外部环境、新时期大学生社会主义核心价值观的特点、德育的目标，均具有重要的研究价值。本书的研究旨在深化对大学生德育环境的认识，延展社会主义核心价

---

① 习近平．高举中国特色社会主义伟大旗帜　为全面建设社会主义现代化国家而团结奋斗——在中国共产党第二十次全国代表大会上的报告［M］．北京：人民出版社，2022：22.

② ［德］马克思，恩格斯．马克思恩格斯选集（第1卷）［M］．中共中央马克思恩格斯列宁斯大林著作编译局，编译．北京：人民出版社，2012：172-173.

值观培育的新思路、新方法和新路径，进而实现对于传统思想政治教育的超越，提高新媒体时代高校德育的实效性。

## （二）实践意义

### 1. 促进大学生全面发展的需要

价值观是指向人的，即我们所谓的价值、价值观是专属人的，是在人与人的关系中探讨的命题。① 在当代大学生群体特点和个性需求更加鲜明的时代背景下，大学生社会主义核心价值观培育面临着许多新情况、新问题及新挑战。思想政治工作是教育事业中塑造学生思想道德素质的关键环节，在海量信息、多元价值的冲击面前，我们必须直面时代课题，回应时代的叩问。深入研究大学生社会主义核心价值观，扎牢理想信念之篱，对全面深刻把握人的全面发展理论的内涵，确立立德树人的任务，促进学生健康成长、坚定理想信念、实现全面发展目标，具有极其重要的现实意义。

### 2. 创新高校思想政治教育的需要

新媒体时代，探索大学生社会主义核心价值观的培育是一个极具前沿气息的时代话题。我们要深入研判新媒体时代呈现出来的时代特点、信息传播的规律，以及当代大学生的心理成长轨迹，对新媒体时代社会主义核心价值观进行深入研究。伴随着现代信息技术日新月异的发展，尤其是5G网络的成熟，以微博、微信等为代表的新的传播媒介不断迭代创新。新时期大学生与新媒体的发展相伴而生，他们对于新媒体技术的运用最为娴熟，理解也最为深刻。他们学习、生活、交往的历程中均留下了新媒体时代的烙印。在这种情况下，高校思想政治教育工作者需全面了解新媒体的特性，趋利避害，创新地运用新媒体开展大学生思想政治教育。

### 3. 维护国家文化战略安全的需要

党的二十大报告指出："坚守中华文化立场，提炼展示中华文明的精神标识和文化精髓，加快构建中国话语和中国叙事体系，讲好中国故事、传播好中国声音，展现可信、可爱、可敬的中国形象。"② 文化是社会的灵

① 张宜海．社会主义核心价值观的公民认同路径探析［J］．河南社会科学，2014（7）：74.

② 习近平．高举中国特色社会主义伟大旗帜 为全面建设社会主义现代化国家而团结奋斗——在中国共产党第二十次全国代表大会上的报告［M］．北京：人民出版社，2022：45-46.

魂，价值观是文化之最核心部分。社会主义核心价值观是我党对核心价值体系的高度升华与凝练，向世界展示了中国特色社会主义的价值指向，向世人提出了新理念与新智慧。它的提出有力地回应了西方价值观的冲击与较量，坚实地提升了我国文化软实力①和竞争力的战略支点②。新时期高校大学生社会主义核心价值观的培育，同战争年代、改革开放前甚至改革开放初期，已不可相提并论，主要是外部的传播生态出现了翻天覆地的变化，信息传播渠道已从单一封闭走向了多元开放。如果我们仍用传统模式、传统思维、传统方式来培育社会主义核心价值观，已难以为继。改进与强化大学生思想政治教育，是关系到国家长治久安的一项战略工程，对提升我国的文化软实力、推动文化强国战略实施、提升国家文化安全水平具有重要的实践意义。

## 第二节　国内外研究综述

当前，学者们对新媒体时代大学生社会主义核心价值观培育的问题已开展了较为纵深的研究，对这些学术成果展开细致的学术史研究，能够为本研究的深入进行提供有益的理论借鉴。与此同时，国外学者对大众传媒的研究较为成熟，他们围绕大众传媒与国家主流价值观之间的关系展开了系列探讨，同时在大众传媒尤其新兴媒体，开展了有关道德教育方法的研究，这些他山之石都为本书的研究提供了很好的参考。

### 一、国内相关研究现状

最近十几年来，如何在特定群体，尤其在大学生中培育社会主义核心价值观的问题逐渐成为学界研究的重点和热点之一，学者们围绕培育的重要意义、问题境遇和方法途径等方面展开了深入研究和探讨，取得了一大批有价值、有高度的研究成果。这方面研究者的阐述相对较多，且观察的视角、所持的观点为本书的深入拓展奠定了坚实基础。尤其党的十八大以

① 目前通用的说法是软实力，这一概念由哈佛大学教授约瑟夫·奈率先提出。他将综合国力分为硬实力与软实力两种形态。他认为软实力是一国通过吸引和说服别国服从你的目标从而使你得到自己想要的东西的能力，分为政治价值观、文化以及外交政策等。

② 周薇．“三个倡导”：社会主义核心价值观的科学概括［N］．南方日报，2012-11-22.

来，社会主义核心价值观的基本理论研究成果显著：一是习近平总书记关于社会主义核心价值观的重要论述研究。这主要集中在理论方略、实践策略、文化自信和时代意义等方面。二是社会主义核心价值观的根本性质和功能指向研究。理论界普遍强调前面的“社会主义”规定了其根本性质，着重考察了社会主义核心价值观作为中国道路和制度模式的价值表达形式而具有的批判与建构、规范与凝聚、维护与创新、引领与整合的功能。三是社会主义核心价值观的培育方略和实践路径的研究。理论界或从地域精神、以文化人、英雄事迹出发，或从行为者的认知、情感、意志、信念、行为出发，提出了社会主义核心价值观建设的基本方略。①

### （一）著作论文概况

当前，著作论文的研究成果相当丰硕，形成了一定的“存量”。已出版的专著有陈芝海的《大学生社会主义核心价值观教育研究》、杨晓慧的《社会主义核心价值体系融入大学生思想政治教育全过程的基本问题研究》、宫志峰等的《大学生社会主义核心价值体系建设研究》、陈志军等的《社会主义核心价值体系融入大学生思想政治教育全过程研究》、宇文利等的《高校社会主义核心价值体系教育全程化研究》等。笔者通过中国知网（CNKI）搜索到的博士论文有李纪岩的《当代大学生社会主义核心价值观培育研究》、刘铮的《大学生认同与践行社会主义核心价值观研究》、张兴海的《大学生价值观教育研究》、户可英的《大学生社会主义核心价值观教育方法研究》等。此外，截至2023年5月28日，笔者通过中国知网，以“大学生社会主义核心价值观”为关键词进行检索，共有9760篇相关联的学术论文。这些学术成果具有重要的参考价值。然而，需要特别关注的是，这些研究成果主要是以社会主义核心价值观的四个基本内容进行研究，或者是从不同的视角对社会主义核心价值观开展积极的提炼。换言之，这些研究是在缺少一定共识的情况下展开的出于学术自觉的前瞻性的探讨，它们对于当前引导大学生践行以“三个倡导”为基本内容的社会主义核心价值观，扎实提升大学生思政实效性，无疑还缺乏一定的针对性。从学术创新的角度，还有一定的“增量”空间。

---

① 宇文利，金德楠．党的十八大以来思想政治教育研究述评［J］．思想政治工作研究，2022（5）：32.

### （二）研究的主要内容

1. 关于社会主义核心价值观的理论研究

从社会主义核心价值观的研究发展历程上检视，我国学界已深刻认识到该课题的重要性和必要性，“逐渐认识到社会主义核心价值观作为社会主义思想体系的内核、社会主义运动的核心和社会主义制度的灵魂”①，其在中国特色社会主义发展道路的征程中发挥着导向性、规范性和驱动力的重要作用②。

社会主义核心价值观的提出在中国经历了一个长期的发展历程，基本上遵循如下的演进路向：20 世纪 80 年代一批研究价值哲学的学者进行了初探，2006 年党的十六届六中全会社会主义核心价值体系被正式提出，随后全国理论界展开了对社会主义核心价值观凝练的充分讨论和研究，为国家层面的正式提出做了充分的理论酝酿；党的十八大首次提出了 24 个字的“三个倡导”，这也及时满足了学界及大众对社会主义核心价值观的热切期盼，创造了开展社会主义核心价值观研究的新契机，使社会主义核心价值观的研究进入了一个新境界。党的二十大报告浓墨重彩提出：“社会主义核心价值观是凝聚人心、汇聚民力的强大力量。”③ 总之，上述观点建构了社会主义核心价值观产生之谱系图景。当前的社会主义核心价值观研究在注重体现中国特色社会主义事业价值追求的基础上，逐步由单纯的理论化阐释向全面的系统化建构和深入的大众化渗透方向推进，逐步由被动的应对性解读向主动的科学性阐释和积极的主体性践行方向演进，呈现出理论与实践互动、培育与践行互推、探索与传播互进的鲜明特点。④ 这些都为我们对大学生进行社会主义核心价值观的培育奠定了坚实的基础。

2. 大学生社会主义核心价值观培育研究

通过大量的文献梳理，我们可以看到一条清晰的研究脉络。自 2007 年，社会主义核心价值观成为研究者研究的对象后，对其研究逐步深

---

① 吴向东．价值观：社会主义本质之维［J］．马克思主义研究，2007（12）：55-61.

② 吴倬．关于社会主义核心价值观问题的理论思考［J］．教学与研究，2008（6）：92-96.

③ 习近平．高举中国特色社会主义伟大旗帜　为全面建设社会主义现代化国家而团结奋斗——在中国共产党第二十次全国代表大会上的报告［M］．北京：人民出版社，2022：44.

④ 王学俭，李东坡．社会主义核心价值观研究述要［J］．思想政治教育研究，2013（4）：18.

入；2011 年可视为研究的分水岭，学术理论界对社会主义核心价值体系的研讨驶入了快车道；2014 年至今学术论文的数量呈现出了稳步增长的态势，说明学者也愈加认识到将社会主义核心价值观的培养重点放在在校大学生这一群体上的重要性，对大学生这一特殊群体的社会主义核心价值观的培育做出了积极的回应与主动的思考。当下一种崭新的研究视野更为宏大，正在铺展开来。新时代以来，从中央到地方、从机关到学校、从企业到农村，在社会主义核心价值观培育、弘扬、践行方面已经做了相当大的努力，取得了相当大的成绩，收获了相当大的效果。这一点从近几年精准脱贫、全面建成小康社会等重大战略成果中呈现出的精神风貌便可见一斑。基于中国特色社会主义的伟大实践，尤其中国特色社会主义进入新时代以来展开对以上问题的深度开掘，构成当下展开新媒体时代大学生社会主义核心价值观研究的波澜画卷。

首先，社会主义核心价值观培育的现状。

主流学者认为，大学生对社会主义核心价值观认同度普遍较高，总体上来说，价值观是健康、向上、积极的，道德水平较高，坚决支持中国共产党的领导，能够认同国家的大政方针，但同时也遭受了国内外多种负面因素误导影响，极少部分大学生价值取向功利化严重，不能正确地认知社会主义核心价值观的内容，呈现出了“政治冷漠症”等。这些问题的存在不容忽视。

从宏观上，大学生社会主义核心价值观培育存在教育地位的“边缘化”、教育内容的“褊狭化”、教育方法的“知识化”、教育主体的“外在化”。具体到社会主义核心价值观内容上，在国家层面，大学生出现一定的政治信仰迷茫化；在社会层面，显现出价值观念多元化及功利化倾向；在个人方面，民族精神缺失、道德观念失范等有所呈现。①

其次，影响大学生社会主义核心价值观培育的主要因素。

大学生社会主义核心价值观培育之中的制约及影响因素，是学者们常常深入探讨的一个问题。在此基础上，一些学者以“大学生社会主义核心价值观培育面临的挑战”来设问，问题意识凸显。他们认为制约与影响大

① 张琼．网络境域下大学生社会主义核心价值观认同探析［J］．人大复印资料·思想政治教育，2013（7）：39-43.

学生社会主义核心价值观培育的主要因素有以下几点。

多元价值观和一元价值主导观的交锋碰撞。文化的交锋及碰撞，根源为不同文化中制度层面的博弈和较量。西方国家依托技术的相对优势，依托新媒体传播工具，以形形色色的面孔和模式，不断强化对于我国意识形态的价值渗透和侵袭，如历史虚无主义思潮、民主社会主义思潮及新自由主义思潮等。其中，以强调个人权利为核心的新自由主义思潮与以多党竞争执政、普选制、司法独立为主要特征的民主社会主义思潮，受到个别大学生的膜拜，对大学生社会主义核心价值观培育的负面作用最大。有学者深入探寻了资本主义意识形态对大学生价值观隐性渗透的全方位空间：环境的转换——从多元辐射至全面浸入；领域的渗入——从价值宣传至日常生活；空间的穿透——从现实生活至网络社会。①

经济变革推动观念变迁。20世纪末期，国家开展了顶层设计，构建社会主义市场经济制度成为改革的重要目标之一。它推动我国经济增长创造了“中国速度”，进而引发了人们的思想观念、社会生活的巨大变革。学者研究指出，市场经济一方面让大学生增强了独立性、自主性，轻易不受他人和外界的影响；另一方面也使他们更趋向利己主义和功利性，过度关注自我，导致价值取向扭曲、传统美德淡化、社会责任淡漠。② 同时，社会转型过程中出现的一些非理性情绪，如“拜金主义、迷惘彷徨、恐惧担忧”等思想也在消解大学生对社会主义核心价值观的认同。

高校思想政治教育对传统模式的依赖。高校思想政治教育开展的主渠道及主阵地为思想政治理论课，但思想政治理论课尚未及时创新转换：从内容到形式都缺乏应有的吸引力，教育效果与目标设置之间鸿沟较大。有学者指出：思想政治理论课教学理论性太强，导致内容枯燥乏味，又不能跟进呈现国内外时事发展与理论前沿；灌输仍是最主要的教学模式，大班授课制延续，学生参与意识与主体性重视不够；考核方式忽略了指导学生运用理论分析解决实际问题，理论的识记仍为核心，更缺乏针对实践问题化解能力的培育。具体到大学生社会主义核心价值观的培育，则表现为：大学生社会主义核心价值观教育顶层设计不清；大学生社会主义核心价值

① 张波，邓卓明，邹莉．意识形态话语权：大学生社会主义核心价值观培育的挑战及路径［J］．思想教育研究，2015（1）：36-39.

② 陈平．当代大学生社会主义核心价值观认同研究综述［J］．前沿，2014（21）：26-27.

观教育实施路径混乱；对社会主义核心价值观教育对象特点认识不全；思想政治理论课教学针对性不强；大学生核心价值观教育外围借力不足。①

大学生自身内在的原因。现在的大学生大多是“95 后”和“00 后”，甚至“10 后”渐渐成为学校的主群体。这些年龄层次的大学生，独生子女居多，生活成长环境较为优越，体现出了富有代际特色的个性特点。一方面，“个人本位”的凸显，使他们较多地关注个体利益的满足，传统计划经济下的集体主义为上的价值取向对他们的约束性较少。他们的出现整体上激发了社会的发展活力，契合了时代的发展特征。另一方面，绝对的个体自我，又很容易让他们走向发展的对立面，比如在网络虚拟空间的特立独行；又如张扬的个性签名、非主流的行装、标新立异的言论等，也很容易让他们在多元的价值观与主流价值观之间踯躅不前，彷徨不已。

最后，大学生社会主义核心价值观培育的优化路径。

归纳起来主要包括从各方面对实现路径的总体考察和从某方面具体深入探讨社会主义核心价值观的实现机制两条路径。

其一，从各个方面对实现路径进行总体考察。

学者罗金兰认为，大学生社会主义核心价值观培育的主要方法为：一要使大学生正确认识一元和多元的关系；二要在核心价值观教育中体现“三贴近”原则；三要把核心价值观教育和情感教育结合起来；四要发挥大学生主观能动性。② 学者乔瑞华通过细致分析新时期影响大学生社会主义核心价值观培养的因素，从社会大环境的影响、校园环境的影响、家庭环境的影响和大学生自身因素四个方面具体展开分析，指出了新时期大学生社会主义核心价值观培养的途径：坚持以社会主义核心价值观为内容坐标、创新大学生社会主义核心价值观培养的方法、途径和载体以及构建四位一体的大学生社会主义核心价值观培养模式。③

其二，从某方面具体深入探讨社会主义核心价值观的实现机制。

具体包括心理机制的探讨、利益机制的确立与完善等方面。这方面研

---

① 王功名．大学生社会主义核心价值观教育的实践困境与突破［J］．教育评论，2015（3）：54.

② 罗金兰．试论大学生社会主义核心价值观教育的实现途径［J］．湖南人文科技学院学报，2008（12）：91.

③ 乔瑞华．新时期影响大学生社会主义核心价值观的因素及其培养途径［J］．思想理论教育导刊，2014（9）：130.

究认为社会主义核心价值观培育的过程，是培育主体将社会主义核心价值观的思想精髓内化为自身价值观并不断固化的心理演变过程。此过程内含着理性认知—情感共鸣—思想转化—心理调适—沉淀固化五个层次。韩延明则从大学校训的作用提起话题，指出校训是培育大学生社会主义核心价值观的最佳连接点、切入点与肥土沃壤。要让大学校训与社会主义核心价值观同频共振、互通共融，使它“亮起来”“动起来”“活起来”“新起来”，使大学生对社会主义核心价值观真正内心认同并自觉践行。① 而学者王亚南则从消费主义视域，对大学生社会主义核心价值观培育进行了探讨，指出当前高校大学生社会主义核心价值观培育困境之一，就是要破解消费主义的价值诱惑，拒斥消费主义的话语侵害。这需要认清消费主义的本质，结合大学生的实际，遵循社会主义核心价值观培育的原则，主动摸索有效的培育策略与途径，搞好大学生的社会主义核心价值观培育、认同及内化工作。② 张静芳在批判个人主义的角度下，对大学生社会主义核心价值观的培育进行了有效的探讨：加强理论学习，树立共同理想；加强校园文化认同教育，培育集体情感；加强实践锻炼，践行公民道德。③ 汪庆华则从协同机制的角度对大学生社会主义核心价值观的培育进行了有益的探讨：明晰主体职责，构建集体行动的运行机制；建立工作体系，构筑立体联动的工作网络；畅通信息渠道，构建资源共享机制；融合教育内容，构建内容互渗机制；巩固与创新工作载体，推进载体互补机制。④

3. 新媒体与大学生社会主义核心价值观培育的关联研究

新媒体语境下，学界对大学生社会主义核心价值观培育的研究逐步升温。目前这已经成为思想政治教育领域的热点话题之一。鉴于当前学界对新媒体内涵尚无统一定义，为扩大检索的区域，先后以“新媒体”“大众传媒”“自媒体”“网络环境”“微信”“微博”等为关键检索词，经过中国知网总库开展全文检索发现：

---

① 韩延明．校训：培育大学生社会主义核心价值观沃壤［J］．中国高教研究，2014（9）：6.

② 王亚南．消费主义视域下大学生核心价值观培育［J］．社会科学家，2014（5）：52.

③ 张静芳．在批判极端个人主义中培育大学生社会主义核心价值观［J］．思想政治工作研究，2014（12）：115-116.

④ 汪庆华．高校构建培育和践行社会主义核心价值观协同机制探析［J］．思想理论教育导刊，2015（8）：70-71.

**表 1-1 新媒体与大学生社会主义核心价值观培育的研究路径**

| | |
|---|---|
| 2001 年 | 周星明的《充分利用教育媒体加强大学生思想道德教育》一文，可以当作在大学生思想政治教育中较早涉及新媒体概念的一篇 |
| 2007 年 | 2007 年以后，相关新媒体与大学生思想政治教育真正意义上的研究才真正开始，最具有代表性的则为徐振祥的《新媒体素养：大学生思想政治教育的重要内容》一文 |
| 2010 年 | 此前，大学生社会主义核心价值观培育更多是内含于高校德育之中，而在新媒体视域下对大学生社会主义核心价值观进行研究的学术成果，则是在 2010 年以后才出现 |
| 2012 年 | “三个倡导”提出后，此项研究迈入快车道，学理研究更严谨。同时，新媒体的发展也是方兴未艾，给高校意识形态构建带来了全方位的冲击 |
| 当前 | 新媒体时代与大学生社会主义核心价值观的关联研究已是思想政治教育领域的热点问题之一，问题域持续拓展，研究成果逐年递增 |

资料来源：公开资料整理。

首先，网络德育方面的研究。

这方面的专著主要有徐建军的《新形势下构建网络德育系统的研究和实践》、罗家英的《网络影响下高校德育模式变革与构建》等。这些专著理论根基坚固，论述角度多元，为本研究提供了广阔的视角。围绕新媒体和大学生社会主义核心价值观培育相结合的专项研究的著作，当前在笔者有限的阅读范围内，通过检索尚未找到，但新媒体与大学生思想政治教育相关专题的专著，则有两本：兰州大学王学俭和刘强编著的《新媒体与高校思想政治教育》（人民出版社，2012 年出版）、福建师范大学陈志勇的《新媒体时代的大学生思想政治教育》（中国文史出版社，2014 年出版）。这两本专著都以宏观层面为立足点，对新媒体和高校思想政治教育的关系进行全方位解读，学科前沿意识敏锐，选题时代感强烈。因而，如何在遵循“三个倡导”的前提下，参考以上学术成果，推动深入探讨新媒体时代大学生社会主义核心价值观培育的相关理论与实践问题，应成为当前大学生思政实效性理论研究的重要课题。

其次，具体的研究内容。

基于新媒体时代背景，学界从大学生社会主义核心价值观培育层面进行了深入的研究。目前的研究成果，基本遵循着两种范式的研究框架。一种是纯粹的理论探索，对于新媒体的传播特征和规律，围绕新媒体对于人的价值观的影响、微时代下大学生的成长特点规律等，构成当下思想政治教育研究的前沿问题，也是当前研究最为薄弱之处。另一种是应用研究。从新媒体对大学生的价值观影响入手，开展应用对策方面的探析。这方面的研究，现在成果最多，虽同质化倾向严重，但是为深化对本问题的理解，增进现实操作提供了借鉴。

其一，理论研究。

我国思想政治教育专业的创始人之一张耀灿教授，早在2011年就撰文指出，“不深入系统研究‘微时代’人们思想品德形成发展的规律，对思想政治教育规律的认识便是无源之水、无本之木，无法指导思想政治教育提高实效性”。① 例如，黄岩、陈伟宏立足于传播学理论，提出：大学生社会主义核心价值观的培育是一种全新的信息传递模式，对基于新媒体技术的传播特征进行阐释之后，围绕“超媒体性”“去中心化”“不对称性”带来的巨大影响，进而提出了应对措施。② 张惠以新媒体的“去中心化”特征为基点，立足于主流媒体可控性，探索了对网络舆论的引导。③ 汪頔从宏观维度上探讨了新媒体对价值观的影响：新媒体环境下价值观产生了变化，如变革了人们价值意识建构的方法，变革了人们价值意识建构的内容，价值意识建构的强度也被改变了。④ 这两篇硕士、博士论文角度新颖，理论探索着墨颇多。同时，从思想政治教育学科理论支撑的马克思主义理论中返本开新，寻求新的理论生发点，也取得了不错的成效。诸如，盛建军、何茂昌立足于马克思之交往实践理论，对大学生社会主义核心价值观教育的理论进行了深入研究⑤，在理论方面做出了实质性的探索。

其二，应用研究。

网络环境作为研究范式的大学生社会主义核心价值观培育方面的研究现状。宁陶认为：高校要通过搭建思政教育媒体平台、创新思政教育形式

① 张耀灿．对“思想政治教育原理”的重新审视［J］．学校党建与思想教育，2011（10）：12.

② 黄岩，陈伟宏．新媒体：大学生核心价值观培育的契机与挑战［J］．思想政治工作研究，2011（6）：39-41.

③ 张惠．论网络主流媒体的舆论引导：网络“去中心化”传播下的舆论调控对策［D］．合肥：安徽大学，2005：2-3.

④ 汪頔．新媒体的发展趋势及其对价值观的影响［D］．上海：复旦大学，2013：111-163.

⑤ 盛建军，何茂昌．新媒体时代交往实践观下的大学生社会主义核心价值观教育［J］．学校党建与思想教育，2014（4）：56-57.

与载体、加强社会主义核心价值观的传播等措施，推动思政教育的高质量实施。[①]

新媒体时代大学生社会主义核心价值观培育方面的研究现状如下。王金磊以新媒体传播特征为立足点，结合大学生的心理成长特点，采取定性及定量相结合的研究方法，提出了挖掘信息资源、强化主流平台、强化传播平台、净化网络空间几个方面的解决路径。[②] 暴秋菊、张艳梅对自媒体的定义及特点进行了科学界定，全面探析了自媒体对大学生社会主义核心价值观培育的影响，并依据问题给出了应对之策。[③] 年大琦则从正向角度提出：通过搭建价值观培育新平台、引导大学生开展自我教育、打造培育合力及创新话语方式来实现目标，创新性地提出易班学生活动社区，值得肯定。[④] 陈欣、金丽馥则从新媒体具有的技术和渠道优势入手，探索增进大学生对社会主义核心价值观认同的契机。[⑤]

## 二、国外相关研究现状

综览世界各国，虽然关于思想政治教育的称呼不一，但是各国围绕核心价值观教育展开的思想政治教育实践活动却是客观存在的。有些发达国家则是在“宗教教育、道德教育、公民教育或者国情历史”的旗帜下悄无声息地开展着，他们大多依托大众媒介及社会舆论，借助组织认同理论、社会认同理论，运用心理学领域的研究成果，展开本国的价值观研究。梳理他们在本国的价值观教育历程及学术成果，为我国进行大学生社会主义核心价值观培育提供了多元的理论、方法及视角。

### （一）新媒体技术层面

西方发达国家是网络与新媒体技术的策源地。微软、英特尔、欧洲粒

---

① 宁陶．创新教育模式　提升教学质量——评《社会主义核心价值观融入高校思政教育研究》［J］．山西财经大学学报．2022（10）．

② 王金磊．借力新媒体加强大学生社会主义核心价值观培育的几点思考［J］．思想理论教育导刊，2014（11）：112-113．

③ 暴秋菊，张艳梅．自媒体时代大学生社会主义核心价值观教育的创新［J］．教育与职业，2014（35）：60-63．

④ 年大琦．新媒体环境下大学生社会主义核心价值观培育研究［J］．河南工业大学（社会科学版），2014（4）：147-150．

⑤ 陈欣，金丽馥．新媒体时代增进大学生社会主义核心价值观认同的路径探索［J］．学校党建与思想教育，2022（671）．

子物理实验室等为代表的高科技机构掌控着新媒体发展的核心技术，主导着国际新媒体信息场域。把媒介最早引入传播学的是加拿大著名的传播学者麦克卢汉，他提出了“媒介即信息”的论断，其含义为媒介自身才是真正意义上的信息，即人类只有借助某种媒介才能从事与之相适应的传播或其他活动。

1995年，尼葛洛庞帝（Nicholas Negroponte）教授完成了《数字化生存》这本颇有影响的著作，提出计算不只与计算机有关，它也决定我们的生存。为我们勾画了建立在高科技之上的数字化时代，贯穿此书的一个核心思想为比特是“信息社会”的DNA，正成为人类社会的基本要素。这为全球研究网络以及新媒体提供了理论之基。

1996年，曼纽尔·卡斯特在其著作《网络社会的崛起》中，对“新媒体与受众的分殊化”做了深刻的论述，指出：“新媒体已不再是传统定义下的大众媒体：传送有限的信息给同质的视听大众。由于信息与来源的多样性，观众本身变得更会选择。目标观众群倾向于选择信息，因而强化了多区隔化，促进了传送者与接收者之间的个人关系。”① 他指出：“由于媒体的多样性，以及有可能锁定特殊观众群，我们可以说在新媒体系统里，信息即媒介，亦即信息的特性会塑造媒介的特质。”②

目前国外学者关于网络意识形态宣传的研究成果具有代表性的有尼葛洛庞帝的《数字化生存》、曼纽尔·卡斯特的信息三部曲之一《网络社会的崛起》、马克·波斯特的《信息方式》与《第二媒介时代》、查尔斯·斯特林的《大众传媒革命》等。国外有关现代网络的研究，集中从三个相互联系的视角展开。一是从社会学的视角，研究网络上的社会交往行为；二是从政治、法律的视角，研究现代网络对现有社会规范体系的影响及改造；三是从与传统媒介相参照的视角，研究现代网络对信息传播活动带来的变化及其特征。但这三个视角并不是完全割裂的，如果从最终目标来说，它们聚焦的则都是现代网络对于现实社会过程的作用。同时西方国家在网络虚拟空间治理方面也较为成熟。这些均对我们开展大学生社会主义

① ［美］曼纽尔·卡斯特．网络社会的崛起［M］．夏铸九，王志弘，译．北京：社会科学文献出版社，2001：420-421.

② ［美］曼纽尔·卡斯特．网络社会的崛起［M］．夏铸九，王志弘，译．北京：社会科学文献出版社，2001：320.

核心价值观的培育有一些启发。

### （二）理论层面

西方国家虽无专项的大学生价值观的变迁研究，但各国均将其纳入了更为重要的视角，形成了富有本国特色的价值观研究。西方各国依托本国优质发达的高等教育资源，围绕本国的公民教育，展开了深入的研究。胡塞尔、哈贝马斯等世界知名学者从哲学上为公民教育提供了学理支撑，而纷繁的教育流派则从实践层面为开展公民教育提供了多元化的视角。这些为我们开展大学生思想政治教育、提高思想政治教育的实效性提供了非常好的借鉴。诸如西方道德教育理论中的价值观澄清学派，提出了人生价值观的形塑经过三个阶段：第一，选择。人们在可选择的范围内进行自由选择。第二，态度。人们公开自己的选择并且对选择表示满意。第三，行动。按照这一选择行事并长期坚持此行事风格。① 皮亚杰的认知结构理论也有一定的借鉴价值：阐释了主体建构知识的进程，这为我们全面了解认识过程和把握学习活动的总特征，提升人的认识能动性提供了适度理论依据。因此，在新媒体时代大学生社会主义核心价值观的培育过程中，必然要立足大学生的认知特点，遵循新媒体的传播机制规律，有层次地对其开展培育，以提升大学生对社会主义核心价值观的认同，推动践行。

此外，从文化学的视角，马林诺夫斯基的文化需要理论及葛兰西的文化领导权理论，对我们开展大学生思想政治教育也有一定的参考价值。马林诺夫斯基指出："文化是直接或间接地满足人类的需要且在满足人类的需要当中，创造新的需要。"② 文化包含物质文化与精神文化两个部分。当今社会，物质文化日益丰盈，精神文化呈现多元化的现象，一方面它开阔了人们的视野，另一方面它也引发了人们精神文化认同的困境，致使人们精神世界相对匮乏，这就要求以一种主导的精神文化来引导社会认同。当然，这种主导的精神文化应是契合社会发展趋向的一种价值观。因为文化的核心为价值观，它决定人们的价值取向、价值判断及相应的价值行为，这需要不同阶层的人们之间达成某种共识，进而化解冲突。在我国，这种契合社会发展潮流的价值观即为社会主义核心价值观。文化领导权理论是

① ［美］路易斯·拉思斯．价值与教学［M］．谭松贤，译．杭州：浙江教育出版社，2003：27.

② 杨玉好．马林诺夫斯基文化思想简论［J］．烟台大学学报，1989（3）：75.

葛兰西理论体系中最重要的部分。葛兰西重视意识形态领域文化领导权的争夺，他对文化领导权获取方式和意义的全新论述以及对有机知识分子群体作用的界定对巩固马克思主义的指导地位，对正在发展转型的东方大国，加强我国社会主义意识形态建设有着若干启示。

### （三）西方大学生公民教育培育路径

西方国家一直在加强本国大学生公民教育的培育，其成效也非常卓著。这对于我们在新媒体时代开展大学生社会主义核心价值观培育具有一定的借鉴意义。西方国家价值观教育与中国的不同之处在于，他们往往更侧重于隐性渗透，直接的灌输方式不明显，而是以加强文化认同的方式通过内涵的形式贯穿在大学生教育的方方面面。价值观教育大体是通过以下途径来进行：

第一，西方发达国家各国政府在网络技术的研发上高度重视。伴随着Facebook、Twitter等为代表的社交媒体的高速发展，这些公司所在国也极端重视对新媒体的技术审查，确保本国价值观教育不偏离政治方向，并得以顺利实施。同时拒不交出根服务器的管理权，在技术上倾力研发突破其他国家尤其是中国的网络审查技术，强推“网络自由”以扩张意识形态霸权。

第二，打破课程设置的樊篱，实现价值观教育的“全课程”育人。“美国的道德教育不仅仅局限在公民教育课上，还把道德教育渗透到心理学、政治学、历史学、经济学等学科当中，各门专业课，包括理工科都渗透着德育思想。”① 而英国国立课程科目设置注重道德教育的引入。在大学生的价值观教育中，英国政府部门要求高等教育通过形式多样、内容丰富的学科教育实现提高学生观察、分析道德问题的能力。课程之间的协同性显著增强，增进了新媒体时代下大学生价值观教育的系统性和协同性。

第三，重视外部环境的文化育人功能。从世界强国文化建设的视野来审视，各国均非常注重环境建设对大学生产生的潜移默化的影响，善于发挥环境的思想政治教育的育人功能。依托遍布本国的纪念堂、图书馆、博物馆以及高等学校，善用重大纪念日的仪式教育，凭借这些泛德育环境，构成大学生公民意识教育和爱国教育的生动教材。思想政治教育的社会属性得到了彰

---

① 胡恒钊．西方思想政治教育方法特点及其借鉴意义［J］．学术论坛，2010（5）：71.

显，较我国有明显的不同。

第四，强化家庭、社区在价值观教育中的作用。托马斯·里克纳曾指出："新式价值观教育要取得长久成功，必须依赖学校之外的力量。学校和社区应当共同努力，来满足学生的需要，并促进他们的健康发展。"① 学校组织学生参加丰富多样的社团组织，依托社团引导学生自觉地参加社会活动，尤其在与社区的互动交往中，鼓励学生与他人建立良好的社会关系，提升参与社会实践的能力，进而达到增强本国价值观教育的渗透力的目的。

第五，善于借助宗教及宗教团体在价值观教育中的作用。西方国家相较于中国一个显著的不同，就是宗教力量在大学生日常生活中的作用不容忽视。在西方发达国家，基督教文化历经悠长的文明演进，已成为西方的主流文化，渗透在方方面面。在西方的大学校园里活跃着各种学生宗教团体，"英国大学中的宗教教育不仅是要服务于有宗教信仰的学生，也是要借助这种形式给现世的主流价值和道德标准披上神圣的外衣，增强学生对其合理性的认识，从而达到使学生加强对国家和传统文化的认同感，内化社会主流价值观的目的"②。

第六，注重大学生的新媒体素养教育。西方国家关于媒介素养的教育起步早，成效明显，其研究成果丰硕，已有几十年的历史。尤其为了应对网络传播时代的挑战，西方国家尤为重视大学生媒介素养的培养。在具体的培育途径上呈现出了立体式的教育格局。课堂层面，隐性课程与显性课程的有机融合，即既有独立的"媒介研究"的课程，同时相应的媒介素养教育也自觉融入其他课程设置。外部环境，家庭的天然课堂的教育功能与社会的教育功能尽量做到相得益彰，与学校的教育功能形成良好的衔接与延展。以媒介研究发达的加拿大为例，该国最大的媒介教育网站"媒介意识网"（Media Awareness Network）③，就实现了学校教育、家庭教育与社会教育的三者融通，补齐了传统媒介教育的短板，形成了合力，实现了西方

① ［美］托马斯·里克纳．美式课堂——品质教育学校方略［M］．刘冰，等，译．海口：海南出版社，2001：152.

② 马健生，孙珂．在传统与现代之间：英国大学生主流价值观教育探析［J］．外国教育研究，2011（10）：22.

③ Media Awareness Network，retrieved08/10/2011from http：//www. media-awareness. ca/english/index. cfm.

大学生媒介素养的提升。

## 三、国内外研究现状的评述

通过上述关于社会主义核心价值观理论、大学生社会主义核心价值观培育的理论及实践进程梳理、新媒体与大学生社会主义核心价值观培育的理论及实践层面的文献分析，我们能够得出：大学生社会主义核心价值观的培育不但在理论层面，而且在实践层面都取得了丰硕的成果。这些研究的成果，无疑为该问题的进一步研究提供了良好的基础和借鉴。研究中存在的不足，则为进一步研究留下了发挥、深化和探索的空间。

### （一）研究的主要贡献

（1）基本明晰了社会主义核心价值观及大学生社会主义核心价值观培育的相关理论、影响因素。一是在社会主义核心价值体系理论的基础上，学界对大学生社会主义核心价值观的培育理论进行了积极的回应与充分的阐释；二是已有的研究主要围绕大学生自身、大学生以外三个因素（国家、社会、学校）进行探讨和研究。

（2）初步探讨了新媒体与大学生社会主义核心价值观培育的相关问题。例如，指出了新媒体环境下大学生社会主义核心价值观培育的主要问题，从而为本研究深化、拓宽打下了坚实基础；分析了新媒体环境下影响大学生社会主义核心价值观培育的主要因素，主要以传媒环境的变迁最为集中；在此基础上用交往理论、传播学、价值澄清理论进行破解，为新媒体环境下大学生社会主义核心价值观的培育与践行提供了可借鉴的方法与解决思路，进一步拓展了新时代大学生思政教育实效性研究的视域。

### （二）研究的不足

围绕新媒体与大学生社会主义核心价值观的研究在思想政治教育学科领域逐步升温，总体上处在提升深化阶段。目前已经拥有了一批“存量”，对一些论域已经进行了创新性的研究。该课题目前成果主要集中在学术论文上，研究的群体主要是高校和科研院所，“高峰”式的专著有待出现。

1. 问题域的扩展

新媒体时代大学生思政教育实效性研究与大学生社会主义核心价值观培育，难点在于梳理分析新媒体时代的传播特征、对于特殊受众大学生的价值影响，如何在这样的时代语境下展开大众化的传播，两者之间的互动关联研究目前尚未真正“解题”。围绕该课题，现有的研究集中在借鉴新闻传播学的媒介理论，依托媒介理论对于人的影响，进而梳理分析对大学生社会主义核心价值观培育带来的影响、困境等，最终提出相应的路径和研究框架。

归根结底，主要是新媒体的形态正处于迅速发展中，对其特点的研究尚处于捕捉中，现实的实践中新媒体的一些传播特点还有待全面展现。基于此，在这个层面上的研究，更多是一般意义上的探索。而问题恰恰在于，社会主义核心价值观是一个具有鲜明意识形态特征的理论体系，新媒体的动感个性、草根大众等特点，与理论的抽象晦涩之间存在不兼容性。科学梳理新媒体的传播机制，大胆借助心理学的理论成果，从学生的内外化切入，变晦涩抽象的理论为多样态的符号图像体系，做好二者之间的话语切换。简言之，未来的问题与拓展集中在：深研新媒体时代的传播规律特征；转换社会主义核心价值观的理论传播样态，实现理论话语向符号图像话语的切换；探析新媒体时代下大学生内外化的接受规律；对纷繁复杂的新媒体衍生工具要做出思想政治教育的预见性研究。唯有此，新媒体时代大学生社会主义核心价值观的培育，才会避免理论研究的空置化，才能切实夯实大学生思政教育的实践之基。

2. 研究范式的转换

科学哲学家托马斯·库恩的范式（Paradigm）理论，为我们展开传统环境与新媒体环境的研究提供了基本的学术坐标。其一，环境的变迁。传统思想政治教育环境下，大众媒介传播的影响力较弱，能够在高校思想政治教育的可控范围之内。而新媒体时代，媒介传播的影响与日俱增，给人的生活、学习和人际交往带来了革命性的变化，高校思想政治教育面临强有力的时代性挑战。为此，高校社会主义核心价值观的教育手段、方法等面临着重新部署安排。其二，传统的思想政治教育研究范式下，我们侧重于定性研究，定量研究重视不足，当然这也与我们人文社会科学的研究传统有关。单纯的定性研究往往无法客观反映出问题的本质，无法涵盖整个大学生社会主义核心价值观培育的全貌，无法体现大学生思政教育的实效性。为此，未来的研究中实证分析理应成为该课题研究的重点方向。哪种新媒体最为直接地影响大学生，什么样的传播形态大学生最乐于接受，哪些因素影响和干扰到大学生对社会主义核心价值观的认同。对于这些问题，需要制作相应的调查问卷，采用必要的深度访谈方能捕捉到。例如，《网络传播与大学生社会主义核心价值观的建构——基于五省市大学生的调查分析》一文，就是通过对5个城市的大学生的网络媒体接触和使用行为的调查，探究如何利用网络这一媒介对大学生进行社会主义核心价值观的教育。[①] 总而言之，研究范式上，新媒体时代大学生社会主义核心价值观培育面临着理论、方法、手段等方面的转换与更新。

3. 交叉研究尚待提升

目前研究涉及的学科较少，研究同质化现象较为明显，未形成应有的理论深度，未产生新的理论生长点。由于新媒体代表的是科学技术的跃升，在科技哲学和大众传播学领域率先出现。当前，在思想政治教育的研究中，对于新媒体时代的传播学解读虽然已经涌现了相关研究成果，但如何与大学生社会主义核心价值观培育形成有效的关联互动，目前研究还显得较为表层。这为未来我们深入持续地进行该话题的研究和探讨留下了广阔的空间。新媒体时代大学生社会主义核心价值观培育的研究，是当前高校德育研究的重要议题。单纯地拘囿于思想政治教育学科，是无法有效地回应这一时代议题的。以马克思主义理论和思想政治教育理论为基础，充分借鉴新闻传播学、心理学、教育学的学科成果，实行交叉学科的运用，有助于深化对该问题的认识和拓展研究的内容。

4. “两个大局”视域下的扩展研究不足

当下真正将社会主义核心价值观转化为每个人的理论自觉和行动自觉，真正实现从文化大国向文化强国的转变，从而真正走向中华民族的伟大复兴，还有相当长的路要走。尤其在自媒体蓬勃发展的当下，我们究竟该如何科学评价社会主义核心价值观培育和践行的状况？究竟该如何在新的历史起点上推进大学生思想政治教育？究竟该如何在世界百年未有之大变局中预测社会主义核心价值观的未来发展态势？目前，这方面宏大视野下的研究尚待补足，有待进一步地开掘。

① 邓若伊，蒋忠波．网络传播与大学生社会主义核心价值观的建构——基于五省市大学生的调查分析［J］．西南民族大学学报（人文社会科学版），2011（9）：172-176.

# 第三节　相关概念的界定

“范畴是区分过程中的梯级，即认识世界的过程中的梯级，是帮助我们认识和掌握自然现象之网的网上纽结。”① 概念是思维的工具，是理论的基石，也是人们进行思维和行动的逻辑起点，基本概念的厘定与说明是一切学术研究的起点。价值观、价值观念、社会主义核心价值观、新媒体等均构成了本选题的重要概念群。鉴于新媒体是本研究的立足点，也是本研究主要依托的时代背景，特放在第二章进行专题论述，此处不再赘述。

## 一、关于价值的相关概念辨析

关于价值、价值观、价值观念、社会主义核心价值观，国内学界对此已经展开了较长时期的关注和研究，达成了一些基本共识，在此做简要说明。

### （一）价值

在不同的学科语境中，人们所用的“价值”概念具有不同的内涵和阐释。在汉语中，“价值”的原始含义是物品交易的价格、价钱。西方语境下，“价值”的词义更多在经济学领域中得以展现。“价值一词最初的意义是某物的价值，主要指经济上的交换价值，18 世纪古典经济学家亚当·斯密的著作中亦有如此提法。19 世纪时，在若干思想家和各种学派的影响下，价值的意义被延伸至哲学方面更为广泛的领域。”② 价值是商品的一种重要属性，往往通过货币来加以衡量，从而转变为商品的价格。于本质上，商品的价值由劳动所创造，但在形式上需要通过交换才能得以体现，也是我们日常生活中涉及商品价值一般问题的基本解答。而社会主义核心价值观中的“价值”则是从哲学意义上而言的。哲学上的价值概念是最本质、最普遍的，它是对各种特殊的价值现象的本质概括，价值存在于客体

① 中共中央马克思恩格斯列宁斯大林著作编译局．列宁专题文集：论辩证唯物主义和历史唯物主义［M］．北京：人民出版社，2009：132.

② 中国大百科全书出版社译编．简明不列颠百科全书（第 4 卷）［M］．北京：中国大百科全书出版社，1986：306.

对主体的需要关系之中。客体对主体的需要程度越高，主客体之间联系越密切，说明客体对主体的价值程度越高。相反，客体与主体之间关联松散，说明客体对主体的价值程度相对偏低。自 19 世纪中叶，“价值”概念引入哲学领域，到 20 世纪 80 年代国内研究的日渐回暖，形成了一批有价值的成果，但关于其概念的定义一直众说纷纭，莫衷一是。

我国价值论领域研究的著名教授李德顺曾于 2007 年总结归纳了价值的五分法。第一类为精神存在说或观念论；第二类为实体论；第三类为属性论，又可分为客体与主体属性论（或人的本性说）；第四类为关系论，包含主观论与客观论；第五类为实践论。他对这五类做出了界定。第五类被认定为价值的本质指向。

上述几种论说对于我们完整理解“价值”的内涵具有学理意义和启发性思考，充实发展了马克思主义的价值研究。笔者认为，价值是一个多意指向性的概念，具有多方面的特性，也是马克思主义理论中一个重要的议题。价值的一般含义，只能在马克思主义的科学指导下，把它放在人类实践活动的大舞台上，才能进行正确的理解①。对于价值概念的科学界定，离不开三个构成要件，即主体、客体和连接体。单纯地从主客体关系探寻价值的意义，显得不够充分彻底，将连接体——实践纳入，对于价值的概念理解笔者认为才是充分彻底的。为此综述已有研究，笔者认同对价值做如下的定义：价值“就是主体在实践活动中，通过主客体相互作用的关系，客体的存在和属性对于主体需要的适应与满足所表现出的效益、效用和意义”②。这一定义说明了，主体需求为价值产生之源，客体满足主体需求是价值存在的前提，而实践是联系主客体之间的中介和桥梁，有效与有用是价值存在的关键。价值可以从不同角度予以划分，如按人的需求可划分为物质价值、精神价值与物质精神综合价值；依照价值客体来划分，可分为人的价值、物质的价值、精神现象的价值；依照价值成果的关系来划分，可分为科学的价值、伦理的价值与审美的价值等。

### （二）价值观

与价值不同，学者对价值观的定义众说纷纭。建立在对价值的概念分

① 罗国杰．马克思主义价值观研究［M］．北京：人民出版社，2013：10.

② 石云霞．当代中国价值观论纲［M］．武汉：武汉大学出版社，1996：13.

析前提下，对价值观的理解就顺其自然了。有的学者认为“价值观就是人们对价值问题的根本看法，是人们处理价值关系时所持有的立场、观点和态度的总和”[①]。有的学者认为“价值观是文化体系的核心。价值观借助文化的权力构建制度和规范体系来约束人们的行为，引领人们的思想动机。”[②] 马克思主义认为，价值观“就是主体对客体有无价值和价值大小的立场与态度的总和，是对价值及其相关内容的基本观点和看法”[③]。近年来，学界对价值观定义进行了广义与狭义的区分。广义的价值观为哲学中的价值论，它和历史观、自然观类似，是以价值为研究对象的理论体系。它是属于人生观与世界观层次的相对稳定的价值观点。它“最根本问题是个人和群体（社会、国家、民族）的关系及物质生活与精神生活的关系问题”[④]。狭义层面的价值观则是人们对美丑、善恶等具体事物价值的立场、态度及行为指向，既有积极肯定的，也有消极否定的。本书特指狭义的价值观。可见，价值观具有主体性，体现人们对事物的情感趋向，主体包括个体和群体。一般来说，个体价值观服从群体价值观，人们在一定社会背景下，通过接受教育以及社会风气影响，形成了大致相同的、健康向上的价值观。但价值观并非恒久不变，随着社会实践的发展，个体价值观也会有所不同。

价值观的内容主要包括两个方面：一方面为价值取向，指向一定的价值目标；另一方面为评价尺度，是人们评判客体价值多少、好坏的依据。价值观的基本特征为导向性、稳定性与社会历史性。不同的价值观反映了人们不同的价值选择标准和价值取向，不同民族与国家的人们因为价值观的相异而形成独具特色的文化传统，文化中最深层、最核心的部分就是价值观。

### （三）价值观念

与“价值观”相似的概念是“价值观念”。李德顺教授指出：“价值观念，即观念形态的价值意识。顾名思义是指人们关于基本价值的观念系统，但它不同于严格意义上的‘价值观’。”“价值观……是关于某个

---

① 袁贵仁．价值观的理论与实践［M］．北京：北京师范大学出版社，2006：26.
② 范阳鹤新．新媒体社会主流价值观引领力研究［D］．吉林：吉林大学，2023：16.
③ 罗国杰．马克思主义价值观研究［M］．北京：人民出版社，2013：31.
④ 张岱年．文化与价值［M］．北京：新华出版社，2004：10.

对象领域的学说系统。价值观念却并不是指一套理论或学说，而是指人们内心深处的价值取向或态度情感。”① 个别学者认为价值观等同于价值观念。田海舰、邹卫两位知名学者则指出，“价值观是价值观念的简称，指人们头脑中有关价值追求的观念。具体来说，价值观是人们关于某类事物的价值的基本看法、总的观念。”②。从广义层面来讲，它们可以通用，二者都是人们大脑对外部世界的主观反应。但从狭义上而言，价值观及价值观念的关系是，价值观是价值观念抽象而来的一种观念，是世界观的核心，是驱使人们行为的内部动力；价值观念则是通过后天的社会化方式培养起来的，在不同角度与层面体现着价值观，比价值观的外延要更大。

价值观作为一种思想观念，属于意识形态范畴，对社会存在具有一定反作用。不同个体由于其价值观不同，必然导致社会行为产生差异，甚至出现摩擦、冲突。价值观可分两类：例如一个圆圈，最外围部分可视为一般价值观；最内部是核心的，是内核，起主导性作用。“处于主导地位的价值观代表着价值体系的基本特征，体现着价值体系的基本价值倾向，统率着其他处于从属地位的价值观念，是一种社会制度普遍遵循的基本原则，是一种文化区别于另一种文化的基本价值观念。”③ 这部分价值观具有主导性、稳定性、普遍认同性、理想性与辐射性等特征，它统摄与驾驭着其他价值观，是其他价值观精华的集中体现。

### （四）社会主义核心价值观

21 世纪以来，国内外形势剧变，尤其是我国的改革迈入“深水区”，多种矛盾显现交织，多种利益碰撞激烈。面对全面改革的历史重任，全党上下必须同心协力，统一思想，共克难关。2012 年 11 月，党的十八大上正式提出了“三个倡导”24 个字的社会主义核心价值观。它是对社会主义核心价值体系的高度抽象与深度概括，突出了社会主义核心价值体系的精神内核，是社会主义价值体系的主导。社会主义核心价值观集中反映出了新时期社会主义制度的价值诉求，鲜明折射出了亿万民众对于社会主义核

① 李德顺．价值论［M］．北京：中国人民大学出版社，2007：152.

② 田海舰，邹卫．社会主义核心价值观论纲［M］．北京：人民出版社，2010：27.

③ 王泽应．社会主义核心价值观的基本特征［N］．光明日报，2007-04-03.

心价值观建设的期待，是中国共产党在意识形态领域一次伟大的创举。在与西方国家意识形态领域的比对较量中，寻求到了历史的坐标，旗帜鲜明地与西方的“普世价值观”划清了界限。社会主义核心价值观集中体现出了一元与多元的统一、现实与理想的统一。24 个字社会主义核心价值观的提出，不仅让多元时代视域下的广大人民群众有了价值观的“主心骨”，更为大学生社会主义核心价值观的培育与践行指明了方向。这三个层面的基本内容“实际上回答了我们要建设什么样的国家、建设什么样的社会、培育什么样的公民的重大问题”①。关于社会主义核心价值观的具体内涵，北京大学郭建宁教授在《社会主义核心价值观基本内容释义》② 一书中指出，“富强”是社会主义现代化建设的基本价值目标，“民主”是人类共同的政治理想和中国共产党人的不懈追求，“文明”集中体现了社会主义先进文化的前进方向和社会主义精神文明的价值追求，“和谐”是中国特色社会主义的本质属性和人类世界的发展方向，“自由”是马克思主义的终极追求和社会主义的内在逻辑，“平等”是社会主义制度的基本原则，“公正”是社会主义的基本价值取向，“法治”是现代社会治理的基本方式，“爱国”是民族精神的核心，“敬业”是职业道德的灵魂，“诚信”是公民道德的基石，“友善”是社会和谐的润滑剂。可见，社会主义核心价值观目标指向社会主义，旨在凝聚社会共识，维护中国特色社会主义制度。

## 二、大学生社会主义核心价值观培育

在《现代汉语辞海》中，培是形声字，土为形，音为声。培的本义指增加土地、田园、山泽等，引申为古代太子赐予的小国。此外，又指往植物或建筑的根基部分加土，将堤坝加高培厚，引申为培育、培养。培养，以适宜的条件使繁殖：培养细菌。按照一定的目的长期教育和训练；使成长：培养革命接班人。培育，培养幼小的生物，使它发育成长：培育新品种，培育一代新人，做谓语时，同义为造就、培育。培育意即，培养教

① 习近平．青年要自觉践行社会主义核心价值观——在北京大学师生座谈会上的讲话［N］．人民日报，2014-05-05.

② 郭建宁．社会主义核心价值观基本内容释义［M］．北京：人民出版社，2014：32-141.

育。[①] 邓小平《解放思想，实事求是，团结一致向前看》：“毛泽东思想培育了我们整整一代人。”[②] 故而，对大学生开展社会主义核心价值观的培育，即是对大学生进行社会主义核心价值观的各项培养教育工作，这就是一个“知情意行”完整的价值接受过程，最终变成大学生对社会主义核心价值观的信仰，并成为大学生行动的指南。

新媒体时代大学生社会主义核心价值观培育旨在让大学生在新媒体背景下，对社会主义核心价值经由认知，升华于认同，落地于践行。这是一个内化与外化相结合的过程。一般来说，完整的价值培育应当是由知、情、意、信、行等不同的教育阶段所构成的。高校思想政治教育实效性的提升一方面是强化青年学生对社会主义核心价值观的理性认知及情感认同，另一方面是提升大学生践行社会主义核心价值观的实践能力，引导大学生在实践中成为品学兼优、道德高尚的人才。

## 第四节　研究思路与方法

### 一、研究思路

#### （一）研究的内容

根据研究内容，本书的内容结构设计加上导论共计六章。第一章为导论。第二章，对新媒体时代背景做出了学理上的探讨，围绕对大学生社会主义核心价值观的教育提出的新要求——坚守国家网络意识形态阵地、转型高校传统思政工作范式、净化大学生成长的虚拟场域展开了论述。第三章采用定性及定量研究方法，对新媒体时代大学生社会主义核心价值观培育的现状尽量做出较为全面的客观公允的呈现，这是问题提出的过程。面对问题，本书力图从更为系统宏观的角度，围绕问题进行剖析，通过学校、家庭、社会和主体四个维度展开了讨论。新媒体时代，大学生社会主义核心价值观培育展现出了异彩纷呈的图景画卷，对我们传统的德育理念也提出了重大挑战，依托马克思主义基本原理、习近平总书记的相关论

① 《现代汉语辞海》编纂委员会．现代汉语辞海［M］．北京：新华出版社，2002：496.

② 邓小平．邓小平文选（第 2 卷）［M］．北京：人民出版社，1994：148.

述、思想政治教育方法，借助于传播学科中的相关理论，以政治性、人本性、整体性、实效性、实践性原则，作为指导和方法论武器，显得尤为迫切和必要，这是本书的第四章。第五章围绕此思考展开了网络媒介辐射环境的优化、在新媒体平台上构建学校、家庭、社会三方联动的协同培育模式等方面破解的论述。第六章，作为新媒体时代下社会主义核心价值观培育的主体及价值实践者，大学生群体的认同状况，关涉着社会主义意识形态培育的实效性。侧重围绕大学生的实践养成展开了最后的论述，这是整个研究的目的和落脚点。

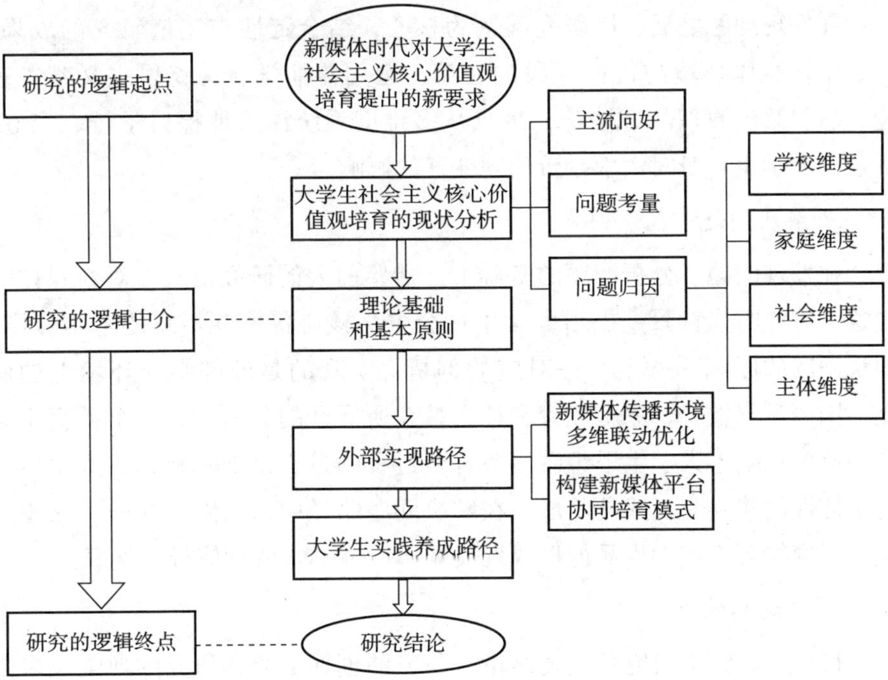


**图 1-1　本书的逻辑结构**

## （二）逻辑理路

本研究整体上遵循从实然到应然的思路，是按照发现问题、分析问题、解决问题的框架展开的。

1. 发现问题

"一切科学讨论从问题开始"①，问题是科学研究的动因，也是科学研究的旨归。大学生是我国未来发展的依托和有生力量，因此对他们进行思想政治教育意义重大。在研究中，笔者通过对已有权威文献的梳理，结合笔者课题中的部分实证成果，分析归纳其研究的贡献与缺陷，从而探析在新媒体时代下大学生社会主义核心价值观培育中显露的诸如学校、家庭、社会与大学生自身等方面的问题。

2. 分析问题

在发现问题之后，以研究问题为核心，结合定性与定量研究的成果，立足于新媒体环境与传播手段的变革，运用传播学、马克思主义基本理论、思想政治原理与方法论，重点从多维度系统深入地探讨学校、家庭、社会及大学生自身对大学生价值观变迁的影响。

3. 解决问题

在发现问题、分析问题的基础上，借鉴前人的研究范式，对新媒体时代这一特殊时代背景，提出大学生社会主义核心价值观培育的基本原则。围绕问题的原因，做出一一对应的剖析：实现的是外部媒介环境上的优化；围绕学校教育、家庭教育和社会教育所展开的分析，是一个社会主义核心价值观融入大学生思想政治教育全过程的过程论上的建构；大学生自身主体性的建立和实践的养成。在解决问题路径中，内隐着这样一条逻辑主线：遵循着青年学生品德形成发展规律——"知情意信行"展开。

4. 归纳总结

最后，归纳本研究的主要结论：研究的创新之处、研究的缺陷及未来研究的路向，从而实现本研究的最终目标。

## 二、研究方法

### （一）文献研究法

对既有的文献展开细致的梳理是任何研究的基础。新媒体时代大学生

① ［英］卡尔·波普尔. 科学知识进化论［M］. 纪树立，译. 北京：生活·读书·新知三联书店，2011：5.

思想政治教育实效性研究，需要大量文献的积累，既包括中外专著类，也包含大量的学术论文。通过文献检索能够及时掌握该选题目前已有的学术成果和研究的前沿动态。本书通过文献研究方法收集整理到大量的研究素材。在梳理过程中，通过分类、比较、汇总等环节逐渐厘清了本书研究的框架思路和当前研究的学术盲区，力求在理论上进行结构功能的分析，在实例资料中寻找支撑点，为本研究的创新奠定了坚实的基础。

**（二）比较研究法**

要加强纵向与横向的比较研究。从纵向的维度，分析和考量历史已然的价值观并从中汲取优秀合理的成分，为我们研究当下大学生社会主义核心价值观培育提供了方法论上的参考，拓宽了研究视野。从横向的维度，新媒体时代的价值观研究本身就是一个具有高度开放和互动性的过程。在大学生社会主义核心价值观培育上，中西方国家都在力图实现本国大学生对其国家主流价值观的高度认同，在某种意义上具有一定的共同性。适当借鉴国外在公民教育、媒介素养教育等方面的经验，自觉地将其纳入本书的研究视野中，权衡利弊，增进了本研究的科学性。

**（三）实证研究法**

本书借鉴吸收了目前学界已有的调研成果，同时采纳了笔者课题中的部分调查数据。结合笔者的实际工作，通过授课教学、学生座谈、个别访谈、网络交流等多样化形式，力争获取真实的一手资料。以实证角度分析大学生新媒体的使用状况、大学生认同社会主义核心价值观的总体概貌，新媒体对大学生的交往方式、价值观如何产生深刻影响，力求探析问题背后的深层次缘由，做到大学生思政教育对策研究有的放矢。

# 第二章 新媒体时代对大学生社会主义核心价值观培育提出了新要求

随着互联网技术不断发展，尤其是2006年后，在Web2.0技术的加持下，以微博、微信、短视频等为代表的新媒体和融媒体高速发展，传播方式和信息发布渠道都由原来的单向度、集中式转变成现在的多向度、个性化、互动式，使教育者和受教育者在互联网领域中具有平等的权利和机会来获取知识、交流情感、传播信息。在这个平等交互过程中，教育者失去了掌握信息发布平台和信息传播的优势，受教育者可以通过各种媒体或自媒体与其他传播主体互动而形成新的声音，进而相互影响。新媒体的即时性、自主性、开放性、互助性客观上起到了弱化高校思想政治教育者的权威性和控制性的作用。① 新媒体已经成为人们获取各类信息的主要渠道之一，也成为世界各国意识形态交流、交融、交锋的主战场。正如习近平总书记强调指出的，“意识形态工作是党的一项极端重要的工作”，“能否做好意识形态工作，事关党的前途命运，事关国家长治久安，事关民族凝聚力和向心力”②。2019年1月25日，习近平总书记在主持中共中央政治局第十二次集体学习时强调：“我多次说过，没有网络安全就没有国家安全；过不了互联网这一关，就过不了长期执政这一关。”③ 新媒体时代，如何在大学生群体中有效传播社会主义主流价值观念，凝心聚力，提升高校思想政治教育的实效性，已经成为我们针对当前高校德育工作迫切需要研

---

① 任昊，傅秋野．高校网络思想政治教育创新研究［J］．现代教育管理，2022（2）．

② 中共中央宣传部编．习近平总书记系列重要讲话读本［M］．北京：学习出版社，人民出版社，2014：105．

③ 习近平．论党的宣传思想工作［M］．北京：中央文献出版社，2020：183．

究的重大理论与现实问题之一。

## 第一节 新媒体时代特征及社会关系的变革

### 一、新媒体时代的基本特征分析

#### （一）新媒体概念辨析

新媒体是一个舶来品，它出自1967年时任美国CBS（哥伦比亚广播电视网）技术研究所所长的P. 戈尔德马克（P. Goldmark）之手，他规制了一份有关研发EVR（电子录像，Electronic Video Recording）商品的意向书，意向书中首提“新媒体”（New Media）一词。1969年，E. 罗斯托（E. Rostow）（时任传播政策总统特别委员会主席）向总统递交的专门报告之中，“新媒体”一词被频繁提及。这样，“新媒体”在美国成为时髦词语，并且逐步流传于全世界。

20世纪七八十年代，“新媒体”出现在一些译介学术作品中，依照笔者当前搜索到的材料，其首现于1978年的一篇译文之中，文中首提“大功率的新媒体运用于教育事业的发展”①。此后，一些译介作品中“新媒体”一词常出现。此时，人们研究的核心聚焦于如何以技术变革教育方式。

20世纪90年代之后，随着计算机普及化及互联网技术的日新月异，新媒体成为时代新宠。人们对新媒体的学术探讨，则始于世纪交替之时。2000年，吴征撰文指出：“一般说来，我们可以把新媒体定义为交互式数字化复合媒体。”② 他认为新媒体具有非众化、互动性、复合性、全球性的特征。

21世纪后，大量的学术专著中都给出了新媒体的内涵。专家学者们从多种视角出发，得出了新媒体的多种定义。但是至今国内学界对于新媒体的概念远未统一，专家们也是各执一词，③ 以至于出现了定义众多，难分

---

① 华四泉．教师培养制度演变的一般趋势［J］．外国教育资料，1978（6）：52.

② 吴征．告别荒漠——新媒体与精神生态的重建［J］．互联网周刊，2000（49）：50.

③ 蒋宏，徐剑．新媒体导论［M］．上海：上海交通大学出版社，2006：12.

伯仲的情况。

新媒体定义众说纷纭，莫衷一是，归根结底是新媒体这一词语本身指向性弱、模糊性强。人类先前的媒体为报纸—广播—电视，每阶段的物化特征鲜明，定位准确，而新媒体则概念模糊、界限不明，难以准确地、形象地表达出来。

以时间为关系点，清华大学新媒体研究中心主任熊澄宇教授认为：新旧是相对的，对比报纸，广播为新媒体；对比广播，电视为新媒体；对比电视，网络又是新媒体。宫承波则从技术运用的视角对新媒体进行了概述："广义上的'新媒体'可以作如下界定：是利用数字技术、网络技术和移动通信技术，通过互联网、宽带局域网、无线通信网和卫星等渠道，以电视、电脑和手机为主要输出终端，向用户提供视频、音频、语音数据服务、连线游戏、远程教育等集成信息和娱乐服务的所有新的传播手段或传播形式的总称。"①

同时，国内围绕新媒体的外延组成、传播特点、传播影响以及未来发展趋势等问题，也展开了深度的研究。②

综合梳理与分析学术界对新媒体的各种观点，笔者认识到，研究者虽阐释角度各异，定义不同，但新旧媒体是相对的说法，其定位是动态发展的，很难给予严格的定义，仅可以在相对稳定的时期给出定位。梳理以往的研究成果可知，专家学者们大都把新媒体归结为继报纸、广播、电视等传统媒体之后，基于数字、网络等高新技术，所产生的新的传播方式。本书中的"新媒体"指代广义的新媒体概念，即指相对于传统媒体而言，在技术进步与创新的基础上，依托现代的网络技术、数字技术、蜂窝移动通信技术、触摸媒体等，通过网络向用户提供有线或无线的数据服务，实现传播者与被传播者的及时互动的媒介总和。对大学生来说，其常用的新媒体为手机媒体，主要包括手机报、电子书、微信、QQ与微博等。微信、QQ、微博是不同专业大学生日常交流中使用的最主要的三大媒介。

---

① 宫承波．新媒体概论［M］．北京：中国广播电视出版社，2009：4.

② 赵敏在其博士学位论文中论述了国内新媒体研究经历了萌芽发展期、初步发展期、兴盛发展期、突破发展期四个阶段。依据其划分，现在正处于突破发展期。

表 2-1 大学生常用新媒体类型划分

| 自媒体的类型 | 特点 | 大学生使用优点 | 大学生使用弊病 |
| --- | --- | --- | --- |
| 论坛（校园 BBS、校园贴吧等） | 管理员具有官方的背景，契合校园的环境，受众多，管理规范有序 | 发帖与回帖频率高，信息分类性强，便于查询，实用性强，如校园招聘、院系信息动态发布 | 个别学生媒介素养较低，言语粗俗、揭露别人隐私、散布虚假广告，甚至恶意植入木马病毒 |
| 个人发布型（博客、人人网等） | 易学易用，点对点地传送信息，全面展现个人的心情及活动状态 | 自己可以把控所要展现的内容，自由自在地发言评论，图文并茂，形象生动，利于交友，推动朋友圈不断扩大 | 信息冗余、杂乱。“标题党”为吸引眼球，推出低俗的内容。个别人开展人肉搜索，揭露别人隐私。散布虚假广告，恶意传递虚假信息 |
| 即时交流工具（QQ、微博、飞信、微信等） | 网络与智能手机的融合——即时交流工具要求实名注册，点对点地交流信息，实现了信息的在线分享 | 分享学习资料、释放情感、发表见解；自拍视频、照片等上传朋友圈，引发点赞与围观等 | 个别大学生沉溺于网络游戏不能自拔；虚假信息泛滥，消息真伪性无法查证，易导致群体性网络舆情事件；个别人道德失范，出现一夜情等有悖伦常之事 |

资料来源：公开资料整理①。

## （二）新媒体的基本特征分析

新媒体把大众带入了“人人拥有麦克风”的新媒体时代。新媒体信息传播模式凭借其虚拟开放的平等性、便捷互动的高效性、分众化的高度主体性，逐渐增强了大学生对新媒体的依赖，已经从根本上改变了时下青年大学生获取信息和传播信息的方式。新媒体作为一种崭新的传播媒介，在传播过程中呈现出了迥异于传统媒介传播的特征。

1. 信息内容的海量与复杂性

新媒体在信息传输量上具有无限的丰富性，在信息形态上具有纷繁的多样性。相比报纸、广播、电视只能在单位时间和空间中传播有限信息，新媒体储存和发布的信息容量巨大，体现了信息的丰富多样性与无限性。互联网技术在用户获取、内容采集分发以及价值传播方面具有优势，传统

① 龚莉红．科学引领“自媒体时代”的青年学子——大学生使用自媒体特点及管理［J］．江西青年职业学院学报，2012（12）：23-24.

媒体要积极拥抱新媒体，充分发挥新技术的优势。① 从传播学发展历程的视角，我们正处于媒介传播的第五个阶段即数字化传播阶段。这个阶段的典型特征就是互联网能够制作、发送信息，并以非线性方式输入网络之内，进而造成了信息爆炸性增长。一方面，海量信息带来的是对大学生群体视野的拓宽和境界的提升，充实和丰富了教育工作者的教育资源。学生可以通过新媒体，了解丰富多样的思想观念、浏览新闻信息，教师则利用新媒体充实教学内容，防止课堂教学封闭僵化。另一方面，信息时代处处充满了悖论和挑战。海量信息内嵌着的是多元的价值观念，充斥着良莠不齐的复杂信息，这对于思想政治品德正在发展完善的大学生群体而言，无疑是具有一定风险性的。海量的信息虽然让青少年的视野更开阔了，但浅阅读、碎片化信息、对娱乐内容的注意力转移制约了青少年对学习的关注。大学生处于思想观念养成时期，应发挥新媒体的积极作用，坚持正面引导、正面激励，以社会主义核心价值观为引领，引导他们正确认识世界和中国发展大势，不断树立为共产主义远大理想和中国特色社会主义共同理想而奋斗的信念和信心。

2. 传播速度的及时与便捷性

新媒体实现了从信息传播方式的单一线性向一对多、多对多的非线性转变，这是信息传播的大提速。新媒体传播速度快捷，信息来源广泛，制作发布信息简便。因此，它可以用来随时发布新闻，尤其在报道突发性事件和持续发展的新闻事件方面，互联网媒体的“刷新”更换功能比传播媒体的“滚动播出”更胜一筹。随着网络技术的发展与革新，新媒体进入高校信息服务体系是顺应时代潮流的必然发展趋势。② 就教育场域而言，这改变了传统思想政治教育中现实与教育之间的时滞性，做到了教育者和受教者之间信息的平等共享，实现了对现实世界变化了解的及时性。教师以时政热点作为教学素材，将课程内容融入其中，使教学更具有现实性和针对性。然而，信息的及时性给传播效果带来了一定危害。思想政治教育工作中一旦出现负面新闻和失效性的现象，很容易产生传播中的“蝴蝶效

---

① 李小千．把握融媒体特征，促进读者服务工作［J］．出版广角，2022（10）．

② 赵蓉英，李新来，明均仁．融入情感特征的高校新媒体影响力评价研究——以高校官方微博为例［J］．情感理论与实践，2022（6）．

应”。这些负面新闻报道，一经“剥洋葱式”的深度挖掘后，被无止境肆意传播，在一定程度上削弱了思想政治教育的权威性和公信力。由于新媒体的新生和不规范，无限丰富多样的信息被不加控制地传播，造成信息传播的污染，导致传播生态环境的恶化。如果不加以辨别，很容易被负面新闻误导，产生消极影响。

3. 传播方式的跨时空与虚拟性

新媒体传播跨越时空限制，这种虚拟性是有技术保证的。新媒体利用通信卫星和全球联网的网络进行数据传输，完全打破了有线网络的限制和国家等行政区划和地理区域的限制。在技术层面上，新媒体不存在中央控制的问题，也就是说，不存在某一个国家或者某一个利益集团通过某种技术手段来完全控制互联网的问题。新媒体旨在打破时间、地域的樊篱，搭建社会公众平等参与、共同协力、共享资源的公共平台，提高社会资源利用率。一方面，新媒体拓展了思想政治教育的场域。原有的教育场景是在某一个特定时段和现实物理空间中展开，而在新媒体时代则扩展了教育的时空场域。当前，大学生基本都构建了自媒体下的新的网络人际圈，在这个交往生态中，人人可以畅所欲言，可以平等实现思想的交流。另一方面，网络虽成为宅男宅女的精神家园和寄托，但也契合了本时代大学生的心理特质，对其自主性、主体性的建构具有积极意义。但这样的跨越时空、虚拟性的特征，也在一定程度上造成了对传统人际关系的解构和消解，现代性的负向效应不断显现。部分大学生混淆虚拟世界与现实生活信息交流传播方式，使人与人之间的直接交往、面对面的交谈变成一种以数码、光电为介质的交流。随着脱离实际的无效信息输入过多，大学生陷入虚拟世界之中而不能自拔。网上热情奔放、平等自由倾诉，回归到现实情景则蜕变为了人际关系的紧张、失序和对真实生活场景的拒斥、不适应。

4. 传播形式的高度开放与多元化

开放是无屏障，是介入者的对等，没有明确的门槛限制。而新媒体时代恰恰实现了信息传播的无屏障性。以计算机为输出终端的互联网新媒体、建立在数字电视基础上的电视新媒体、以手机为终端的手机新媒体，为现实的深度开放提供了技术支撑。一方面，新科技应用产品的推陈出新，给受众群体带来了强大的吸引力和无尽乐趣，为思想政治教育环境提供了内外融通的可能，实现了内外环境育人的联动和内外能量的聚合；同时传媒载体的创新，丰富了教育手段和途径，有助于思想政治教育系统建设。随着互联网以及新媒体技术的发展，高校校园网与国际互联网的成功整合，一条将大学生和社会二者紧密相连的信息通道得以建立。大学生可以在第一时间了解到专业领域的学术动态、教学科研成果等情况，营造健康向上的学术环境。另一方面，内外环境的融通，直接带来了开放环境下，传统与现代、本土与外来等一系列的现代性问题。聚焦在思想领域，就是多元思潮、价值观念的激烈交锋。[①] 国内外敌对势力利用网络媒体作为意识形态的传播工具，大肆散布封建迷信和反党反社会主义的言论，与我们进行争夺阵地、争夺群众的激烈斗争。国内的一些不法分子也把网络作为与我们党和国家对抗的工具和渠道，散布危害国家安全和社会稳定的虚假信息，迷惑群众，混淆视听。必须高度警惕反动、迷信言论，维护社会和谐稳定。

5. 服务的个性化与大众的分享性

人们都希望彰显个性，向往自由。当面对一条新闻或者一种社会现象时，人们不想简单地从众，总想发表与众不同的看法，提出自己的见解；或者穿自己最爱的衣服，留自己喜欢的发型，向人们展现一个不同的“我”，使“我”的形象与众不同，引人注目。在新媒体时代，人人都会拥有一个信息互动与参与的终端，如智能手机、微信号、IP 地址、QQ 号等。通过这些终端，参与者可以对信息进行详细分类，发送到对应的平台上。新媒体实现了信息传播与收阅的个人化。以网络环境为基础，基于用户的信息使用习惯、偏好和特点向用户提供满足其各种个性化需求的服务。受众也对信息具有同样的操控权，受众可以运用新媒体选择信息、搜索信息甚至定制信息。所以，新媒体的时代是一个“受众个性化”的时代，传统媒体中“被动接受信息”的受众转变为主动寻找和制作信息的用户，这是一个基于用户个人建立起来的双向交流的系统。另外，受众也可以通过各种媒体（如微信公众号、众多的搜索引擎等）实现信息的定制及分类检

---

① 范益民．新媒体视阈下高校思想政治教育研究范式转换的探索［J］．继续教育研究，2016（3）：67-70.

索。互联网媒体超文本链接的方式，将无限丰富的信息加以储存和发布，用户可以很方便地输入关键词进行资料检索。这样，每一个新媒体用户都可以发布和接受完全个性化的信息，大众传播转变为“小众传播”①。

目前，媒介生态剧变，传统媒介传播之中，大众处在传播链条的下游，只是被动地接收信息，主动性被遮蔽。随着新媒体去中心化特征的彰显，加之信息传递成本的下降及小众传播的兴盛，话语权的垄断性被打破，大众渐进地融入传播链条的上游。他们既分享信息，又同传播者平等交流，此时，“大众赋权”与“去中心化”就成为新媒体传播的两大亮点。

### （三）新媒体时代来临

新媒体时代的产生是人类科学技术迅速发展的必然趋向。当前，“媒介融合发展进入全面发力、深化改革、构建体系的新阶段，推进媒体深度融合处于战略机遇期和关键窗口期。”② 正如著名历史学家威廉·麦克高希所认为的：“每一种文明都是以一种新的占主导地位的文化技术的引导为开端的。”③ 为了更为清晰地分析新媒体时代，我们先看一下人类历史上的“媒介进程表”④。本书认为将“新媒体时代”确定为始于20世纪90年代初计算机技术用于大众传播以来的这一历史时期更合适。它建立在社会工业化基础之上，以技术为推动力量，影响了人们生存与发展的空间，为人类打造了一个全方位、开放的信息空间。

表2-2　媒介进程表⑤

| 时间 | 事件 |
| --- | --- |
| 9万年前—4万年前 | 克罗马农人拥有与现代人一样的喉舌结构。人类语言诞生 |
| 公元前3500—前3000年 | 两河流域和尼罗河流域出现固定的语言符号为象形文字与楔形文字 |
| 公元前59年 | “第一份正式官方报纸”——《罗马公报》出版 |
| 105年 | 中国汉朝人蔡伦基于前人研究发明了植物纤维纸 |

① 宫承波．新媒体概论［M］．北京：中国广播电视出版社，2011：8-9.

② 左志新．媒体深度融合：中国新媒体发展的新格局［J］．传媒，2021（14）.

③ ［美］威廉·麦克高希．世界文明史——观察世界的新视角［M］．董建中，王大庆，译．北京：新华出版社，2003：3.

④ 邵培仁，海阔．大众传媒通论［M］．杭州：浙江大学出版社，2005：1.

⑤ 何红连．大众媒介环境下社会主义意识形态传播问题研究［D］．上海：华东师范大学，2014：27.

续表

| 时间 | 事件 |
|---|---|
| 6 世纪末 | 雕版印刷术研制成功 |
| 1041—1048 年 | 中国北宋人毕昇发明了活字印刷术 |
| 1448 年 | 欧洲人约翰内斯·古登堡研制了铅活字印刷术，引领人类迈入近代传媒时代 |
| 1830 年 | 大众传媒正式形成：城市大众廉价报纸出现 |
| 21 世纪 | 信息的影响逐步扩大，整个大众传媒系统向社会每个领域渗透 |

资料来源：公开资料整理。

本书中提及的“新媒体时代”是一个发展演进中的概念，它与人类历史演进中因技术变革出现的媒介时代相比，具有自身鲜明的表征，主要包括以下三个方面。

1. 蕴藏着巨大的能量

恩格斯指出，社会若有技术进步的需要，则这种动力会比 10 所大学更能把科学推向前进。目前新一轮的科技革命方兴未艾，科技创新如火如荼，人类社会加速进入智能世界，释放出了巨大的发展推动力，引领经济增长方式的不断转换和整个社会结构深层次调整。新媒体在各种衍生工具的助推下，俨然超越了历史上的已有媒体，其传播力与覆盖面大大得到了拓展延伸。亿万大众被新媒体科技裹挟其中，进入了新媒体的发展境遇之中，进而给大众思想、行为和价值观带来了持久而深远的变革。随着科学技术飞速发展，尤其随着云计算技术的加速发展，新媒体迅速推陈出新，改变了固有的媒介生态环境，新媒体和手机通信设备与互联网融合在一起，实现了新媒体的又一个质的飞跃，彻底改变了人们接收信息的习惯。新媒体在发展过程中的技术支撑体系已经基本成熟并呈现出多样化的传播特点，为新媒体今后的发展变化提供了得天独厚的条件。新媒体的发展直接影响了人际交往的方式，人们通过网络互相交流、传达信息。在未来，这一影响还会进一步扩大，人类的生活环境将进一步智能化、科学化，新媒体将更加深入人类生活的各个环节。

2. 工具性之“非中性”特点

“技术领域的机器‘本身’对于政治目的而言是中性的——它能使一

个社会革命化，也能阻碍一个社会。一部电子计算机既可以为资本主义的行政管理服务，又可以效力于社会主义的行政管理。”① 各种媒体都是人类科技发展创新的产物，新媒体也不例外。其作为技术性发展的结晶，与人类史上任何技术毫无差别，都是人类认识自然及改造自然的工具，为人类创造更美好的生活服务，其工具中性特征鲜明。但是，新媒体技术一旦被政治行动操控，它就不仅是技术工具，也可以成为一种政治工具，即追求政治权力和政治利益的工具，也就具有了“非中性”作用，这种因被使用而产生的“非中性”作用正是新媒体时代的一个显著特征②。“非中性”指由于各国在网络技术中的能力差异，信息技术对不同国家的意义也不同。网络优势国家借助新媒体与信息技术融合发展，将新媒体作为本国舆论文化宣传工具，逐步改变国际话语体系结构，最终产生对自身有益的行为。鉴于当前国际政治经济和意识形态方面的激烈竞争，西方国家为了保持自己在国际话语体系中的绝对优势，充分发挥新媒体的跨国界传播功能，进行国际宣传。新媒体作为一种技术与政治工具，不能完全脱离现有国际格局，也难以摆脱国际政治博弈的影响，最终实现从中性向“非中性”的转变。

3. 新旧媒介不断走向融合

成熟的数字技术、移动通信技术等带动了各种新媒体的产生。但从现实的发展来看，旧媒体的影响力依然存在，比如电视、报纸等，依然固守着自身的阵地和发展空间。未来的新媒体发展走势，必然是功能与资源的不断整合。传统媒体依托新媒体的超常传播力，新媒体汲取传统媒体的严肃性和深度性的优势。笔者认为新旧媒介不断走向融合，一种更为成熟的“全媒体”或许是未来我们可以期待的。随着5G技术的持续发展，人工智能、大数据、区块链等新一代信息技术在国内迅速发展，我国的新媒体技术发展不断实现创新变革，应用智能化水平显著提高，应用场景更加丰富，社会服务力逐渐增强，已经深刻地嵌入人们的日常生活当中。所以说，新媒体时代媒介融合的发展趋势依旧会是主流，在电子信息技术的不断发展之下，最终实现电脑、手机、智能电视的“三网合一”，甚至也有

① H. Marcuse. One—Dimensional Man [M]. Bostan: Beason press, 1964: 154.

② 郑志龙，余丽. 互联网在国际政治中的“非中性作用”[J]. 政治学研究，2012（4）：61.

可能是“多网合一”。新媒体要想实现长久稳定发展目标，必须顺势而为，对强大的融媒体矩阵进行构建，以提高自身的引导力、影响力、公信力以及传播力。具体来说，新媒体应对融媒体矩阵进行积极建设，大大提高新媒体的传播力和影响力，同时还能在新媒体当中融入视频化、移动化等功能，更好地满足用户需求。新媒体要想实现健康稳定发展目标，还可将云计算技术、大数据技术融入新闻制作，同时还要引进专业技术人员，对手机网站进行开发，积极打造多样化新媒体平台，通过微视频、微信、微博改变以往单向信息输出的方式，提高主流媒体的传播力和宣传力。传统媒体需要重点考虑的是，如何充分运用新技术创新媒体传播方式，加快传统媒体与新兴媒体的融合发展，把互联网技术充分运用到传统媒体转型中。①

## 二、新媒体带来的社会关系变革

目前，我国社会已进入深度转型调整期，利益主体多元化、个人需求层级化、社会关系复杂化。不同的社会阶层都有其自身的利益诉求，外在表现为人们的价值取向多元而相异。加之现实存在的诸多影响公平正义的问题，致使人们的价值观更趋务实及功利化。与此同时，随着新媒体时代的来临，新媒介的逐渐普及和应用，西方各类意识形态、社会思潮通过各种途径纷纷传入我国，社会主义主流意识形态受到巨大冲击。② 大学生作为未来社会发展的主力军，他们熟知新媒体的使用，获取了最新的资讯，增长了见识与才干，向世人展示自己的独特一面，其价值形成过程、交际手段、生活学习方式等，都深深地植入新媒体时代的发展基因。同时，他们对新媒体的发展关注度更高，对发展动向更为敏感。

### （一）生活方式的变化

麦克卢汉认为：“媒介通过新的尺度的方式影响社会与个人的行为；延伸的出现需要引进一种新的尺度来处理日常事务。”③ 依照这种理论，新媒体推进人们生活方式的变革。这些改变主要体现在四个方面，即劳动方式便捷化、休闲方式多元化、消费方式个性化与学习方式智能化。

---

① 李小千．把握融媒体特征，促进读者服务工作［J］．出版广角，2022（10）．

② 季海菊．新媒体时代高校思想政治教育研究［D］．南京：南京师范大学，2013：25-26．

③ ［加］马歇尔·麦克卢汉．理解媒介——论人的延伸［M］．何道宽，译．北京：商务印书馆，2000：33．

1. 劳动方式便捷化

劳动方式是人类最重要的生存手段，它是人类其他生活方式的基础。在网络技术革命的推进下，劳动者获取更多的相关劳动资讯，实现了劳动工具的智能化及网络化，自动化与现代化成为发展的方向。人工智能应时而生，推动人脑逐步走向解放，成为劳动的主体与主导，劳动者是生产工具的传统观点被挑战。网络也使劳动者可以突破地理时空的限制，劳动者处理及传递信息的能力提升，劳动者的自由选择权得到进一步释放：网络招聘成为一种新的劳动选择方式。新媒体时代，系统论被人们广泛使用，网络系统由此而生，自动化的管理方式成为现实，机器人进入生产领域，把人类从繁重的体力劳动中解放出来，3D 打印成为未来人类的一种全新的生产方式。新媒体的发展有助于优化农村的产业结构，为第三产业的发展提供新契机。新媒体在传播方面更具优势，特别是在农产品网络销售方面。近年来，以抖音、西瓜视频等为代表的新型社交工具百花齐放，为乡村振兴事业注入了新鲜“血液”。尤其是网红，通过拍摄短视频和网络直播销售农产品，在一定程度上增加了产品的可信度，更加直观方便。通过网络方式，加上产品本身的优良品质，销售者完成了从大众到精致的转变，也带来农产品获利空间的进一步提升。短视频、网络直播等时下比较火爆的新媒体形式，对于拓展农村劳动力就业途径起到了良好的示范作用并带来了一定的启示。在新媒体环境下，其他的劳动模式还有待在实践中挖掘、验证。

2. 休闲方式多元化

新媒体的出现在相当大的程度上推动着人们休闲与生活方式的变化，它使人们拥有了更多的休闲时间，原因在于：人们劳作的时间大幅减少，休闲时间也就相应地增多，克服了休闲的障碍，休闲生活质量内涵提高——超越了人的生存的限度，促使生命意义得到升华。享受休闲时光的模式因网络而变，一种全新的模式进入人们视野，休闲生活更加多样化与多元化，网上休闲常态化：人们可以在网上冲浪，放松自我；也可以在网上与陌生人交流，减压放松；还可以观看网络直播实现休闲的个性化；等等。休闲已成为人们一种新的生活态度，一种新的生活方式。新媒体时代，休闲方式更多元，高质量的多样的休闲生活模式已成为大众的理想愿景。休闲时间越来越多，经济及其他限制条件越来越少，精神境界不断提升，后天习得能力增强，促进创新思维得到释放，为向高层次发展筑牢了坚实的基础。新媒体的飞速发展对各行各业产生了深远的影响，也逐渐改变了人们的生活方式和消费习惯。“互联网+”政策的出台也给休闲娱乐产业带来了新的发展机遇，对产业的转型与创新起到了积极的推动作用。“互联网+休闲娱乐”的发展模式打通了线上线下营销渠道，给各商家带来了更多流量和更高的效益，也给消费者带来了更为便捷和优质的服务，正成为未来行业发展的新潮流和风向标。

3. 消费方式个性化

新媒体迅速发展的同时也促进了人们的消费现状发生新的变化。在新媒体环境下，消费渠道和消费方式不断增多，网络消费已经成为生活中的常态。消费是再生产延续的必要条件，是人类满足自身生存需要的过程。消费方式的变革意味着人类生活质量在逐步改变。在网络的推动下，新的消费模式不断产生、不断进步，消费国际化与消费智能化逐步上升为主流。消费个性化已成为一种主导的消费方式，网购成为新时尚的标识，呈现出主权化、知识化、理性化、年轻化、多元化的发展趋向。在网购潮流引领下，越来越多的消费者加入网购大军，而且有不断壮大的趋势。2021 年“双 11”交易额再创新高，成功突破五千亿元，不仅使购物更加高效，而且极具娱乐性。网购正在以一种全新方式，引领中国的消费革命。消费者的观念已发生了巨大变革，传统的消费模式已难以为继，新媒体的出现弥补了人们在这方面的新需求，消费个性化更加突出。新媒体环境下网络技术深入发展，平台服务不断优化，商家通过满足消费者个性化的需要来吸引消费者的注意力，依托大数据技术，研判市场走向，迎合消费者的个性化需求为人们提供多样化的消费平台。人们的消费行为越来越普遍，网络消费的模式也不断增多，相比线下消费，网络消费早已成为主流，每年的“双 11”“双 12”等电商节日消费热度不减。互联网技术快速发展，网络消费用户不断增多，市场消费额稳步提高，互联网技术下虚拟社群逐渐完善，用户消费体验逐渐升级，网络消费在人们的日常生活中占据着越来越重要的地位。

4. 学习方式智能化

运用新媒体打造线上学习生态链，实现学习方式智能化。人工智能作为计算机信息技术、人工神经网络技术等多项前沿科技深度融合与加速发展的产物，极大地提升了人与社会的智能水平。随着移动互联网、大数据、云计算、人工智能以及心理科学、行为科学、学习科学等现代科技成果在思想政治教育领域的广泛应用和深度融合，正在不断构建出数智化演进的基本框架，展现出个人学习的现代化、鲜活化、个性化的学习图景。当下“网课、慕课、云课堂”以及虚拟现实（VR）、增强现实（AR）技术和大数据、云计算等得到较多的应用，受教育者的学习智能化提质升级，具有了划时代的意义。利用人工智能和物联网、5G技术，为实现万物互联、实时互动而建立的智慧教室、智慧校园平台，可为受教育者教学提供个性化、智能化的互动空间。在这个空间里，学生个体既可以完成思政课理论学习任务，又可以足不出户考察工厂、农村，参观祖国大好河山、红色教育基地等完成思政课实践教学的任务。在新媒体下的课堂教学，我们不仅要注重教师的教，更要关注学生的学，特别要重视学生学习方式的转变，让学生在“自主、合作、愉悦、高效”的课堂中成为真正的主人。

### （二）交际方式的变化

随着信息技术革命的发生，人类传统的交往方式被变革，网络交际方式应时而生，网络交际是人类交际方式变革的产物。

1. 交际空间维度延展

在技术变革的引领下，人类交际空间进一步延展，不但内含了传统的物理空间，而且延展至网络虚拟空间。从人类交往的历史进程来说，网络高于现实，是在现实交往基石和技术基础之上演进的一种全新的交际平台与交际方式。其动态性与丰富性更利于人们交际与交往。在传统生产占主导地位的农耕社会中，血缘、姻缘等各种血亲关系拘囿了人们的交往模式，人们为了取得对方的信任，必须进行必要的现实人际交往。工业革命发生后，虽然交通工具比较便利，但这并不能从根本上改变交往受制于时空的状况。新媒体出现以后，打破了时空的限制，人们以多元的“虚拟在场”方式开展交往，人的社会性得到极大的丰富，虚拟空间变成了人们交际的新领域。新媒体的出现使得网络情境下的符号互动理论有了全新的意义。借助新媒体，大学生在网络人际交往中所获取的符号信息更丰富、更形象，使人际交往更具生机与活力。新媒体极大增强了媒体对人际互动符号的传播力和影响力。新媒体的出现为大学生的人际交往提供了更为宽广的空间，大学生可以通过新媒体在虚拟网络平台上将代表自己的角色与状态的符号传播出去，以获得其他个体对自己的态度，从而实现对自我的认知。

2. 交际互动频率剧增

社会交往的出现推动了人类社会获得了前所未有的巨大进步，促进了信息的交流、思想的碰撞，推动了创新的萌发，深刻改变了人类的生存发展方式。在新媒体时代下，人们依据交往目标，对交往手段进行精挑细选，这样降低了交际成本，使跨时空交流常态化，并且还使这种交往优势扩散化。借助新媒体，一方面，大学生的人际交往可以突破时空限制，为大学生维护和强化原有的人际交往圈创造条件。即使不在同一地方学习生活，学生间也可以时刻保持联系和沟通。另一方面，网络交往的广泛性和无界限可以轻易地超越国界、民族、时空，使大学生互动交往的对象为“地球村上的所有居民”，为大学生最大限度地认识新朋友、扩大交往面提供了现实的可能。因此，新媒体极大地扩大了大学生的人际交往面。从这个视角来讲，新媒体不但使人的社会关系延伸至新领域，而且使交际的效率大大提升。

3. 交际手段方法多元

新媒体的出现，使人们的交际手段发生了很大变化。以前，人们主要通过面对面的交流方式来建立和维护人际关系，但现在，人们可以通过智能手机、平板电脑等设备进行文字、语音和视频的交流，不受时间和空间限制。这种交往方式的出现让人们的交往更加便捷和高效，社会交往的模式也日益多样化。现代的交际方式基于传统的交际方式有了新发展，但二者并非泾渭分明，而是互通相容共生的。传统人际互动中，交际为具象的，时空特性突出、鲜明。人类进入信息时代后，网络是虚拟交际的基础，交际的方式更加多样化。相比传统的交际方式而言，它具有诸多的优势，一方面使跨时空交际变为现实，另一方面推动交际以一种更开放的模式进行，如一对多、多对多的交际。但是这种交际方式并非完美无缺，其虽可弥补传统交际方式的缺点，可是其负面影响不容小觑：有些人在网络中热情奔放，但现实中自闭、沉默寡言，出现“双重人格”，“在场”与

“不在场”成为网络的异化物，导致了自我责任与社会意识的飘零。因此，虚实二元的交际不可偏废，二者必须通过合适的方式实现互相补充与互相协调。

### （三）价值意识建构方式的演进

人类劳动方式、交际方式的变革，促使了人类价值意识建构方式的改变，主要表现为认知方式的重构与思维方式的数字化两个方面。

1. 认知方式的重构

麦克卢汉指出：“媒介能够让人出现不同的感知习惯。”[①] 新媒体已成为人类的一个全新的感官媒介，人类新的认知模式也必然随之而生。

（1）虚拟再现

人类使用“虚拟现实”这个技术进行和现实世界相仿的虚拟世界的创造，还可以进行任意的修剪。[②] 人们在真实技术的基础上，借助网络与电脑进行思维，开展虚拟就能够实现远距离的操控，推动人的思维空间延伸至网络空间，在网络虚拟空间中创造新的现实的“思维存在”。这样，人的思维既有虚拟化的特点与新的社会功能，又有实际思维方式的特征，实现对世界虚实的整体架构的把握，这样，人的艺术的创新能力得到了极大的释放，创新能力不断提高。我们既有的感觉系统因虚拟技术的引入而产生了变化。追根溯源，虚拟技术不但是创新的工具，而且是推动世界变革的主要力量之一。虚拟现实技术在新媒体传播中的应用现状已经逐渐得到了广泛的关注和应用。虚拟现实技术给人们提供身临其境的体验，并且人们通过语音、手势与虚拟对话、互动，极大提高了体验感和参与度。虚拟现实技术在新媒体传播中的应用具有广泛的前景和发展空间，未来，虚拟现实技术将会为新媒体行业带来更多的变革和创新，无疑也是未来大学生思政实效性提升的重要技术支撑。

（2）虚拟共享

信息化是当今时代之突出特征。它突破了既有的时空界限，推进人们交往的机会与能力逐步拓展。共享信息和资源是互联网的基本精神之一，

---

① ［加］马歇尔·麦克卢汉．理解媒介——论人的延伸［M］．何道宽，译．北京：商务印书馆，2000：25.

② 汪頔．新媒体的发展趋势及其对价值观的影响［D］．上海：复旦大学，2013：155-156.

新媒体的兴起进一步强化了这股“共享”浪潮。信息化时代，个体不仅可以创造信息，还可以运用网络技术，实现信息的虚拟共享。通过交往与交流，人们建构了建制化的联系及交往，设立或加入“网络共同体”，推进其内部成员的信息交流及沟通，从而实现知识的网络化、社会化生产。它最大限度地发挥了集体智慧的创新性功能，体现了交互性与超越现实性的特点，使信息共享成为现实。集体认知产物是人们基于实践活动与认知中对知识开展“群体的整合”而形成的。数量众多的“虚拟社区”“论坛”“微博”“微信”“贴吧”“网络直播”的产生与发展，就体现了集体性的认知模式的演进与变革，推动了虚拟共享模式的演进，揭示了人类交往实践是一种创造性与创新性实践，彰显了创新的时代特征。社交平台的高度普及，使得人们越来越习惯把自己的动态和资源分享给自己的好友，“共享”也演变为日常生活中的一种交往模式。

2. 思维方式的数字化

人类开展思维活动离不开信息，但人的内涵因信息的数字化发生了巨大的改变。随着新媒体技术的演进，新的视野、语言及新的知识结构不断涌现，人的思维能力随之提升、思维架构不断拓宽，这样，数字化的思维方式就产生了。它主要表现在以下三个方面。

（1）时间流变暂时化

信息传播模式的数字化使信息的受众能够最快地收到信息。一般来说，人们接收到信息之后，会有一种时间消逝的感觉。现代社会，人们被大量的信息流包围，数字替代了符号，人类思维经过电脑的加工，从信息输入到思维的呈现，都成了数字，导致信息以海量的形式不断呈现。因为信息在裂变式地更新，信息都是通过“现在正在进行”的方式传送，导致时间之流就在无形中被断开了。从某种意义上说，时间的断裂就是人的生存方式的断裂。完整的时间板块被打碎成了零散的时间，碎片化的时间体验使得人们学习、工作、生活、娱乐的时间不再泾渭分明，而是变得模糊与融合。

（2）空间感知虚拟化

网络冲破人类既有的“理想—设想—图形—现实”的传统思维模式，演变为“理想—程序—虚拟现实—现实”的全新思维模式，它能够实现信息的网络化、智能化及可视化，这都是人类运用数字化技术的成果，这样一个现实版的世界在虚拟空间被呈现在人类面前，让人类去感知、了解。在人类生活的许多领域，人们也用数字化技术去创造虚拟空间。数字化空间呈现在人们面前之后，虚拟成为人们的第一感觉。在虚拟空间之中，人们以技术为中介，不断地进行互动，感知空间变革及事态演变的影响。这是人类的思维经过数字化的虚拟，对传统思维进行了调整与转换的产物。

（3）理念感受形象化

新媒体使信息表达更具有形象性与可接受性，它图文并茂，方式新颖，吸引眼球，实现了“读”与“视”的完美结合。这使信息可读性及可理解性更强，“视觉文化”正向人类走来，实现了“所指”与“能指”的高度契合。例如，随着数字技术的发展，VR 全景技术逐渐渗透到人们日常生活之中，VR 旅游、VR 全景看房、VR 购物成为大众感受生活的全新方式，也为新的时代条件下进行思想政治教育创新了教育模式。但是，它也可能弱化人们的阅读理解能力，对问题的深度思考逐步减弱，思维方式的创新与变革在某种程度上被阻滞了。人们采用数字化的技术把视听目标物转换为一个貌似“真实”的图景，实际上却是虚拟的镜像，触发人们产生了某些无法臆想到的刺激，此时人就能够“身临其境”了，但此时人们也会体会到生存的有限性。

数字成为事物或事情的替代品，因此数字化的本质就是符号化的思维。以比特符号的排列结合而建构的数字化世界应当是一个富含人文情怀的世界，这样，物质条件及其他现实羁绊就会得到解脱，全面自由发展的理想世界就会呈现在世人面前，世界发展的图景将会变得更加美好。人们运用组合符号，如表情包之类，来表述追求与情感。这与传统符号相比，更好地展现了人类的本质，它超越了传统意义上的人的思维空间与符号空间。数字化也充分证明了人作为符号动物的另外一层意蕴——“智慧符号化与想象力符号化”，这仍是人类对传媒能力的最大限度的彰显和拓展，人类各种能力必将大大提升。

## 第二节　坚守网络意识形态主阵地

新媒体已经深度改变了人们的价值观建构方式，如何在新媒体时代下推动社会主义核心价值观建设，是一项艰巨而意义重大的事业。在新媒体时代加强大学生思想政治教育，坚守国家网络意识形态阵地，是历史赋予当代中国的艰巨考验，也是中华民族伟大复兴的题中之义。

## 一、提升国家文化软实力

软实力已成为衡量世界各国综合国力的主要尺度之一。“文化软实力是一种通过吸引和影响对方的认同而不是通过强制手段来达到目的的软性力量，是一种基于核心价值观念并且通过文化生产、文化传播和文化影响而实现的感召力、吸引力、影响力和凝聚力。”① 社会主义核心价值观是提升国家认同与政治认同的重要元素，广大人民群众对社会主义核心价值观的认同度，在很大程度上关系到国家政权的持续性与稳定性。苏联就是一个活生生的深刻而惨痛的教训。20 世纪 90 年代，鼎盛一时的苏联解体，其原因并不简单，但追本溯源，苏联解体与当时的苏联执政党对文化软实力的轻视不无关联，执政党疏离甚至取消了对本国主流价值观的认同，致使人民失去了共同的精神家园。美国著名政治学家塞缪尔·亨廷顿曾意味深长地指出：“对一个传统社会的稳定来说，构成主要威胁的，并非来自外国的军队的侵略，而是来自外国观念的侵入，印刷品和言论比军队和坦克推进得更快、更深入。”② “思想领域的阵地马克思主义不去占领，非马克思主义和反马克思主义的东西就必然会去占领。”③ 加强对大学生的思想政治教育，强化社会主义核心价值观的传播，用社会主义核心价值观去引领思想领域，提升我国的文化软实力已成为时代发展的必然要求。应大力发展社会主义先进文化，弘扬社会主义核心价值观，充分展现新时代中国精神风貌，更好地坚持文化领域自信自强，更加聚焦文化软实力提升，更能向世界展示真实全面的中国形象。注重发展文化事业和文化产业，提升文化竞争力，是提升国家文化软实力的重要路径。我国丰富的文化资源虽然在国际文化贸易中具有显著优势，但优质文化资源未能有效转化为高质量文化产品，仍具备强大挖掘潜力。近年来，一些国家频频将中国元素拿

---

① 花建，等. 文化软实力：全球化背景下的强国之道［M］. 上海：上海人民出版社，2013：126.

② ［美］塞缪尔·亨廷顿. 变化社会中的政治秩序［M］. 王冠华，等，译. 上海：上海人民出版社，2008：141.

③ 中共中央文献研究室. 十五大以来重要文献选编（中）［M］. 北京：人民出版社，2001：1037.

来利用，创作出《功夫熊猫》《花木兰》等中国人本应更加了解的文化产品，并在海内外获得丰厚经济效益。因而，在发展文化产业的过程中，深入挖掘文化资源，打造中国特色文化产业，是提升我国文化产品国际竞争力的重要举措。

## 二、增强意识形态话语权

社会主义核心价值观是我国应对世界多元文化交锋的重要力量，培育和弘扬社会主义核心价值观，能够有效整合社会意识，增强国家思想治理的整体效果。① 随着新媒体技术的迅猛发展以及国家大力推进“互联网+”行动计划等措施的推动，我国新媒体的发展迎来了前所未有的新机遇，也催生出许多极具挑战性的新情况和新问题。CNNIC 公布的第 48 次《中国互联网络发展状况统计报告》显示，截至 2021 年 6 月，中国的网民用户高达 10. 11 亿人，手机网民是 10. 07 亿人。以微信和 QQ 为代表的即时通信工具用户规模达到了 9. 83 亿人，微博、微信、QQ 等新媒体已成为我国新媒体建设的重要领域。改革开放以来，世界将目光聚焦中国，对中国社会发展给予高度关注，但因缺乏对中国的必要了解，难免导致西方对中国产生“敌意”误解及过度焦虑，在此基础上，中国的国际形象被严重丑化歪曲。互联网没有硝烟，但中西有关意识形态的交锋相当激烈，西方依托技术优势，行技术垄断之实，掌控传播的话语权，大力美化资本主义制度，否定中国共产党的正确领导，蓄意制造“社会主义危机论”“中国崩溃论”“中国威胁论”“社会主义终结论”等言论，恶意放大人民内部矛盾，夸大中国经济发展的不平衡性、不协调性，把资本主义国家奉为人间天堂，极力抹黑社会主义制度；大力普及“普世价值观”，极力制造思想混乱，动摇党的理论根基；推介西方所谓“理想公民”社会，极力瓦解我国社会民众的凝聚力；宣传西方的自由新闻观，极力抨击我国的新闻管理制度，妄图突破我国的新闻管制，为自身意识形态的输送打开新通道；宣传“全球民主论”“文明冲突论”“意识形态终结论”等多种社会思潮及相关反共产主义倾向，消解着社会大众对我国主流意识形态的权威认同，破坏与冲击我们国家的社会主义核心价值观构建，严重影响我们国家的意识形态建设。

---

① 郝晓丽．新媒体环境下的社会主义核心价值观教育［J］．中学政治教学参考，2020（36）．

面对西方势力在网络中多元渗透，主导网络话语权，我们必须时刻坚守马克思主义基本理论，用习近平新时代中国特色社会主义思想武装头脑，创新网络新载体，抓牢意识形态领域的话语主导权，不回避问题，主动出击有所作为，采取多样化的方式管理新媒体，引导网络舆情，净化网络信息传播环境，发展新媒体事业。只有如此，我们才能推动社会主义核心价值观的有效培育，筑牢互联网这个意识形态领域的网络新阵地。

总之，当今的国力竞争，从深层次来看，实质是价值观之争。发达国家经济的触角已经伸向全球，西方价值文化也随之跟进，商品、经济、文化的背后是价值观。反观我国，就国内而言，社会主义意识形态面临着新的环境——社会多样化、价值选择多元化、传播途径多样化。从中国语境来看，社会主义核心价值观对于民族复兴有着极为重要的"精神上的钙"的意义。民族复兴不只是经济的崛起和制度的建设，它还包含民族的自我高度认同。换句话说，中华民族伟大复兴也表现在整个精神状态上。为此，展开新媒体视域下社会主义核心价值观的研究就要进行坚定"四个自信"的教育，筑牢青年大学生的精神之基，其意义重大，关乎前途。

## 第三节 高校传统思政工作的创新

中共中央办公厅、国务院办公厅发布的《关于进一步加强和改进新形势下高校宣传思想工作的意见》中鲜明地提出："要创新网络思想政治教育，开展高校校园网络文化建设专项试点工作，建设一支由学生和青年教师骨干组成的网络宣传员队伍，推进校园微信公众账号等网络新媒体建设。"① 这要求思想政治教育工作需要用好微信等网络新媒体平台。习近平总书记在全国宣传思想工作会议上强调："很多人特别是年轻人基本不看主流媒体，大部分信息都从网上获取。必须正视这个事实，加大力量投入，尽快掌握这个舆论战场上的主动权，不能被边缘化了。"② 这要求我们必须转换和创新传统思想政治工作研究方法。而作为当前高校思想政治工

① 中共中央办公厅，国务院办公厅．关于进一步加强和改进新形势下高校宣传思想工作的意见［EB/OL］．http：//www.gov.cn/xinwen/2015-01/19/content_ 2806397.htm.

② 中共中央文献研究室．习近平关于全面深化改革论述摘编［M］．北京：中央文献出版社，2014：83.

作核心的大学生社会主义核心价值观的培育也相应地面临着重要的紧迫性，寻找一条在新媒体环境下的思政教育路径是推动社会主义核心价值观教育高质量发展的必然要求。

## 一、拓展大学生思想政治教育的新途径

网络等新媒体具有超时空性、即时性等特点，有利于提升社会主义核心价值观的传播效率，也有利于缩短理论和受众之间的差距，提升社会主义核心价值观传播的针对性与传播效度。据调查，“95后”青年学生在网络平台使用上呈现“双核多维”的特点，其中，“双核”是指微信和QQ空间，多维则包括微博、知乎、贴吧、豆瓣、B站等。因而，以新兴媒体平台的开发为重点，增强育人阵地的关注度、名气度更加重要。以QQ、微博、微信为典型代表的新兴媒体，以其交流便捷、传播迅速、覆盖面广等优点深受“95后”“00后”大学生的喜爱，高校要利用这一特点，把新兴媒体作为大学生思想政治教育新的突破口，运用网络表达方式与其沟通互动，打造一批集思想性、教育性、艺术性、互动性、安全性、服务性于一体的微平台系统。目前，很多高校依托当地独特的文化资源，倾心打造的智慧党建体验馆和VR虚拟仿真教学中心，都是有益的探索。采用网络新媒体图文、视频等多种传播模式，图文并茂、立体化地宣传能够展示社会主义核心价值观的内容，还能打破时空的限制，使社会主义核心价值观传播化为显性与隐性有机结合，进而演化为传递社会主义核心价值观信息的新途径。新媒体技术的充分使用，使高校思想政治教育工作得到更好地开展。

扎稳新媒体阵地。教师应充分认识新媒体在思想政治教育工作中的重要性，将新媒体作为思想政治教育工作的新载体，把稳新媒体在培育时代新人中的阵地作用。教师应按照全国高校思想政治教育工作的要求和安排，深入研究和充分运用新媒体技术，使思想政治教育工作更贴近青年学生的学习和生活，还应坚持思想政治教育的鲜亮底色，端正思想政治教育的红色立场，坚持以习近平新时代中国特色社会主义思想为指导，引领学生形成正确的思想观念、政治观点和道德规范。优选新媒体平台。随着新媒体的飞速发展，各种新媒体平台应运而生，为大众提供了培养社会主义核心价值观的多样选择。对此，教师应在学生常用的新媒体平台中投放与

社会主义核心价值观相关的内容，加深学生的基本印象，再配合课堂教育，深化学生对社会主义核心价值观的理解。学校应利用新媒体技术，开设专门的思想政治教育专题网站，使专题网站成为高校思想政治教育的主窗口，在形象设计、栏目设置和内容选取上，既要坚持主流价值导向，又要坚持“了解学生、贴近学生、融入学生”的原则，提升网站的亲和力。精选新媒体资源。在新媒体时代，网络资源浩如烟海，良莠不齐，极易耗费青年学生的时间和精力，这将对青年学生的思想观念、价值判断和言行品德造成不良影响。教师要想烹饪好思政教育的精神大餐，食材的选取非常关键，要做到精选内容，精准供给，激活学生主动参与大学生思想政治教育的味蕾。

## 二、提高思想政治教育吸引力与感染力

相较于传统媒体的传播方式而言，互联网等新媒体的信息大大增多。传统的思想政治教育形式往往单一乏味，施教者与受教者之间往往是不平等的关系，受众被动化，已有的理论灌输难以取得理想的宣传效果。而网络新媒体承载信息量大，通过超文本链接，集声图文于一体，受众更主动，使社会主义核心价值观的传播便捷有效。因而，高校对大学生进行思想政治教育需要通过影像、图片、微信等多种载体，使用承载着浓厚学术意蕴的 PPT，从多个视角传递社会主义核心价值观教育的内容，将抽象的理论化为形象生动的内容，使理论教育由被动的“说教”转为自主乐学，从而使大学生在逼真形象的场景中感知、认同与接受社会主义核心价值观，进而提升大学生思想政治教育的实效性。

新媒体技术和平台为丰富思想政治教育提供了可能性，教师需要顺势而为，切实提升课堂吸引力。一要主动更新教育理念，运用新媒体，实现从封闭式课堂到开放式课堂的转变，要有把课堂打造成为学生乐于参与的课堂的信心和底气。教师应活用教学方法，更新教育理念，强化学生主体地位，在各类新媒体平台上发布学生能够主动接受并开展学习的内容，以此来增强课堂的引导性和启发性，鼓励学生结合自身的价值观念开展相应的学习，进而提升实际教学效果。二要主动提升课堂教育水平，教师利用新媒体广泛提升自身专业水平、知识积累，利用新媒体广泛获取有价值、有营养的学习资源，提升思想境界、夯实理论功底。新时代高校教师在知

识的涵养上必须突破原有专业的拘囿，广泛涉猎多学科知识，才能在教学中夯实“铸魂育人”的深厚功力。教师必须与时俱进，不断更新知识体系，广泛学习以充实自己，才能把晦涩的知识讲透彻，使抽象的道理具体化，使学生醍醐灌顶。三要主动更新教学语言，熟悉并掌握大学生经常使用的流行词、网络语，将学术化的语言转化为能引起学生共鸣的流行性、趣味性语言，提升课堂教学的感染力，增强课堂的互动交流。教师要注重话语表达，构建师生共通的话语体系。当前，高校大学生多为“90后”“00后”，是网络原住民的一代，传统话语体系难以为学生所接受，这就要求教师必须与时俱进，运用学生喜闻乐见的话语，传播社会主义核心价值观。四要注重积累素材，围绕教学目标，收集一些与社会主义核心价值观高度相关的新媒体素材，特别要注重收集大学生身边的真实案例，建立课程素材资源库。教学的关键在于教学资源，只有实现与时俱进，结合新媒体教学的精品课程，为教学供给更多优质课程内容，才能实现育人目标。因此，在课程研究上，充分利用各平台的视频、图集等资源，融入课堂教学过程中，充分发挥线上线下资源共享、学习生活资源同步、教师学生交流同行的优势，使教学内容更具有吸引力。

### 三、提升素养，培育网络育人新对象

首先，要增强大学生敏锐的政治意识和网络安全意识。高校是意识形态斗争的前沿阵地，任何时候，都要严密防范网络意识形态的渗透，网络意识形态安全这根弦始终要绷紧，不能松。新时代大学生要系统研读马克思主义经典著作，认真学习习近平新时代中国特色社会主义思想，“在真学真信中坚定理想信念”。要正确把握世界和中国发展大势，敢于直面多元思想文化的冲击，敢于直面错误社会思潮的挑战，并在挑战中敏锐地判断、分析、鉴别、取舍，做出正面阐释解读和负面批判揭露。大学生应主动接受积极、文明、健康、向善的文化产品，警惕西方意识形态渗透，关注有利于社会主义事业发展的网络内容，使网络空间成为提升自身意识形态安全教育的场所。其次，要增强大学生的网络道德素养，严守道德底线。网络道德素养是在网络环境中大学生应具备的基本的思想品质和道德修养，要求大学生正确认知网络资源的价值，运用网络资源实现个人的道德完善，在网络空间中实现个人道德和能力的提升，并保证网络活动健康

有序进行。古人辩证地指出了德与才的关系："才者，德之资也；德者，才之帅也。"新时代大学生要"明大德、守公德、严私德"，用高尚的道德情操统帅丰富的学识。自觉培养慎独精神和自律意识，以正确的道德认知、善良的道德情感、顽强的道德意志、自觉的道德实践规范网络行为，做到网上网下一致，自觉弘扬主旋律，积极传递正能量，扣好人生第一粒扣子，使自己成为德才兼备、全面发展的能担当民族复兴大任的时代新人。大学生网络道德素养能否提升很大程度上取决于网络道德建设的内容是否科学。目前高校主要通过思想政治理论课开展网络道德教育，主要包括社会公德、职业道德、家庭美德、个人品德几个模块，侧重从现实道德角度培养大学生良好的道德品质。因此，在思想政治理论课教学中，应将网络道德建设的内容和规范融入知识传授过程。最后，要增强大学生的网络法律素质。网络虚拟空间具有隐蔽性，大学生的网络语言和网络行为有了更大的自由，但自由从来不是绝对的，必须在遵守互联网规范的范围内进行。大学生要增强尊法学法守法用法的自觉性，文明上网、健康上网，自觉抵制网络谣言、网络色情和网络暴力。[①] 大学生应加强网络安全法治方面的学习，积极参加学校的网络安全讲座，做到防患于未然，也可通过书籍等其他方式了解网络法治知识，维护自身的权利。学校应开展相关的知识活动，让大学生认识并了解网络安全相关知识，增强对学生的保护。大学生应树立正确的网络观，遵守法律法规，规范网络行为，自觉抵制破坏网络文明、网络道德和网络和谐的事物，积极倡导和自觉践行文明健康的网络方式和行为。大力弘扬社会主义核心价值体系，传播先进网络文化，努力营造积极、和谐、文明的网络文化氛围。坚持道德规范，努力做网络道德模范，努力形成网络文明新风尚。

## 四、整合资源，优化网络育人新内容

习近平总书记强调："第二个结合是又一次的思想解放。"[②] 大学生思政教育要善用中华优秀传统文化。一是从中华优秀传统文化中汲取营养，坚定文化自信。中华文明传承千年、历久弥新，展现了蓬勃的文化生命

---

① 李亚青，王静．高校思想政治教育网络育人探究［J］．学校党建与思想教育，2020（6）．

② 习近平．在文化传承发展座谈会上的讲话［J］．求是，2023（17）．

力。文化自信是马克思主义中国化文化理论创新发展的成果，在世界文化激荡中展现强大精神力量。在中华文化传承中增强文化自信，保持自身文化特色，诠释中华文化精神内核，弘扬以爱国主义为核心的民族精神，展示中华文明的文化基因。大学生在“互联网+”背景下，经常会面对不同文化的交锋、碰撞、冲突，保持文化自信极其重要。博大精深的中华优秀传统文化为网络育人提供了丰富的思想道德资源。高校应加强对中华优秀传统文化的挖掘和阐发，坚持古为今用、推陈出新的原则，滋养大学生心灵，增强大学生文化自信。二是从多元竞争中端正价值取向，守住网络意识形态主阵地。思想政治教育的本质属性是意识形态性。大学生是实现民族复兴的重要力量，在复杂的网络文化生态环境下，高校必须正视大学生存在价值观念多元化、价值选择现代化、价值立场个性化等特点，端正大学生的价值观。高校要积极培育和树立自觉践行社会主义核心价值观的先进典型，并通过平台进行宣传，用榜样的力量引导师生自觉贯彻落实社会主义核心价值观。高校要“用社会主义核心价值观凝魂聚力，更好构筑中国精神、中国价值、中国力量，为中国特色社会主义事业提供源源不断的精神动力和道德滋养”①。互联网是社会舆论演化的发源地、集散地，各种社会思潮通过网络传播扩散，对思想理论传播格局和主流意识形态都会形成冲击。必须充分认识网络在意识形态领域的传播作用，牢牢掌握舆论场的主动权和主导权。涵养良好的网络生态，使互联网成为了解群众、贴近群众、为群众排忧解难的新途径，绝不让违法违规信息和错误思潮在互联网上有道可行、有地可立。三是从大学生诉求中汲取情感，丰富产品供给。只有供给有温度、有厚度、有力度的文化产品，才能把大学生统一过来，切实起到思想政治教育的效果。因此，要积极推动网络思想政治教育供给侧改革，着力解决文化产品供给和学生需求不平衡的矛盾，打造一批能精准把握大学生情感、贴近大学生生活、话语方式被大学生喜欢的网络文化产品，切实落实“立德树人”任务。同时，高校要改变生搬硬套的理论宣讲，把在中国共产党领导下我国取得的伟大成就用“中国故事”的方式讲出来，在讲好故事中拉近与学生的距离，增强网络文化产品的吸引

① 习近平．更好构筑中国精神、中国价值、中国力量　为中国特色社会主义事业提供精神动力和道德滋养［N］．人民日报，2015-10-14（01）．

力、感染力和黏着力，实现思想引领。而且，思想政治理论课教师要充分利用“省级精品课”“校级精品课”等网络学习资源铸魂育人，理直气壮地开好思想政治理论课，通过组织学生制作微型剧、微电影等形式，开展社会主义核心价值观的立体教育，让学生在感悟和经历中增强信仰力量，坚定“四个自信”，切实增强大学生思政教育的实效性。

## 第四节　优化大学生成长的虚拟场域

随着技术创新步伐的加快，网络技术日益走向完善。新媒体作为网络平台的衍生物，其全新的传播形式、传播手段被逐步挖掘与推广。大学生是使用新媒体的主要群体之一，网络新媒体已经全面浸入他们的学生生活之中，他们的学习、交往方式、生活态度、思维方法都深受新媒体传播内容的影响。从一定视角上说，网络新媒体也为大学生社会主义核心价值观的培育创设了一条受众面更广、渠道更灵活、效果更佳的途径，成为其成长成才的导航与指南针。同时，网络新媒体信息庞杂，各种负向信息充斥其中，这会在一定程度上误导大学生的思想与行为。我们必须摒除网络空间中的负向信息，让网络风清气正、阳光明媚，打造充满正能量的网络空间，使之成为大学生全面发展的有益载体。

### 一、增强网络免疫能力

正如尼葛洛庞帝所预言：原子世界已走向穷途末路。现代社会，我们都必须熟知现代传媒，学做一个现代数码人。人类迈入新媒体时代，作为数码人的当代大学生必须增强自身免疫力。免疫力一般是指人们自身对外界侵扰行为所产生的自我保护能力，是一种天然的自我生理排异及差别反应。人体内在的免疫系统会自动对异变的病毒细胞实施有效的防御及攻击，排除潜在的威胁，以确保身体健康。新媒体时代，当代大学生应具备的免疫力主要为以下两个方面：

一是信息甄别、分析能力。大学生正处于人生观、世界观、价值观形成的关键时期，对真假信息的甄别能力有限，容易受到不良信息的误导。在如此海量和容易获取的网络信息面前，从根本上杜绝网络不良信息对大学生的影响，需要提升大学生的网络信息甄别能力。大学生甄别网络信息时应从以下几个方面入手。①提高理性思考能力。面对纷繁复杂的网络信息，大学生应该时刻保持清醒头脑，运用理性思维，考虑网络信息的真实性，辩证地分析问题，避免盲从，培养冷静思考的良好习惯，对网络不良信息始终保持警惕。②明确网络信息来源。新媒体具有一定趋利避害性，往往为了流量炮制虚假信息。每当形成一个新的网络热点，就会产生网络信息爆炸，各种媒体纷纷对其报道，其中既有官方发布的信息，也有内部流传的小道消息，也有为吸引眼球捕风捉影、以讹传讹的假消息。对于这些形形色色的信息，追溯、搜寻、甄选具有公信力的信息来源，是甄别网络信息真实性最直接和有效的方法。③多方比对求证信息。不同媒体对同一件事可能有不同的撰写方式，产生多种维度、多种层面的信息，每条信息都具有一定的合理性。这个时候，就需要进行比对和分析，在获取足够多的信息的基础上，辩证分析正反两个方面的事实和评论，产生最接近事实的判断。坚守正确价值理念。衡量好心中的天平，在掌握事实的基础上，明辨网络上的评论，接受和传播客观、公正、理性、符合主流价值观的结论。在掌握准确事实的基础上，形成正确的价值判断，是提升网络信息甄别能力的根本目的。

二是理性看待负面信息。新媒体在社会传播过程中，负面信息的危害尤为严重。新媒体技术的发展带来了信息生产主体的增多和信息传播渠道的拓展，催生了负面信息并加剧了其的扩散速度和广度，最终导致舆论场内官方意志和民间声音的内在冲突，进而在一定程度上削弱了主流价值观的引导力。[①] 负面信息容易影响大学生的价值判断和选择。大学生主要活动场所在学校，此时对事物的价值观念停留在主观层面，缺乏实践中实际情况的考虑，往往会被负面的新闻题材困惑，在如何取舍价值时，往往会对社会相关问题产生迷惑。随着年龄的增长、知识的增加、媒介素养的提升，人们在网上搜寻各种资讯时，“在看到文章标题时就可以做出大致判断，文章是有实质内容的，还是纯粹博人眼球的标题党”[②]。对信息初步研判后，就能够以理性指引自己的行动。对负向的信息可以置之不理，一带

---

① 李伟. 新媒体时代社会主义核心价值观引领大学生社会心态探析［J］. 思想教育研究，2018（4）.

② 龙蕊. 网络环境中当代大学生培育和践行社会主义核心价值观探究［D］. 苏州：苏州大学，2014：21.

而过，负向信息不会引起自己的关注，对自己的生活毫无影响，反而增强了自身对负向信息的抵御能力。同时，有些负面信息客观展现了社会不公、社会有待改进的方面，引导大学生客观理性地看待社会的发展，看待社会不完善的地方，努力学习，提升自身的素养，以自身的行为，发挥群体的力量来纠正不良现象，传递正向的力量，减少不良现象的发生，在改变社会中，完善与发展自己。接收社会新闻的同时，大学生不但对事情有了客观真实的了解，而且自身会产生一系列看法，受到了“什么是负面的，什么是积极的”判断教育，在实践中增长知识，提高价值判断能力。负面新闻的报道会激起学生的愤慨之情，他们会从中转变自己的消极观点，理性看待社会问题，重新肯定大学生的自我主体价值所在。

## 二、传递向上向善能量

新媒体时代，受众更多地被“赋权”，人人都可以是记者，可以是通讯社，都可以发布资讯，共享信息。微信、微博、论坛、共享社区等信息传播软件如雨后春笋般出现，人们自由发言、发声、传递信息更为快捷便利，新媒体传播社会信息是时代发展的必然，而社会正能量是社会向前发展的内在需求，这就对新媒体传播社会正能量提出了责任与要求。网络新媒体是新型舆论表达平台，我们要以网络为正向力量传播的集散地与主阵地，多宣传向善向上的新人与新社会风尚，让社会主义核心价值观不断放大，植入人们的内心，春风化雨，成为中华民族复兴的强大精神动力。新媒体时代的网络新闻正能量传播需要坚定社会主义核心价值观，需要以社会主义核心价值观领导社会意识前进。当前，我国处在社会转型提速及网络技术发展剧变的双重叠加期，思想观点更为多元丰富。我国经济的快速发展让我国人民的价值观变得多元，社会的思潮也变得复杂，媒体应该将引领大众的行动和精神作为工作导向，形成全社会践行社会主义核心价值观的良好风尚。

完善学校思想政治理论课。社会正能量的形成离不开高校思想政治课的推动作用。在新媒体日渐发展的今天，信息传播范围不断扩大，其中包含的负面信息不可避免地对大学生产生冲击。高校应关注大学生价值观的培育，完善思政教育体系，制定科学合理的教学方案。同时，高校还应改进信息化管理，成立专门平台，宣扬主流价值观，组织开展多种多样的文化实践活动，在潜移默化中影响大学生的价值观，促进大学生全面发展。网络媒体拓宽了思政教育途径，思政课教师可以以手机、电脑等终端为教育载体，向学生分享积极向上的文章和社会实例，向学生传递正能量，弘扬社会主义主旋律。教师应转变教学理念，不断加强与学生之间的互动交流，及时掌握他们的思想动态信息，帮助他们树立正确的理想信念，培养学生社会主义核心价值观，增强大学生思想政治教育的实效性。

优良的传统美德来源于民间。我们要立足大众，接地气，在网上多宣扬向上向善的美好风尚，使来自民间大众的好人善事、艰苦奋斗精神、文明礼仪之风、诚实守信的好事迹红遍网络，成为真正的“网红”，成为网络中的热点与焦点，引导责任感、荣誉感、信任、有道德、有爱心等正向价值成为大众普遍的坚守与追寻。面对在全国造成重大影响的多起老人马路摔倒、小悦悦等事件，各种媒体应广泛参与报道与评论，引导广大民众网上谈道论事，支持社会崇德向善的行为，苛责冷漠与失德，推动向上向善的正能量扩散，使之成为人们心中的道德高地、坚守的人生底线，这对推进社会公德建设起到了正向的作用，也助推了大学生社会主义核心价值观的建设。

## 三、增强合力，壮大队伍

首先，组建教学名师、学科带头人、青年才俊、思想政治理论课教师等在内的“网络名师队伍”，打造一批学生真心喜爱、终身受益的网上思政“金课”，及时答疑解惑，启迪学生思想，滋养学生心灵，提升思想政治教育的亲和力和影响力。在思想政治教育理论课开展过程中，教师要坚持“三贴近”原则，做到贴近实际、贴近生活、贴近学生；要着力引导大学生“真学、真懂、真信、真用”，逐步实现教育目标，为大学生树立鲜明价值导向，充分利用互联网搭建的平台，推动思想政治教育课程的网络化进程，使其成为学校思想政治教育的重要途径。在虚拟课堂中，教师可以通过网络为学生提供丰富多样的学习素材，也可以与其他思政课教师在网上进行视频会议交流经验。其次，培养一批网络技术强的专职管理人员，牢牢把握网络育人的主导权。人才是净网的关键，要加大对网络技术人才特别是网络安全专职管理人员的聘用力度，加大网络安全监测力度，实现网络管理由技术管理到人的管理的过渡，赢得净网行动的先机。思想政治教育不仅是课堂上的事情，更是一个系统的整体的工作，需要网上网下形成同心圆。因此，专职管理人员也要践行“大思政”的教育理念，深入研究网络育人规律，常态化地开展技术开发和普及、网络分析和查看、安全管理和监督，积极推进全员、全过程、全方位育人。网络空间不能只有自由没有监管，必须依靠专职管理人员，规范治理网络环境，发挥他们在防范有害信息方面的专业优势。专业人员应严格遵守网络领域法律法规，部署绿色上网过滤软件、构筑信息关卡，有效打击制作传播淫秽色情等有害信息的“害群之马”，封堵淫秽色情等有害信息的“源头”。最后，坚持自主参与、自我管理、自我教育的原则，培养一批思想素质过硬、政治敏锐度高、业务能力强的学生骨干队伍，调动学生会、团委、学生党支部、团支部、学生社团等校级组织加入网络文化建设中，让其成为专职网络育人队伍的重要补充，发挥“朋辈互助”的作用，使网络育人工作更加接地气、更加有针对性。推动大学生自我教育，合理引导大学生网络行为，提高大学生个人素质，树立正确的价值观念。网络为大学生提供自我教育的广阔舞台。网络空间的相对自由，能够充分调动大学生的主体意识，特别是网络上海量内容丰富了大学生的自我体验，大学生能够树立明确的自我意识，发现自身价值和意义，为大学生自我教育提供了条件。新媒体时代下，大学生只有走进社会才能了解社会，才能认识自己，更好地融入社会，才能把自己的文化知识应用到社会实践当中，不断开发自身潜能。实践活动有助于大学生自我价值观的培养，通过自我实践产生成就感，调动自我教育积极性。

## 本章小结

本章认为新媒体是信息技术革命发展的产物。它具有信息内容的海量与复杂性，传播速度的及时与便捷性，传播方式的跨时空与虚拟性，传播形式的高度开放与多元化，服务的个性化与受众的分享性等特征。它深度嵌入人类的社会生活，把人类社会推入一个全新的时代——新媒体时代。新媒体时代，人类社会生活发生了巨大的改变：新媒体推进人们的劳动方式向自动化与现代化方向发展，多元化休闲方式、智能消费进入人们的消费领域；新媒体推进人们的交际空间延展、交际效率提升与交际方式增多；新媒体推进了人们理解认知系统的改变，推进了人们价值意识建构方式的改变，推进了人们价值意识建构内容的改变，也推进了人们价值意识建构强度的变革。这些变革使网络空间呈现出许多相互矛盾的价值观念，对大学生思想政治教育工作带来了多元而又复杂的影响。因此，新媒体时代强化大学生社会主义核心价值观培育意义重大：它是坚守国家网络意识形态阵地的必然选择；它是转变高校传统德育工作范式的迫切要求；它是净化大学生成长的虚拟场域的应有之义。本章是本书的立足点与基石，为考察大学生社会主义核心价值观培育的现状奠定了基础。

# 第三章 大学生社会主义核心价值观培育的现状分析

社会主义核心价值观提出以后，全社会协同涵育的机制不断构建，这对高校思想政治教育工作产生了重要的影响。当前，大学生的主流价值观总体上契合“三个倡导”的要求，主要表现为大学生对社会主义核心价值观总体知晓度高、践行的动力足。但也有极小部分大学生存在着许多不容忽视的问题，如小部分大学生在网络新媒体中，对于爱国的认识过于情绪化，有民粹化的倾向；在自由、民主、平等的理解上偏于西方化思维等。网络之中的民粹主义危害性不容忽视，它使少数人误解和否认政治文明的合理性，如任由民粹暴力蔓延，常常带来破坏制度、践踏法律、操纵民意的恶果，甚至“导致社会退步和以暴易暴的恶性循环”①。这些问题正是我们本书致力于理论上剖析，对策上探讨的依据与原点。

新媒体时代大学生社会主义核心价值观培育是“实然”与“应然”的统一，需开展实证调查研究。为此本章借鉴与吸收学界现有研究成果，力图对新媒体时代大学生社会主义核心价值观培育的现状进行全方位的扫描。

## 第一节 大学生社会主义核心价值观培育的主流向好

中国互联网络信息中心发布的第48次《中国互联网络发展状况统计报告》的数据显示：截至2021年6月，我国网民已达10.11亿人，其中手

① 人民论坛问卷调查中心．2015值得关注的十大思潮调查报告［J］．人民论坛，2016.

机网民达10.07亿人，学生群体是网民中规模最大的职业群体。在网民中，19岁以下青少年占到15.7%，学生占到29.7%，其中，接近3000万的在校大学生无疑是活跃的网络用户群体之一，这个群体对网络新媒体依赖度较高。早在2014年上海交通大学社会调查中心发布的《2014年中国大学生媒体使用习惯与最喜爱的媒体调查报告》显示，大学生日均上网时长集中在1~4小时，占比61.3%，还有14.0%的受访大学生每天接触互联网的时长超过6小时，[①] 时至今日这一数据显得保守了。新媒体给大学生带来丰富多样的资讯，使即时交流成为现实，主体地位不断上升，对其价值观的形成也产生不可轻视的影响。新媒体促使大学生自我主体性增强，有利于社会主义核心价值观的培育。

## 一、大学生国家层面社会主义核心价值观的培育不断加强

新媒体时代的跃进实现了人与人之间沟通的零距离与高频互动。“媒介即讯息”[②]，多样化的新媒体衍生工具，把当下的大学生带入了幸福而又烦恼的信息海洋中。在自我成长进程中，他们放眼全球，开阔眼界，更利于全球意识与全球观念的形塑，对拓展社会主义核心价值观的价值视域具有显著的优越性，促使他们更好地把社会主义核心价值观放到全球范围内去认识、去比较，深刻理解我国社会主义核心价值观的特殊性与我国国情的契合性，尤其是对爱国主义的理解与把握。他们的爱国强烈而理性，对2013年国内外重大事件的关注度均处于90%以上。[③] 例如，为了反对台独势力，强化两岸的认同，百度第一人气贴吧“李毅吧”发起的FB（Facebook）上的网络论战，结结实实给台独分子上了一堂爱国主义课。“90后”所表现出的高频的网络互动能力、网络技术的娴熟程度、组织运用的标准化等，让我们对“90后”“95后”大学生的认识发生了重要转变，他们已然成为网络新媒体时代的主力军。在社会主义核心价值观的引领下，在全球竞争中，理性、客观地看待我们的国家，既不盲目自大又不妄自菲薄。这一点也得到了实证数据的支持，教育部哲学社会科学发展报

① 靳博．新媒体下大学生的“心”变化［N］．人民日报，2014-08-07.

② Mcluhan M. Understanding Media：the Extensions of Men［M］. London：Sphere Books，1967：7.

③ 教育部．2014年高校学生思想政治状况滚动调查［EB/OL］．http：//www.moe.gov.cn/jyb_xwfb/gzdt_ gzdt/s5987/201405/t20140526_ 169412.html.

告建设项目《中国大学生思想政治教育发展报告》课题组在2014年6—7月，对全国30所高校的3000名在校大学生进行了问卷调查。调查结果显示，大学生对中国特色社会主义道路、共同理想和有关基本政治制度的认同度均超过75.0%。中国特色社会主义共同理想深入人心，78.1%的大学生认为“当代大学生应当牢固树立中国特色社会主义共同理想”，73.7%的大学生认为“国家兴亡，我的责任”①，在历史的承袭与世界的图景中找到自己的道理自信、理论自信、制度自信与文化自信，有利于大学生以社会主义核心价值观指导与引领自己的行动。

爱国是社会主义核心价值观的重要内容，对大学生进行社会主义核心价值观教育要紧紧抓住爱国主义教育这个关键。中国精神是凝心聚力的兴国之魂、强国之魂，是中华民族团结一心的精神力量，社会主义核心价值观的培育必须高度注重中国精神的弘扬和传承。教学过程中应大力弘扬以爱国主义为核心的民族精神和以改革创新为核心的时代精神，把爱国精神注入学生心灵。培养大学生高度的爱国热情，引导大学生把个人前途与国家命运联系起来，把个人理想与国家需要统一起来，把个人理想与中国梦结合起来。让大学生明白只有理性爱国才是真正爱国，多读书、多思考、多实践，把学到的知识转化为实现中国梦的正能量。充分利用新媒体资源整合的优势，在中国精神的传承弘扬中，不断加强国家层面的社会主义核心价值观培育。进行爱国主义教育，也应引导学生认清走中国特色社会主义道路的必要性，树立道路自信、理论自信、制度自信、文化自信。党的百年奋斗，成功走出了中国式现代化道路。习近平总书记指出：“以中国式现代化全面推进中华民族伟大复兴”。② 为我们在新的时代条件下实现中国梦提供了道路指引。

## 二、大学生社会层面社会主义核心价值观的培育走向深化

随着新媒体技术的演进，为大学生提供了更多戴着面具的隐形的沟通交流工具，虚拟主体参与交往的这一匿名性表征，使心理学家荣格所提出的“人格面具”流行化，而且在多元沟通交往中形成了无数的“网络面

① 沈壮海，段立国. 2014年度大学生思想政治状况分析——基于全国30所高校的调查［J］. 思想理论教育导刊，2015（8）：99.

② 习近平. 习近平著作选读（第二卷）［M］. 北京：人民出版社，2023：611.

具”。也就是说，除了现实的自我，在虚拟世界之中，还存在其他方式的互动及交流，在网络世界中，大学生都以一个全新的虚拟人格及身份出场，它是现实世界的个体本我的映射，也是经过虚拟网络世界构造出来的。大学生的交往就有了更大的独立性、选择性与自主性，能够根据个人的志趣有选择地与别人进行人际交往，回避了在现实生活碍于情面而迫不得已的交往。这种交流的功能可以使大学生跳出个人的圈子，与他人、与社会开展互动，沟通交流。在2014年对福州大学城9所高校的大学生培育与践行社会主义核心价值观情况的调查表明，在“党的十八大对社会主义核心价值观的最新概括”一项中，认为包含“倡导自由、平等、公正、法治”的占到70.22%①，体现了较高的社会主义核心价值观社会层面的理解。在互动中获取更多的社会知识，深入地认识社会、了解社会，逐渐树立公正、自由、平等、法治的意识，促进大学生个体的逐步社会化，逐步认同并践行社会层面的社会主义核心价值观。

## 三、大学生个体层面社会主义核心价值观的培育更为具体

新媒体具有的平等性、交互性及开放性使大学生希冀的平等、自由、互动的表达沟通模式成为现实。他们可以随时进入这个平台，进行自我表达、自我展示、自由交流。以手机媒体为例，约44%的大学生使用手机上网时间在8小时以上，近80%的大学生都在5小时以上，大学生每天平均使用手机时间约7.3小时。② 由于新媒体的平等性及开放性的特征，使大学生可以在虚拟人际交往中脱离“被教育”和信息受众的格局，有利于展开社会主义核心价值观培育的主体间对话，在自主发声与主动思考中增强主体之意识，在平等沟通交流与多元碰撞中培育社会主义核心价值观的判断力与思辨能力，为社会主义核心价值观的培育及践行筑牢现实基石。大学生在自由平等的交流中，主体意识提高，自立、自强、自尊、自信得以重塑，平等、团结、友善的价值观能够植入内心。

努力把社会主义核心价值观融入生活学习中。加强大学生社会主义核

① 陈永福，陈少平，郑铮彬．大学生培育和践行社会主义核心价值观状况调查［J］．福州大学学报（哲学社会科学版），2015（2）：101.

② 张建，杨帅．大学生“手机控”现状调查与对策分析［J］．西南民族大学学报（人文社科版），2019（40）：145.

心价值观的教育与培养，要以“三个倡导”为重要指引和基本遵循，大力弘扬社会主义核心价值体系，引导大学生深刻认识到培育和践行社会主义核心价值观对中国共产党推进社会主义现代化、实现中华民族伟大复兴中国梦的重要意义，深刻认识到社会主义核心价值观是当代中国精神的集中体现，凝结着全体人民共同的价值追求。大学生应积极参加健康向上的校园文化活动，通过打造校园文化阵地，丰富校园文化活动，接受先进文化的熏陶和文明风尚的感染，在良好的校园人文环境中陶冶情操，促进大学生健康成长。社会实践活动是大学生主动践行社会主义核心价值观教育，增强社会责任感和主人翁意识，提升自身实践能力的有效途径，应坚持把社会主义核心价值观教育融入社会实践活动之中。大学生参与社会实践，能够将理论知识转化为实践自觉，主动遵守社会规范和公共道德准则，有助于大学生正确价值观的形成。因此，高校必须重视加强大学生的社会实践锻炼，使大学生感受社会现实，实现价值观与生活实际结合起来，养成谦虚谨慎的品格和艰苦奋斗的精神，坚定社会主义核心价值观。当代大学生应以社会主义核心价值观为引领，培养健康向上的价值观，增强社会主义建设者和接班人的价值认同，以服务社会、奉献社会为人生目标，培养崇高的人生境界。大学生应坚定对马克思主义的信仰、对中国特色社会主义的信念、对实现中华民族伟大复兴的信心，以社会主义核心价值观为行动遵循，始终坚持正确的政治方向，不惧风险挑战，为实现中国梦贡献青春力量。

## 第二节　大学生社会主义核心价值观培育的问题考量

在“人人都有麦克风”的自媒体时代，舆论环境、媒体格局和传播方式发生了深刻变化。“自媒体是指私人化、平民化、普泛化、自主化的传播者，以现代化、电子化的手段，向不特定的大多数或者特定的单个人传递规范性及非规范性信息的新媒体的总称。”① 与传统媒体相比，自媒体具有自主化、多样化、个性化、大众化、碎片化、即时化等特点，影响和改变了人们的学习方式、生活方式、工作方式、交往方式和思维方式，对做

① 张其金．互联网+时代下的企业生产法则［M］．北京：中国商业出版社，2016.

好大学生社会主义核心价值观教育提出了新任务新要求。[①] 当下新媒体及其衍生媒介的深度嵌入，成为教育场域的一个突出特点。在此种境遇下，受多个因素交织影响，大学生的价值观出现了复杂、多变、纵深等各种问题，出现这些问题是内外因素叠加所致。本书遵循从外至内的逻辑顺序，对新媒体时代下大学生社会主义核心价值观培育过程中出现的问题开展了尝试性考察。主要存在以下问题。

## 一、教师的角色存在部分漂移

在新媒体时代，教育主体呈现客体化的特点，传统教师的角色出现了新变化。从实体的、静态的角度看，大学生社会主义核心价值的培育与教育主体、教育客体、教育介体、教育环体相关联。新媒体时代，教育环体的自然嬗变和教育介体的相应顺势改变，教育主体和教育客体之间的关系以及教育客体地位的重新界定，使得大学生社会主义核心价值培育和践行的育人环节，在迎接新机遇的同时，也面临着更大挑战。

### （一）角色受到弱化

在传统媒介环境下，信息传播的方法主要表现为一种单向传播模式，信息从传播主体经过大众媒介传至受众，受众被动地接收信息。在这一信息传递过程中，传播主体的教育者处于中心地位，主导着信息的选择与输出，受众处于被动地位，接收发出的信息，不仅缺少对信息的反馈，而且缺少对信息的控制。[②] 传统的思政教育者往往把被教育者当成纯粹的管控对象、灌输对象及施教对象，教育者与被教育者之间缺乏有效沟通，教育者对于知识的专有性思维占据主导地位。

新媒体时代，分众化、交互性、移动化等传播趋向打破了思政教育者对于知识专有性的角色身份，作为受众者的青年大学生，则实现了角色身份的部分“翻转”。从以往的被动灌输，逐渐走向了知识的共享。新媒体时代到来，致使信息传播的模式发生了变革，由单向传播模式演进为交互性传播模式，达到了“所有人对所有人的传播”。这样，传播主体就不再

---

① 徐金超．自媒体环境下大学生社会主义核心价值观教育探析［J］．学校党建与思想教育，2022（6）．

② 唐平秋，卢尚月．新媒体环境下大学生社会主义核心价值观培育的思考［J］．思想理论教育导刊，2015（4）：73．

局限于传统的思想政治教育工作者，其他的个人、机构、组织也变为传播主体的一分子，传播中心泛化了，传播主体从一元趋向多元。而作为第一代网络原住民的“90后”大学生，在新媒体时代，人人都是通讯社，话语表达权不断放大，传统的思想政治教育工作者的角色在逐步走向弱化。

### （二）主导话语权消解

教育主客体关系的嬗变，价值观教育的权威性受到了解构。传统思想政治教育主体身份具有确定性，主体往往处于主导、权威者的位置，更多的是强调教育者意志的实现，单一运用强制性灌输式的教育方法，师生关系更多是主导和从属的关系。基于传统思想政治教育的模式，教育者会把受教育者当作单一的教育对象，思想政治教育功能是在道德上、政治上对受教育者进行规正，以达到思想政治教育预定的目标。话语是指特定社会语境中人与人之间从事沟通的具体言语行为，即一定说话人与受话人之间在特定社会语境中通过文本而展开的沟通活动，包括说话人、受话人、文本、沟通、语境等诸多要素。因此话语不仅是一种言语，更是一种人与人之间沟通交往的实践活动。法国思想家福柯认为：“话语是一种权利关系，它意味着谁有发言权和谁无发言权。”① 在任何时期，话语和权利都是紧密相连的，没有言语的话语不能体现权利的内涵，没有权利的力量就没有说话的机会。话语权就是话语背后隐藏的权利对话语进行主导、调控，以增强话语的政治辐射力和影响力。中国互联网络信息中心在2021年2月发布的第47次《中国互联网络发展状况统计报告》显示，截至2020年12月，我国手机网民规模达9.86亿人，在网民群体中学生占21%，20岁至29岁网民占比为17.8%，受过大学专科及以上教育的网民群体占19.8%。结合数据我们可以看出大学生群体是网络信息场域的主要参与者和建构者，他们通过网络媒介了解时事、认识世界、获得知识，也通过新媒体平台表达观点、展现个性、释放情感。在“去中心化”和“碎片化”的网络场域中，他们更喜欢以“言未尽而意深远”的方式释放情感，更喜欢创造网络语言展现个性，更喜欢调侃时事热点阐述自己的观点。无形中思想政治教育的话语权就被消解，其声音被淹没在众多繁杂的网络观点中，话语影响

① 郑乐平．超越现代主义和后现代主义——论新的社会理论空间之建构［M］．上海：上海教育出版社，2003：63.

力逐步减弱。因此，我们可以研判出这样一个结论：新媒体拥有多个话语发起中心，话语主体分散了，话语权威的唯一性及垄断性被打破。教师既有的话语优势在一定程度上被削弱，价值权威受到质疑，大学生可以随时查询相关信息质疑教师的权威性，传统教师话语权的“唯一性”受到挑战。

**（三）媒介素养不足**

教师媒介素养指教师将新媒体资源和信息技术运用于课堂教学，以充分调动学生积极性的能力。新媒体的飞速发展以及环境的重大变化，对教师的媒介素养提出了更高要求。然而，相当一部分高校教师对媒介素养认识不足，甚至认为这是新闻传播类专业教师的职责和研究范畴，因而提升教师媒介素养迫在眉睫。教师媒介素养不足，主要表现在以下几个方面。其一，媒介操作能力欠缺。新媒体背景下，教育环境的变化给高校思想政治教育工作提出了新要求。教师能够掌握基本的媒介使用知识，但操作熟练度较差。有效地通过网络搜集与教学相关的教育资料，将这些信息整合在一起并且应用于课堂，对部分教师来说是一个挑战。大学生贴近社会、贴近生活的特性导致课本素材不足以支撑教学内容的有效供给，为了满足教学需要，新媒体素材成为课堂教学的有益补充。具有地域和时代特色的教学素材，能充分调动学生积极性，提高课堂教学效果。因此，教师应该与时俱进，充分认识网络媒介素养在课堂教学中的地位和发挥的作用，不断提高自身的网络媒介素养，将网络媒介融入课堂教学中，提高思想政治教育的实效性。其二，媒介意识淡薄。小部分教师对新事物接受能力较弱，尚未认识到新媒体和信息技术革命在课堂教学中的优势和作用，对新媒体的使用意识淡薄，教育理念未能及时更新。教师运用新媒体提升自身专业能力的意识淡薄。从长远来看，自身媒介素养的欠缺会成为教师专业化发展的“瓶颈”。教师无法有效地将网络媒介应用到课堂教学中，只是将教材上的内容“搬运”到自己的电脑中，把精力放在制作精美的课件上，并没有呈现出教材之外的内容。要想提升媒介素养，教师先要摒弃原有的教育观念，建立与新媒体时代接轨的教育新理念，提升主动接受新媒体的意识，为提升媒介素养打好基础。新媒体以信息技术为依托，实现了文字、图片和声音之间的转换与融合，使得信息传播成本大大降低。新媒体所传播的信息具有传递迅速、更新快、共享性好等特点，成为教学的丰富教育资源。因此，网络可以成为媒介素养的重要载体。积极发挥网络优势，建立教师学习基本媒介素养知识的重要平台——媒介素养教育网站。其三，媒介能力缺乏。在新媒体环境的冲击下，教师没有充分利用新媒体的优势，没有把新媒体与社会主义核心价值观教育相结合，在一定程度上并没有切切实实发挥新媒体的作用。部分教师顺应数字化潮流，在形式上运用新媒体开展教学工作，但其课堂效果与理想结果相去甚远，没有真正做到与时俱进。大学生的积极性和主动性没有被充分调动，容易使学生感到枯燥乏味。在所需教学内容获取方法上，多数教师选择使用百度、搜狗、知乎等搜索引擎进行检索，搜索方式单一。部分教师通过教育网站获取教学资源，但对基于实际调查和教学研讨产生的教学资料运用较少，并未将其应用于实际教学工作的开展中。

## 二、教学方法与内容较为单一

以“两微一端”为代表的新媒体拓宽了高校思政教师的视野，“两课”教学空间得到了极大的延伸。尤其大数据所带来的资源的共享性，使得“慕课”“微课”“微视频”等教学形式脱颖而出，这些均构成了对传统课堂教学形式的有益补充。而时下高校思政课堂教学尤其大学生社会主义核心价值观的教育中，还未形成“网上”与“网下”教学资源双向利用的良性互动机制。

### （一）教学内容单一

与网络内容相比，课堂教学内容的冲击力、可记忆力不够。思想政治教育课作为大学生思想政治教育的主阵地、主课堂、主渠道，虽在大学生社会主义核心价值观教育中的作用得到了不断认同和彰显，85%的大学生对思想政治理论课教学在其思想品德形成发展中所发挥的积极作用予以肯定性评价，但是依然有15%的大学生对此并不是很认可。① 其一，考核方法陈旧。部分高校教师对学生社会主义核心价值观的考核标准仍是记忆、背诵、考试，高校思政课老师常常把社会主义核心价值观内容作为期末试题，对学生社会主义核心价值观理论的识记做重点考察。而课堂的德育实

① 沈壮海，段立国. 2014年度大学生思想政治状况分析——基于全国30所高校的调查［J］. 思想理论教育导刊，2015（8）：102.

践活动、道德品行养成情况尚未完全纳入对教学效果的评价体系。这种考试方式不仅会使学生产生心理压力，也会迫使学生把精力放在获取高分数上，而不能真正地从思政课中获得“沟通心灵、启智润心、激扬斗志”的育人效果。必须打破传统思政课“以教师为中心”的考核评价体系，实现向“以学生为中心”的转变，激发学生参与考核的积极性，达到良好的教育和教学效果。改进思政课考核方法，应当强调学生在考核评价中的主体地位，实现学生自评和互评相结合。教师通过不断创造学生自我评价的机会，提升学生自我评价意识。通过自评，发挥学生主体性意识，发现自己在学习中的优势与不足，激发学生改掉缺点的内生动力，实现自我教育。在自评基础上，鼓励同学之间互评，发挥同辈效应，形成积极向上的课堂氛围。其二，教学内容枯燥。思想政治理论课中关于社会主义核心价值观相关内容的讲解存在不够明确、不够重视、办法不多等问题。教学内容单一枯燥，对社会主义核心价值观的讲解往往处于浅层，学生未能掌握其价值内涵和精髓，缺乏主动践行社会主义核心价值观的实践自觉。当前高校思政课虽然已经进行了深化改革，但在“讲透”“讲活”层面上，还有很大的空间。受授课空间和学时限制，教学内容仍然停留在传统的理论讲授上，缺乏相应的生动性、创新性。对于学生来说，他们更善于用自己的方式和语言来表达自己的感受和观点，而过于刻板的课堂教学内容往往会让学生产生抵触心理，使其对思政课产生厌倦感，难以达到入脑入心的良好效果，进而影响知识的积累。大学生处在世界观、人生观、价值观确立的关键期，对学生开展社会主义核心价值观主题教育意义重大，是高校必须承担的重要责任。必须丰富教学内容，充分发挥新媒体在大学生社会主义核心价值观培育中的优势，把社会主义核心价值观贯穿到思政课教学之中，教育引导学生自觉传承和践行社会主义核心价值观，促进学生全面发展。

笔者曾在毛泽东思想和中国特色社会主义理论体系概论课上，做过一次随堂调查。① 在问及“当前思想政治理论课，存在的问题有哪些”时，统计显示：大学生认为课堂教学内容单一，与网络内容相比，授课内容陈

---

① 该班为本科层次，文科班，共有 50 人，实际到课 46 人，发放问卷 46 份，回收 46 份。所设计的调查问题均为开放性回答。

旧，缺乏时代感，很多还停留在新民主主义革命、社会主义革命时期等重复性知识的讲解上，而与学生的成长发展紧密相连的时代场域关涉不多；对大学生影响较大的一些错误社会思潮，在大学生社会主义核心价值观的培育中则批判得不够充分，大学生辨析度偏低；新媒体的价值观教育资源未能有效转化为课堂的教学内容。在“你希望下一步如何改进思想政治理论课的教学”方面，大学生的希望集中体现在：内容要具有时代感，课堂教学内容要有及时性，要与时政问题形成互动；有问题导向，能够解决自己思想上的死结点、知识的困惑点等。

### （二）教学方法一元

目前高校思政课在高校的课程设置中，采用大班制教育模式居多。随着高等教育进入普及化阶段，高校招生人数不断扩大，大班教学在大学是一个非常普遍的现象。作为大学必修的思想政治教育理论课，小班教学最为理想。然而实际操作中，因为师资力量缺乏，学生人数日益增多等原因，大学思政课通常采用大班教学的方式，这样的教学模式固然有其优势，但其不足也是显而易见的。“忽视了学生思想道德发展的层次性与递进性，忽视了学生在社会主义核心价值观内化过程中的主体选择作用。”在课堂上老师应该给学生提供更多的机会表达看法、提出困惑。然而在课堂学生人数较多的情况下，学生不可能有很多机会发言，降低了教师对学生的关注度，致使学生课堂参与程度不高。理论内容的传授上，往往依然停留在静态层面上，随着教育环境的变迁，一些高校还尚未构建起内涵丰富、动态立体的教育模式，致使大学生社会主义核心价值观培育悬于半空，难以扎根发芽。当下新媒体时代扑面而来，高校社会主义核心价值观教育尚未实现“线上教育”与“线下教育”的有效耦合。现有的思政课内容主要集中在课堂理论的阐释上，社会实践教学等方面有短板，无法形成社会大课堂与思政小课堂的有效联动，很容易让学生产生厌烦感，这对新媒体与教学融合发展提出了新要求。对此，思政课应以新媒体为载体，结合当前社会热点事件，让学生参与讨论，提高教学的针对性和实效性。课堂层面上，课堂教学甚至出现了“你讲价值观，我刷朋友圈”“你昂首阔论，我低头微信”等现象。[①] 很多授课老师仍拘囿于传统的课本内容，照本宣科居多，借助于新媒体载体采用专题讲座、启发式的教学明显偏少；互动形式单一，尤其思想政治理论课，借助新媒体的高度互动开放性使师生展开互动交流的频率不高。

## 三、培育合力的作用不够凸显

家庭教育是大学生价值观形成的起点和基石，也是价值观培育的终身场所。一般认为等到孩子高中毕业进入大学后家庭教育的任务就基本完成了，也就对大学生的家庭教育不再重视了，甚至把他们排斥在家庭教育的对象之外。[②] 这样使家庭的社会主义核心价值观的教育功能被遮蔽，其合力作用无法得到有效发挥。

### （一）教育能力的衰减

新媒体时代全面改变了人们的原有生活场景，提升了现代人的生活品质，成就了一幅色彩缤纷的动人画卷。多样态的新媒体工具打破了不同家庭间的樊篱，改变了原有家庭成员的沟通方式，致使家庭“门禁失守”。时代的变迁，对新时期大学生的影响是多维的。从正向维度来看，新媒体时代拓展了家庭和大学生之间的沟通渠道，弥补了因家庭结构内缩导致的“孤寂”生活，为大学生与家庭成员间的沟通开辟了新的平台。从负向维度来看，新媒体时代给予家庭教育带来的挑战也是相伴而生的，致使传统家庭道德教育的能力在一定程度上衰减。从实践来看，大学生对于新媒体的运用水平与家庭成员尤其父母的使用水平不在一条水平线上，或许应该是一个重要因素。

#### 1. 家庭教育的作用弱化

新媒体技术的更新迭代和互联网飞速发展，使得人们的日常生活发生了翻天覆地的变化，而家庭作为社会的最小单位，也潜移默化地受到了新媒体影响。人们社会化的第一场所和基点是家庭，而家长则是孩子的首任启蒙老师。究其个体一生来看，传统的家庭教化功能尤其我们倡导的道德

---

① 宋欣阳．大学生社会主义核心价值观的“微信陪伴”策略研究——基于上海 13 所高校官方微信的调研［J］．思想理论教育，2015（7）：80.

② 胡建，王玉鹏．当代大学生家庭教育论析［J］．学校党建与思想教育，2012（1）：72.

教育，无疑一直源源不断地为子女们的成长提供着情感的滋养和道德的支撑。亲子两代在生物延续链条上的前后顺承性，导致了双方在社会教化上的不对等性。社会教化中的“父为子纲”称得上是一切文明社会文化传承的基本法则。[①] 但如果我们设置一个时间坐标，我们大体可以看出这样一条发展逻辑。自20世纪90年代开始，随着科技的巨大进步和个人电脑的不断普及，传统的家庭教育在网络虚拟空间的影响下，教化功能是在弱化的。归于一点，网络空间的教育功能不断得到彰显和放大。时间坐标再靠近的话，2010年是微博元年，2011年则是微信元年，2016年是互联网直播元年。在这一波科技潮流中，面对眼花缭乱的新媒体工具，“95后”“00后”大学生成了这波科技流的“原住民”，而他们的父辈相对迎合得很吃力，两代人之间有出现“数字鸿沟”(Digital Divide)[②] 的可能。

人类进入新媒体时代后，传统家庭教育功能被解构，大学生不再盲从和依赖于家长。新媒体具有交互性、隐蔽性、开放性和虚拟性等特征，大学生在新媒体上阅读什么类型的信息，家长一般不易把控，这于无形中增大了家庭教育的难度，使家庭社会主义核心价值观教育功能无形中被削减了。更确切地说，年轻人正在以复杂与平衡的方法运用技术来完善他们的在线及离线社会关系，开阔他们的眼界。在新媒体这一新型媒介境遇里，家长与大学生相对道德优势被大幅压缩。大学生因对网络法律缺乏了解及思辨能力、判断能力相对不足，在新媒体信息高度开放、共享、自主的情况下，往往会不负责任地转载负面言论，盲目跟风甚至迷信、宣扬错误评论，网络言行随意放纵。[③]

对远离父母的大学生群体而言，这显然在一定程度上污染与侵扰着他们正在构建中的价值观。新媒体致使人们减少了对家庭的关注，人类寻求信息、追求娱乐的过程中，忽视了家庭关系的构建。传统家庭条件下，家庭成员之间交流方式主要是面对面进行，通过语言、表情传达话语内容。由于网络技术的发展和媒介技术的更新迭代，家庭沟通已经被社交媒体所

① 周晓虹．文化反哺：变迁社会中的亲子传承［J］．社会学研究，2000（2）：51.

② 数字鸿沟，是指不同社会群体之间在拥有和使用现代信息技术方面存在的差距。国家信息中心．中国数字鸿沟报告2008［J］．电子政务，2008（11）：24.

③ 刘文君．新媒体时代高职院校社会主义核心价值观培育的困境、成因与对策［J］．教育与职业，2019（12）.

取代，嵌入新媒体这张大网之中。新媒体影响家庭成员日常生活的方方面面，社会生活发生了翻天覆地的变化，形成了虚拟化沟通的新传播场景。由于代际差异，父母辈对新媒体的应用技能远不如大学生，家庭成员在新媒体的选择、应用软件、信息来源等方面存在一定代际差异，形成数字化代沟，导致家庭关系走向疏离。父母辈对新媒体操作不熟练、媒介素养不够，需要大学生的帮助才能完成一系列复杂操作。大学生则是亲历新媒体发展壮大的一批人，能够熟练进行各种操作，利用新媒体获取信息，缓解压力，对新媒体有着独特的情感，因而出现大学生对父母辈进行数字反哺的现象，这在一定程度上弱化了传统家庭教育。

2. 亲子关系走向了疏离

从心理学视角来说，亲子关系是孩子出生后维系起来的第一层人际关系。这层关系也构成了家庭中最为重要与基础的内部关系。这层关系维系的纽带就是血缘亲情。亲子关系的好坏从根本上决定了青少年接受父母所传授价值观时的态度，是相信还是怀疑，是接受还是反抗。① 传统的家庭道德教育，就是在亲子的双向互动中不断建构着子女的道德观念，这样的一种教化方式往往对子女一生的价值观的塑造起着重要的作用，家庭教育的魅力及功能正体现在此。人类在科技的引领下，步入了一个物质极为丰富的现代社会，推动着人类文明的不断跃升。伴随而来的恰恰是现代化的生活方式对于传统家庭教育的解构与背离。家庭教育中面对面的情感交流被日趋专业化的社会教育替代。价值观的教育，不是知识的简单灌输与告知，而是个体德性的内涵式提升，既有情感的教育是关键。聚焦在当前大学生群体，亲子之间的情感互动削弱了不少，对于大学生内心的情感波动和心灵诉求有所忽略。这在一定程度上导致了许多大学生借助于新媒体进行思想交流，释放心理压力，向虚拟的网络朋友表述自己的快乐及不满，以此弥补他们沟通及交友的需求。但长此以往，他们迷恋于新媒体，与父母之间主动交流的时间减少，感情淡漠，亲子关系不融洽，这些负面影响也不容小觑。② 父母认为新媒体对大学生产生消极影响，分散学生学习的注意力，而大学生已然离不开新媒体，父母对新媒体的限制导致两者之间

---

① 吴佩杰．论家庭教育中的价值引领与青少年社会化［J］．教育与职业，2007（6）：188.

② 袁霞．探析网络时代的家庭教育［J］．教育学术月刊，2010（8）：78-79.

产生矛盾冲突。伴随着手游的普及，沉迷于此的大学生不在少数，一定程度上造成了父母与其关系的紧张与疏离，这也极大影响了这部分大学生对社会与他人的判断，大学生对社会主义核心价值观的“三个倡导”产生怀疑，最终导致家庭教育的效果大打折扣，也削减了学校的培育效果。

大学生在外求学过程中，新媒体对于家庭关系的维系起到了重要作用。家庭成员间可以通过互联网进行视频交流互动，使得家庭关系的延续向良好的方向发展。然而新媒体在实际运用过程中，也对家庭关系产生了消解作用。家庭成员在日常的交流过程中不可能随时随地看手机，因此可能出现信息传递“碎片化”的现象，出现信息接收不及时、回复不及时等情况。信息传递的“碎片化”特点，导致家庭成员之间的对话不连续，降低了家庭成员之间的黏性。信息冗杂或信息获取不及时，不利于代际关系的良好发展。由于大学生与父母之间存在代际差异，网络圈层现象的出现，也在一定程度上产生了大学生网络化用语进而导致其与父母沟通出现障碍，难以产生情感共鸣。大学生有自己的社交圈，其成为他们展现自我个性的平台，他们往往把自己的心情展示在自己的社交圈，而不愿意与父母沟通交流。大学生在圈内发布的一些内容，有的是不愿在自己父母面前坦露或展示的。为使他们的父母不能闯入他们的社交圈，会屏蔽父母，以使他们能够在这样的圈子中充分自由地展现自我，也由此减弱了子女对父母的部分感情。大学生在享受新媒体带来的快捷便利时，也应提高辨别能力，降低负面信息的影响，这对父母的媒体素养提出了更高要求。

### （二）邻里价值观资源逐步消逝

从某种意义上说，邻里为家庭的自然延展，邻里就是一个放大版的家庭。每个家庭都向外拓展，其交集形成邻里。邻里接续了家庭的部分功能，如安全防护、情感倾诉、道德教育等。即使是在传统的城市生活中，邻里关系的这些特点也是存在的。① 但城里高墙阻隔了交往，加上人们对新媒体依赖度不断上升，邻里变成了“熟悉的陌生人”，人际互动减少，导致邻里边界内缩，邻里的道德与价值观教育资源也在逐步消逝。

与上一代人相比，大学生的户外活动频率不断减少，身体运动缩减，活动量减少，导致身体健康状况有所下降。而家长陪护孩子进行户外运动

① 高德胜．危机四伏的家庭及其教育功能的萎缩［J］．全球教育展望，2008（10）：56.

减少，其在室内的时间必然增加。室内时间较长又给成长中的大学生带来了很多心理问题。许多大学生孤单地待在家里，慢慢依恋了新媒体中的电子游戏，甚至沉迷于网络或游戏，成为宅一族。“据统计近70%的家长不满自己的孩子在寒暑假疯狂地上网，部分家长怀疑这是学校生活的一种反映，事实上人们的交际圈，日常生活也越来越依赖网络，导致亲情的疏离现象不仅局限于正在供大学生读书的家庭，这是普遍的社会现象，然而在‘90后’‘95后’一代人身上体现得尤为明显。”① 对网络或游戏的追求导致大学生不断漠视邻里关系，对邻里的依赖降低，现实世界的道德教育及价值观教育严重缩水，被虚拟的新媒体消解，影响了正确价值观与道德意识的形成。

生活在没有邻里交往的环境里，甚至对门的邻居都成为陌生人。父母的告诫与新媒体对陌生人危险性的渲染，促使大学生必须避开、远离他们。但问题是，现代社会，尤其是城市生活到处都是陌生人，即使在网络的虚拟世界里，陌生人也是不断出现，而且出现的频率更高，碰到的陌生人更多。陌生人不断出现在我们的家门口，也出现在我们的网络世界中，我们对陌生人信任度不断降低。在这种情况下，大学生还能相信什么人？现实生活与网上虚拟世界都没有可信之人！这样的推理极易给大学生带来一种心理定式：人人皆可疑，坏人较多，好人难觅，诚信与友善太远。心理表象还是浅层，如此情况维系下去，年青一代会在内心固化对人性的不信任：人人皆可疑，友善难为，人性为恶而非善，对人的诚信、友善都产生了怀疑，不利于正确的价值观的确立。

## 四、新媒体话语引导创新乏力

当前社会主义核心价值观教学中面临的最大问题来自宏观社会环境的变化。新媒体时代，面对多元价值的激荡碰撞、信息暗流涌动，大学生社会主义核心价值观培育的外部环境治理难度增大，为大学生社会主义核心价值观的培育带来了多重挑战。

### （一）新媒体功能彰显不足

2013年全国11所高校大学生在网络思想政治教育环境中对主流观点

---

① 吉明明．大学生家庭教育的弱化及对策研究［J］．教育与职业，2011（14）：176.

的认同状况的调查显示，“大学生如何看待我国主流媒体网站风格（多选）”，有 43.10%的大学生认为“其与官方保持一致，缺乏独立性”；31.20%的大学生认为“信息的公开和透明度不高”；28.08%的大学生表示“行文形式刻板，千篇一律”；17.40%的大学生认为“用词太严肃，不生动活泼”；只有 21.84%的大学生表示“解释有权威性，令人信服”。可见，当前主流媒体网站风格和话语表达系统并未受到大学生普遍认可。[①] 同时，主流媒体网站并不具有压倒性的优势，以微信平台为例，2015 年在微信平台上体制外力量明显占有优势，影响力排名前 20 的微信公众号中，官方媒体中只有“人民日报”和“央视新闻”上榜，而由商业机构创办的腾讯新闻、搜狐新闻、今日头条、网易新闻和凤凰新闻居于行业活跃用户规模的前五位。这表明体制内的影响力不够，对大学生社会主义核心价值观的培育效力有待提升。加之当前社会依托新媒体渠道传播社会主义核心价值观，被简约地理解为传统媒体上的内容信息“网络化”。这无形中削减了社会主义核心价值观的传播效果。

从整体来看，新媒体在传播社会主义核心价值观的过程中存在以下问题：①新媒体宣传力度不够。部分新媒体在传递社会主义核心价值观时更多关注形式，忽视了内容质量和合理性，对其价值内核的宣传处于浅层。在社会主义核心价值观方面的宣传力度不够，没有承担起新媒体的社会责任。②内容质量参差不齐。新媒体具有传播速度快、内容多样化的特点，成为社会主义核心价值观传递的重要平台。但是信息过量和话语膨胀造成了意义的“表征紊乱”，低俗化、欲望化的感官刺激充斥其中，一切严肃的对象都被嘲弄、戏仿、消解，利益原则成为社会生活的原初点和内驱力。[②] ③运营能力不足。新媒体时代的信息量巨大，需要通过数据分析了解大学生感兴趣的内容，准确进行数据推送。然而，小部分新媒体缺乏对大数据进行合理分析和运营的能力，无法捕捉大学生思想动态和心理倾向，造成数据浪费，对社会主义核心价值观传播产生一定阻力。

### （二）新旧媒体各自为营

当下以报纸杂志等为代表的传统媒体受到了网络技术的强烈冲击，而

① 刘娜．大学生对网络思想政治教育环境中主流观点的认同研究［J］．思想政治工作研究，2015（4）：122.

② 张琳．新媒体视域下社会主义核心价值观引领社会思潮探析［J］．学术探索，2017（04）.

以微博、微信等为代表的新兴媒体则异军突起，凭借自身优越的传播条件，迅速吸引了民众的眼球。传播学家麦克卢汉指出，没有一种媒介可以独立生存，一种媒介总要充当另一种媒介的“内容”，媒介之间唯有相互影响才有自身存在的价值。传统媒体的权威性，或“把关人”在价值导向中的作用在减弱，在新媒体时代定位不准确，面对一些重大理论难点的剖析解读，针对大学生中间的热点、重点等议题，引领释疑明显滞后，时效性较弱，时常出现新媒体的舆论已成了燎原之势，而传统媒体迟迟不发声或者失声现象，在新媒体之后打转。新媒体的“碎片化”“去中心化”传播等特点，导致了传播内容只言片语、对问题缺乏深度剖析，说服力明显不足。简言之，传统媒体与新媒体的融合不够，在社会主义核心价值观的传播上尚未形成应有的多频共振效应①。两者之间存在“分散用力、各自为政”的现象，缺乏有效的联通与整合，各自的优势未被充分地释放。

新媒体时代下，新旧媒体融合是大趋势。新媒体的交互性、传播快速性对传媒生态系统产生了重要影响。传统媒体在权威性、信息准确性等方面具有独特优势。为此，必须加快传统主流媒体与新媒体的优势互补和深度融合，构建新的舆论引导格局，二者形成合力推动社会舆论环境良性发展。应做强传统媒体，树立主流权威，积极发挥引领带动作用。新媒体作为新事物具有旺盛的生命力，但从长远来看，传统媒体并不会被新媒体取代。传统媒体应立足自身发展之基，强化自身舆论引导力，增强权威性和可信性，以自身发展带动传统媒体发展。同时积极转变理念，实现媒介融合。立足大数据运用，善于分析和运用互联网模式，不断提升新媒体的影响力，通过融合发展创品牌、出精品、促发展。通过新旧媒体融合发展，发挥各自优势，成为传播社会主义核心价值观的有力武器。

## 五、示范力量的行为存在缺失

### （一）新媒体工作者失声与失位

在新媒体社会主义核心价值观传播中，也存在一种网络舆论“沉默的

---

① 电子幅频响应特性理论指出，多频鼓励可以得到更强的响应，且引发多频稳定性回应。基于此理论，本书借用多频共振术语，将新媒体平台多个渠道对社会主义核心价值观交互发声、同时作用、多维呈现所进行的传播，称为新媒体社会主义核心价值观传播的多频共振效应。

螺旋”现象，即坚持主流意识形态的新媒体由于担心受到其他网民，包括境内外敌对势力所雇用的专业“写手队伍”的言语围攻而不愿或不敢发出自己的声音。在网络舆论场域中，面对国内外一些重大社会问题，一旦没有可“直接借用”的理论，不少组织和个人往往会采取简单回避的态度或整体“失语”，从而出现非主流价值观在某些事件或议题上占强势地位的局面。新媒体工作者在传播社会信息时应本着对社会负责的态度，敢于同不良社会现象作斗争，对社会问题进行真实、有效的报道，提高媒体的权威性和真实性。但有些新媒体工作者为降低新闻的敏感度和复杂性，对一些棘手的社会现象避而远之，降低了社会问题的报道力度。新媒体是文化传播的主渠道，承担道德传播、文化浸润的职能，有责任践行社会主义核心价值观，传承优秀传统文化，维护群众基本文化权益。新媒体工作者应勇于承担社会责任，敢于发声，同社会不良现象作斗争，营造健康向上的社会风气。新媒体工作者要始终站稳社会责任的价值立场，注重社会影响，引领社会风气，为人民群众把好新闻关，以实际行动维护新闻工作的良好声誉，维护新媒体工作者的良好形象。

### （二）个别理论宣传者自身信仰缺失，行为失当

风成于上，俗形于下。领导干部的生活作风和生活情趣，具有“上行下效”的示范功能。领导干部的社会影响越大、拥有越高的权威，越要珍视党和人民给予的荣誉，努力做道德品行和职业操守的示范者。要坚持以人民为中心的工作导向，全心全意为人民服务，深入基层一线，不断增进同党和人民群众的深厚感情，为人民群众多做实事，关心人民群众的日常生活和工作，做人民群众的贴心人。新媒体队伍中的党员干部要主动担当使命职责，加强自身修养，培养高尚人格，始终坚持廉洁自律。要带头保持高尚品位、高雅情趣，抵制庸俗低俗媚俗之风，营造良好社会风气。

### （三）行业自律不强，个别公众人物行为失范

流量时代，一些网络媒体缺乏基本的行业自律，以“娱乐为王”博得公众眼球，以经济利益为宗旨大肆进行商业炒作，媒体的把关人功能失去功效。而原本应该担当起社会主义核心价值观承载者、宣传者和践行者的公众人物，却时而出现失范现象。这些错位的言行将极大损害党和政府的形象与公信力，弱化人们对社会主流意识形态的信仰。行业自律不规范，

出现虚假新闻、新闻炒作以及低俗新闻现象。新媒体视阈下，庞大的民间“草根”传播力量在新媒体平台上突破了既有的“议题设置”。一旦有新的社会热点形成，巨量的沟通、对话与意见交锋在网络上逐步形塑了新的“舆论场”。[①] 虚假信息不仅是对大众的误导，还可能挑动网民情绪，影响社会稳定，危害不容小觑。新闻炒作借助新媒体影响力，反复进行夸大，宣传不切实际的信息，以扩大影响。有关新闻炒作的问题变得极为普遍，这集中体现在娱乐圈中，明星为了增加自身热度，运用新媒体造势，提高知名度。新闻炒作成为他们谋取自身利益的工具，成为滋生不良社会风气的温床。低俗新闻大力渲染、夸大新闻报道等。对大学生来说，低俗新闻不利于青少年的健康成长；个别公众人物行为失范，也对青年大学生社会主义核心价值观的培育带来很大的价值冲击，道德的崇高性遭到了现实的削减。

## 六、培育有效性尚待提升深化

新媒体时代，大学生群体主体性出现了异化，现实的真实的主体性发生了巨大的变化，自身的主体性逐步被削减，虚拟性增强，呈现了主体客体化趋向，这使大学生社会主义核心价值观的培育出现了各种问题。

### （一）理性认知不够

新媒体提供的全新的生存方式和生存环境给作为“搜索引擎的一代”的大学生的自我认知带来了深远的影响。而理性认知是主体意识通向高级阶段的起点，是客体主体化之基础。新媒体时代下，大学生要对社会主义核心价值观实现认同，必须对其逻辑内涵了解熟知。网络平台对大学生的影响日渐凸显，受到新媒体虚拟空间的冲击，个别大学生在社会主义核心价值观的理性认知层面上出现了浅层化的问题，在社会主义核心价值观各个层面的具体内容上，尚有小部分大学生的认知欠缺，不知各个层面所包含的真正内容。在针对福州地区 9 所高校“大学生社会主义核心价值观教育现状”的调研中，一项有关“社会主义核心价值观的内容分为哪几个层

① 张琳．新媒体视阈下社会主义核心价值观引领社会思潮探析［J］．学术探索，2017（04）．

面”的调研数据显示：仅有 43.32% 的学生选择“国家、社会、个人”。① 对民主、自由、平等等社会主义核心价值观尚存在认知模糊、理解偏西方的倾向。教育部哲学社会科学发展报告建设项目《中国大学生思想政治教育发展报告》课题组，对“三权分立”是否契合我国的调研数据显示：46.3%的大学生认为不适合，42.0%的大学生表示不清楚，11.7%的大学生认为适合。②

### （二）情感认同较弱

情感对是否内化及内化程度产生影响。它与理智一样，是大学生社会主义核心价值观培育的重要基础。它嵌入了认同的各个维度，对认知、消化及价值内化诸环节都具有引领及能动推进的作用，它可以引导人们对新媒体中的信息进行自觉鉴别、过滤，并吸收正向信息。情感认同比认知更全面和深刻。大学生要真正用情感感知社会主义核心价值观的价值底色，在价值的力量上要与大学生的成长诉求形成紧密的关联度。唯有解答好大学生的“青春之问”，社会主义核心价值观的育人功能才会真正得到释放。现实是，小部分大学生在对社会主义核心价值观的认同层面上尚存在着一定程度的情感不足，少数大学生没有对社会主义核心价值观产生深情厚谊，更难以主动体悟、践行。这是培育的一个困境和难点。

### （三）意志坚定性薄弱

意志具有稳定性与深刻性的特征，而且与行动紧密相关。意志和认同相伴产生，互相转化，互相促进。缺失认同就无法上升为意志，而没有意志推动也就无法实现认同。在新媒体时代，培育社会主义核心价值观就是“内化”于心，使之内化为大学生自身的坚强意志。意志的确立能够推动大学生对社会主义核心价值观进行更好的认同。在事关我国前途命运的重大问题上，极小部分同学态度模糊，意志不坚定。极小部分大学生践行社会主义核心价值观信念尚不够坚定，更多的是以自我喜好为出发点，对社会主义核心价值观的认同则更多地表现为一定程度的妥协性与摇摆性。坚

---

① 陈少平，郑铮彬．大学生社会主义核心价值观教育的现状调查和路径探讨［J］．思想教育研究，2014（11）：82.

② 沈壮海，段立国．2014 年度大学生思想政治状况分析——基于全国 30 所高校的调查［J］．思想理论教育导刊，2015（8）：99.

定的意志与实践是分不开的。要感知中国力量和中国精神，就要投入火热的中国式现代化的伟大实践中，以坚定意志为中国梦的早日实现贡献青春力量。无论是脱贫攻坚，还是乡村振兴的接续奋斗，无不跳跃着青年奋斗的印记。

**（四）个别大学生言行不一**

大学生认同社会主义核心价值观就是由外部的灌输与内部的接受相互作用，互相推动，内化为个体的价值观念，并自觉外化为行动，自觉践行，实现知行合一的过程。实践行为是知情意培育效果的外化，是培育的最终指向，同时也是培育的最佳途径。个别大学生在学习诚信、网络交往方面知行相悖，存在问题较多：当被问及“在大学期间，对老师布置的作业，您通常如何完成?”时，选择“完全抄袭资料，应付完成”和“通过拼凑资料的观点完成”所占比例分别为1%和16.8%。① 在网络交往中，65%的被访者认为在网络交往中只需偶尔讲真话或者无须讲真话，只有超过3.3%的被访者认为需要全部讲真话，21.7%的被访者认为需要大多时候讲真话。② 由此可见，个别大学生网络学习与网络交往的诚信度比较低。小部分大学生“法治”意识淡漠，知行脱节：对“假如你发现有小偷在偷别人东西，你会怎么做”的问题，有60.3%的大学生选择“悄悄提醒被偷者”，选择“用行动立即制止”的人只有18.3%，其余的选择“装作没看见”。③

上述情况表明，少数大学生社会主义核心价值观的培育仍落在认同的知、情、意的层面，尚未真正落实到践行的层面，培育的终极目标没有达成。

## 第三节　大学生社会主义核心价值观存在问题归因

学校、家庭、社会及大学生自身在新媒体时代下都出现新情况与新问

① 石亚玲．大学生社会主义核心价值观认同调查分析——以南方四校为例［J］．思想政治课研究，2015（2）：8.

② 秦继伟．当代大学生网络自律意识教育研究［D］．长沙：湖南师范大学，2013：54.

③ 户可英．大学生社会主义核心价值观教育方法研究［D］．成都：电子科技大学，2014：73.

题，探寻其背后的因素，更利于我们有针对性地开展大学生社会主义核心价值观的培育。

## 一、学校因素

### （一）指导理念落后

传统价值观培育遵循的是学校主导，教师主体的理念，在现实中取得了较好的效果。但面对新媒体时代的扑面而来，却表现得相当不适应。其一，传统社会主义核心价值观培育的主导理念，以灌输等显性方式为主，通常视学生为“道德袋”，在封闭单一的外部环境下，能够取得一定效果。但新媒体向当代大学生敞开的却是一个极度开放、自由、多样、个性的空间，在网络虚拟平台多元价值观念之间相互激荡交锋，一元与多元冲突对立。如果还固守传统价值观教育的模式，一味地追求一元，而忽略多元，势必会造成大学生的逆反，很容易造成社会主义核心价值观培育的“悬置”和失效，致使思想政治教育工作的实效性大幅下降。其二，新媒体是一个多向交互的空间，新媒体使用者拥有高度的自主性与互动性。在现实价值观培育中由于教师掌握培育资源的丰富性以及教师相对于学生地位的主导性，使得教师在培育中的主体地位较为明显，可能会忽视大学生作为教育客体的主观感受，忽视大学生主体性作用的发挥，从而影响培育效果。

### （二）教学针对性不强

1. 应试教育的惯性

“意义世界是人所特有的生活世界，人是追寻意义的存在”①，学校思政课课堂聚焦的常常是一般层面上的政治知识的记诵与道德规范的遵守，而不是作为提高人的素质与生活质量之智慧。生活世界中价值内涵的丰盈性被遮蔽了，学生也逐步失去了对价值观本身开展体悟的主观能动性。“从道德理性能力出发的德育是一种思维的、割裂的知性德育。这种德育实际上是德育的另一种异化：将德育看成智力训练，将道德的学习看成‘道德应用题’的解答。”② “在这种道德教育过程中，学生学到的不是沉

① 鲁洁. 道德教育的当代论域［M］. 北京：人民出版社，2005：278.
② 罗诗钿. 耻感教育的涵义与途径探析［J］. 理论月刊，2012（10）：162.

甸甸的生活智慧，而是枯萎的道德语言符号和知识气泡。”[①] 分属于三个层次的社会主义核心价值观不应成为应试教育的附属品，而应是人的意志与情感的形塑过程，是道德人格的再造。

基于知识本位的教育选拔制度与机制，是把分数及结果当作评判优秀的分野，高考自然成了人生发展方向的分水岭。知识比拼超越了个人思考的意义。“学生们无暇探究知识的前因后果，学习过程中的‘问题意识’渐行渐远，对一些具有反思价值问题的处理，更多通过强力记忆、生吞活剥粗鲁式的解决，问题的处理简约为了不加思考的记忆。”[②] 现实中，过去传统的重视甄别与挑选的教育选优机制，长期以来重视纸笔测验的基础教育与高中教育的模式，在高校的价值观教育课堂上继续重演。广大学生看待思想政治教育也以“考试过关”了之，难以真正入脑、进心、化行，无疑使社会主义核心价值观培育效果打了折扣。多元价值思潮的激荡之下，高校对大学生进行精神补“钙”成为应时之需。

2. 传统思政教学模式的影响

客观而言，我国的道德教育无论是在理论研究还是实践操作层面上，依然拘囿在传统模式之下，并未实现向现代路向的成功转变。在当前的高校思政教育课堂教学中，一部分教师还停留于传统德育教学模式的路径依赖之中。高校德育之核心问题为价值观的教育问题。价值观的教育属于实践理性范畴，而非单一的理论理性范畴。反思我国传统的价值观教育，正如著名教育家蔡元培先生所指出的，“教育者预定一目的，而强受教者以就之；故不问其性质之动静、资禀之锐钝，而教之止有一法，能者奖之，不能者罚之，如吾人之处置无机物然，石之凸者平之，铁之脆者煅之”[③]。传统思政教学模式下教育者当仁不让地把自己看作主体，在教学过程中，传授者把思想政治教育理想化、简单化，否定了受教者作为人之客观存在。

从生态学角度来看，当前的思想政治教育环境，无疑极具开放性与自

---

① 高德胜．知性德育及其超越——现代德育困境研究［M］．北京：教育科学出版社，2003：127-128.

② 范益民，艾兵有．硕士研究生问题意识缺失的理性分析［J］．吉林工程技术师范学院学报，2015（7）：12.

③ 高平叔．蔡元培教育论集［M］．长沙：湖南教育出版社，1987：207.

由性。高度的自由性和资源开放性，拓展和影响了人们获取信息资源的方式方法。虚拟的自由性与开放性让思想政治教育内容的传递发生革命性的转变，受教育者的主动性更强。新媒体的“去中心化”和大众赋权的特征，使人人都能够变为教育者，从而去教育和影响其他人，也进一步提升了思想政治教育客体的主体性，客体主体化的趋向更为鲜明。[①] 可见，可控性的传统教育方法在新媒体时代遭遇了巨大挑战。

### （三）校园网络文化的功能没有完全得到释放

学校的网络社区、网络公共平台、自媒体作为学校文化环境的重要组成部分，承担着越来越重要的文化熏陶功能。新媒体时代校园文化的阵地正在向网络平台转移。当前高校校园网络文化的育人功能没有完全得到释放，致使学校培育社会主义核心价值观有效性尚未充分彰显出来，成为高校进行思想政治教育的一大阻碍。

#### 1. 校园网络硬件不足

新媒体平台建设滞后。目前，我国高校依托于网络技术，基本上建立起了本校的宣传网站和微信公众号，相当部分高校已经将外宣的工作投放至“两微一端”的建设上，多元立体的网络平台建设日见雏形。同时教育部推行的“易班”推广计划与中国大学生在线引领工程，受政策的引领在我国高校的覆盖面不断扩大。“易班”内含有大学生主题教育网站、网络互动社区、网络思想政治理论课及大学生网络文化工作室等。它使大学生能够获得更为广泛的教育资源，使校园网日渐成为青年学生的网上精神家园。[②]

但是很多高校尤其部分地方院校，出于管理成本考量，尚未投入足够的财力及人力进行网络教育新型平台建设，而是依托原本的校园网平台进行网络思想政治教育，其服务与技术很难满足学生多元化的需要。个别学校的二级院系网站或实验室网站仍存在一些安全隐患，黑客攻击较易，信息安全技术的支撑仍不足。在新媒体平台建设层面，高校的回应还是难以最大化满足大学生的发展诉求。依据教育部和《中国青年报》的相关数

---

① 王莉，孙建华．网络背景下虚拟生存对思想政治教育要素的影响探略［J］．学校党建与学校教育，2013（12）：48-49.

② 冯刚．新形势下推动高校网络文化建设的思考与实践［J］．思想教育研究，2015（8）：3.

据，早在2015年笔者就对高校微信运用状况开展了专门分析：调查显示全国各省市拥有官方微信的普通高校为312所，仅占14.0%（普通高校有2235所）。而当前依托于移动通信和智能手机终端服务的QQ、微信等，则已经成为大学生联络交往的主要方式。这与大学生“无人不微信”的境遇尚有较大的差距，高校必须转变观念，对待官方微信的态度要从“谨小慎微”转变为“坚信不疑”①。

2. 新媒体的隐性教育功能未有效释放

目前高校对于校园网络文化的认识尚停留在探索阶段，更多是对技术上的应用。如何自觉实现价值观教育信息内嵌在校园新媒体平台的传播中，如何构建起依托新媒体平台的隐性教育体系？目前还有较长的路要走。

（1）传播方式简单

很多高校的新媒体平台，推送的关联社会主义核心价值观的信息偏重形式，格调单一，大多侧重于国家的政策方针；其功能与页面设计不注重用户感受与体验，互动性太少，对学生的吸引力不强。社会主义核心价值观只有当它能够迎合价值主体的某些需求时，它的价值才可能得到价值主体的认同，才可能引导价值主体对价值客体的追求，并且这种价值客体供应的“需求”越多，价值主体的“追寻”就越强烈。而高校借助于新媒体的图、音、频等多元的呈现方式在表现社会主义核心价值观上没有得到很好的展示，没有围绕青年学生的网络思想行为特点、生活化场景开展有效的核心价值观教育。缓解价值理论的未来性、宏大性、普遍性与日常生活的当下性、实用性、情境性之间的冲突，是面向大学生的社会主义核心价值观教育迫切要应对的问题。②

（2）教育者的新媒体技术不够熟稔

在新技术的应用层面，教育者的步伐往往落后于受教育者。一项针对某大学教师新媒体的使用调查显示，教师获取信息的能力和技术一般的占39.4%。影响因素为技术能力不够（29.5%）、资源有限（22.4%）、缺少

① 宋欣阳．大学生社会主义核心价值观的“微信陪伴”策略研究——基于上海13所高校官方微信的调研［J］．思想理论教育，2015（7）：83.

② 宁晓菊．大学生社会主义核心价值观教育创新研究［J］．中国劳动关系学院学报，2014（6）：92.

培训（17.1%）。教师对数字资源现状不满意的占35.3%，认为多媒体教学资源不足的占89.4%。① 在铺天盖地的海量信息和多元价值观的正面冲击下，如何借助高校中“两微一端”为代表的新媒体彰显出社会主义核心价值观的理论品格和现实解释力，并发挥出其应有的价值功能，是教育者在新媒体时代下应不断提高的能力。大学生社会主义核心价值观培育的途径仍局限在课堂上，很多高校的思政老师，在人人都是通讯社的自媒体时代，无法实现在网络平台上主动“送货”，而达到与大学生在新媒体空间上的正面交锋、对话和引领的目的。

3. 新媒体的专业队伍建设相对滞后

（1）新媒体的技术人员欠缺

新媒体时代，思政工作者要成为大学生成长的“同路人”和“知心朋友”的首要前提就是要懂得他们的生活世界，理解他们的话语体系，能够在日渐隐匿的网络世界中捕捉到思想政治教育的热点和问题走向。眼花缭乱的新媒体工具自然就是师生沟通互动的中介和梯子。思政工作者要同青年大学生一样，熟稔各种新媒体技术，对QQ群、微信、微博等技术应用要轻车熟路，而不要成为新媒体时代的“弃儿”。

如何从冗余、杂乱的网络信息海洋中，帮助青年学生树立正确的价值观和人生观，为大学生的价值选择“指点迷津”，构成思政工作者的重要工作内容。我们要逐步改变大学生过度性娱乐、情感化缺失的生活现状，在育人工作中内含正确的价值与社会化需求满足，建构“三全育人”思政工作大格局，使校园新媒体魅力无限，成为大学生的最爱。而现实之中，思政老师与这一要求相差较远。其一，在网络思政中，现有的思政队伍尚未完全具备掌控新媒体时代应有的素质。专业背景浅显，使用新媒体技术落后，对于网络舆情的把控不够全面，大学生价值观培育的引领作用相对缺失。其二，缺少专门的新媒体技术辅助。当前高校对于网络平台的建设是条块式的，尚未建立起协同联动的服务模式。同时围绕提高思政老师新媒体技术的应用，而展开的相应培训还需强化。

① 赵秀红．新媒体：思想政治教育的“拦路虎”还是新机遇［N］．中国教育报，2011-07-05.

（2）校园网络“意见领袖”发声不强

“意见领袖”一般指的是在群体中有着较高威望、学识渊博的人。全国50%以上的理工科专家、80%以上的文科专家与50%以上的院士都会集在了教育战线。高校拥有得天独厚的人才优势，要凝聚一批敢于发声又善于发声的优秀人才，构建一支业务精、政治强、作风好的强大网络队伍。[①] 目前高校微信朋友圈集聚起了不同学生群体，形成了多重社交圈。“在主题的选择上，很少涉及新闻报道、时事评论、公共事件观点阐述等主题，大多为日常生活的感悟，如对友情、爱情和人际关系的看法等，这和大学生的生活、工作状态密切联系。”[②] 而在对当前社会主义核心价值观等主流话题的理解上，还存在着认识过程的间接性、认识形态的理论性、认识心理的膜拜性和认识方法的碎片性[③]等特殊矛盾。我们校园“意见领袖”很难借助于自身影响力，对大学生网民传递真善美，引领舆论导向与把控网络舆情，发声明显不够；也很难通过议程设置功能牢牢掌控新媒体平台上的话语权。

**（四）“三全育人”的实效性不强**

“三全育人”即全员育人、全程育人、全方位育人，是党中央提出的育人要求。高校承担了对大学生进行社会主义核心价值观教育的主阵地作用，“三全育人”实效性的发挥关系到大学生社会主义核心价值观的养成。目前，高校“三全育人”工作取得一定成效，但仍存在一定滞后性。

1. 全员育人合力不足

高校育人的主体包括教师、辅导员、管理人员等全体教职工，然而在实际运行中，存在育人合力不足的问题，影响到“三全育人”实效性的发挥。不同育人主体未能形成明确的责任意识，全员参与性有待提升。现阶段仍旧存在一些专业课教师将育人之责单纯推给思政课教师、辅导员的现象，将自己定位为“经师”而非完整意义的“人师”，没有发掘隐含在专

① 冯刚．新形势下推动高校网络文化建设的思考与实践［J］．思想教育研究，2015（8）：4.

② 刘栖蔚．大学生博客的媒介素养研究［J］．青年记者，2009（11）：21.

③ 骆郁廷，高飞．大学生思想认识活动的特殊性及其引导［J］．思想理论教育导刊，2015（7）：115-120.

业课程之下的育人要素与价值理念。[①] 由于高校对专职教师承担的思想政治教育工作要求较低，未能形成科学、合理、专业的育人队伍，育人职责内容要求模糊，以致高校育人工作发力不足。高校育人工作强度高、责任重，教师难免产生畏难心理，抱着“多一事不如少一事”的心态，将工作重心放在专业教育上。他们还没有形成“三全育人”的理念，缺乏主动育人的意识，对“三全育人”的具体实施策略缺乏有效规划。后勤管理人员单纯将管理看作自己的工作所在，尚未承担起育人之职责。教书与育人密不可分，两者相互促进，教书的目的是育人，让学生有更加广阔的发展空间。师德师风建设也对育人工作产生重要影响，正所谓“亲其师，方能信其道”。教师队伍总体来说是好的，但近年来偶尔曝出的学术不端、师风不正等负面新闻，使教师在学生心目中的形象出现反差，严重影响到教书育人的成效。家庭也应积极承担育人工作，实现家校互动，增强育人合力。应加强学校与家庭之间的沟通交流，提供多样化平台，注重构建和维护家校联系制度。

2. 全程育人未贯通

全程育人从时间层面上对高校育人提出要求。高校主要通过思想政治理论课进行育人工作，对其他学科育人工作关注较少，未能实现有效衔接。育人工作应贯穿大学生学习和生活的方方面面，体现全程育人要求。然而，在课程设置方面，高校并未能一以贯之坚持育人工作，出现衔接不紧密的情况。低年级学生由于课业和就业压力较小，对育人工作重视程度更高。低年级通过开展团日活动、主题班会、红色文化专题讲座等实践活动，不断增强学生对于社会主义核心价值观的认同、增强爱国意识、培养良好的道德风尚。但是高年级学生受就业、升学等各种因素综合影响，将学习作为主要任务，导致道德实践活动相对较少，出现了低年级与高年级之间育人过程断裂的问题。此外，应聚焦社会实践，利用大学生每年的寒暑假进行育人活动。大学生放假时间长，但不能放松对育人活动的重视，应积极贯彻全程育人理念。学校依托当地特色红色文化资源，组织大学生进行寒暑假社会实践活动，引导学生在参与中增强社会

① 何美子．新时代大学生社会主义核心价值观认同研究［D］．大连：大连理工大学，2020：108.

责任感。在教师指引下，学生积极策划活动议题，深入红色文化基地，在实践中感悟红色文化，上好理论与现实相结合的“大思政课”。在实践中，大学生家国情怀不断增强，充分发挥出实践教育与思政育人的强大合力。

3. 全方位育人不完善

全方位育人要求完善课程设置，将育人工作贯穿各专业课程。目前，部分高校学生，尤其是理工科学生对思想政治教育重要性认识不足，未能坚定对社会主义核心价值观的认同，出现理想信念淡化现象。高校思想政治教育课作为一门必修课，出现内容不够丰富、体系不够完善的问题，对社会主义核心价值观、革命道德、英雄人物的内容讲解处于浅层，未能挖掘丰富的价值内涵，对学生价值观的培养重视程度不够。教师要针对所教学科的知识学习特点，结合德育内容，加大对学生德育素养的培养力度，不断提高学科课程学习中对学生德育素养的要求。① 应坚持以学生为中心，按照学生身心发展规律和价值需求进行课程设置，实现德智体美劳全面发展，筑牢意识形态体系。

## 二、家庭因素

### （一）家庭教育异化

1. 家庭教育出现盲从

随着新媒体时代的到来，社会成员的流动性大大增强，但是它也突破了既有的社会分配的格局，促使社会分层提速。今天，人们如要想向上流动，获取更多的发展空间，知识是必备的条件与基础。“知识就是力量”“知识改变命运”，仍是当今社会的最大法宝。很多家长对优质的大学情有独钟。在新媒体时代，家长通过自己的朋友圈不断交流培养一个所谓“合格”大学生的心得，晒诸如补习班、考证班的经历，助推孩子考上了名校、找到了称心如意的好工作等。尤其是孩子上国内重点大学、国外名校的家长教育经验在朋友圈得到了大量围观、转发跟帖、点赞，对这种一味追求成绩提高的趋向进行了渲染、放大，致使更多的家长效仿，视为主

① 成俊敏．“三全育人”理念下教师使命与担当提升研究［J］．中国教育学刊，2023（1）．

枭。而不少家长从众有余，理性欠缺，不立足于子女的心智特点，不与子女协商，武断地依照个人的想法去规划子女未来要走的道路，忽视了对子女理想人格及道德教养的关照。“一个有教养的人必须是个性和谐、全面发展的人，其人生的目的将不是追求不断变换着的爱好，而应当是获得永恒不变的理智。”① 这是与社会主义核心价值观的要求相契合的。但很多家长只是过多地关注大学生的学业，却恰恰忽视了思想道德品质的教育，这样就造成了家长为子女付出许多，而最终期望落空的局面，这也是重智轻德的后果。

同时，新媒体时代的到来也使大学生自身发生了很大的变化。不少家长认为自己无法掌控大学生使用新媒体的情况。正向的价值观，如社会主义核心价值观，大学生可以接受并在生活中使其得以强化，但对于错误的有违社会主义核心价值观的，如果不假思索地接受，必然会导致大学生做出错误的行为。在诸多时候，新媒体所提出与引导的价值观与大学生现实生活迥异，与社会主义核心价值观相背离，甚至有的是自我杜撰推理出来的，这样必然会造成大学生价值观念的混乱与价值选择的盲从困惑。同时，新媒体在技术层面无形中加深了孩子和家长之间的信息代沟。在新媒体时代，各种新鲜事物层出不穷并经过微博、微信、移动终端呈现在人们的面前，而大学生常常比家长更早地学习与运用最新的知识和技能，致使大学生和家长之间出现了“沟通障碍”，优良家风有效宣传的通道受到阻滞②，效果自然大打折扣。由此可见，在新媒体时代，不少家长仍不知道如何去面对信息社会给大学生带来的各种新变化，教育主体地位缺失，导致家庭道德教育功能弱化。

2. 家庭教育功利化、路径狭隘化

一方面，当代大学生的家长，大多出生在20世纪六七十年代，高度的

---

① 李其龙．世界教育大系：德国教育［M］．长春：吉林教育出版社，2000：32.

② 笔者在参加2014年暑期教育部人文社会科学重点研究基地西南边疆少数民族研究中心组织的“田野调查”中也发现：伴随着移动互联网的迅猛发展和以智能手机为客户终端的新媒体的勃兴，地处西南边陲布朗村寨人们的生活和生存方式也受到了强烈的冲击。村寨年轻人的娱乐方式主要是打网络游戏、玩微信、QQ聊天等。电视中的《爸爸去哪儿》《我是歌手》等娱乐节目对年轻人的吸引力度是空前的。传统布朗族人在“干栏式竹木结构房”中的“悠悠火塘”、花前月下弹唱等家庭的传统交流方式，基本上湮没在了新媒体的虚拟空间中，布朗族家庭道德传承通道受到了强烈的阻滞。基于传统“差序格局”的伦理道德受到了解构和消解，布朗族村寨的道德实践生活得以全面建构。

计划经济模式对他们的价值观构建产生了重要影响，他们接受的显然是中国最为传统的价值观教育。面对改革开放之后中国翻天覆地的变化，社会主义市场经济的逐渐建立和完善，他们从小形成的价值观或多或少地出现一个解构和重构的过程。在世风社风转换的时代背景下，作为家庭教育的主体与主导，家长的价值观自然而然会投射到对子女的价值观培育中，会对子女的社会主义核心价值观的道德价值认同产生潜移默化的影响。

另一方面，名目繁多的网络选秀等节目，通过腾讯视频、优酷、爱奇艺等网络新媒体向家长传递出了追逐名利、渴望成功的错误价值观。而当前社会的竞争激烈，为保证子女能在这种环境中生存下来，这种快速成名的商业模式受到部分家长的推崇、效仿，鼓励孩子报名参加此类选秀节目，渴望孩子快速功成名就，而忽视孩子自身的条件。家长重名利、轻过程，手段日益奇葩，但孩子的思想道德教育被旁置，家庭道德教育路径缩小，效果大大削减。

**（二）邻里现实交往锐减**

从中国现实情况看，现实的人际交往具有重关系、人情味浓的“波纹差序”特征，这种强关系，普遍存在于我国的家庭、学校、传统社区与企事业单位中。这种强关系的维系，使大学生能够对社会主义核心价值观进行深刻认知、认同，并见之于实践行动之中，也为大学生社会主义核心价值观培育的开展动员、宣传与整合构建了丰厚的社会资本网络。新媒体时代，大众更多的是通过移动通信、互联网的各种衍生物如微信、微博、QQ等进行交流。随着抖音直播兴起，人们更倾向于在直播间中寻找与自己“志同道合”的友人，忽视现实邻里关系的维系。在新媒体时代，传统的邻里之间紧密沟通互动的人际交往方式，被以表情、符号、语音等网络数字化的形式替代，而人与人之间的现实交流日趋弱化，虚拟交流日益普遍。新媒体所提供的超地域、超时空的多人参加、多项交流，使得邻里之间越来越依赖于网络上的虚拟交际，邻里之间人与人在现实生活中的直接接触机会变少，交往机会与日递减，人机之间的接触却呈上升趋势。

城市发展的快节奏以及人与人之间的不信任是造成邻里关系冷漠的现实原因。随着社会发展加快，人们对物质利益需求增多，人与人之间的交流逐渐被物质利益取代，人际关系冷漠。人们虽同处于一个社区，但由于没有利益往来，彼此交集逐渐减少。尤其对青年人以及大学生来说，高强度的生活压力和学业压力致使他们逐渐淡漠邻里关系。随着社会负面新闻逐渐增多，负面新闻加剧了人们的害怕和紧张情绪，对个体心理防线产生冲击，导致人与人之间出现信任危机。在看到“老人摔倒扶不扶”的问题时，更多人产生迟疑，就是信任危机的有力证明。邻里之间在尚未认清对方人品之前，往往不会向邻居敞开心扉，进行友好往来，导致邻里之间交往锐减。对于大学生个人来说，在家的时候沉迷于网络，在网络里表达自我价值，整天和互联网为伍，迷恋虚拟生活成为常态，对现实的生活日益冷漠，这会导致他们逃避现实，远离现实生活，满足于虚假的创造性活动，并丧失了参与自我发展、自我锻炼的实际生活实践的机会；此外，与社区邻里交往的机会减少，与邻里面对面交往的时机减少，互动递减，使得熟人社会中邻居之间的感情逐渐淡化、稀释，相互依赖度不断降低，甚至于对现实生活中的他人及社会的幸福毫无感觉，不闻不问，并逐步丧失价值观的判断力。

## 三、社会因素

人类从工业社会向后工业社会演变，科技的创新无疑是关键因素。新媒体技术既是这个时代的标志，也是时代变革的推动力量。新媒体时代所呈现出来的传播模式的融合性、传播内容的丰富性、传播途径的多样性等特征，已从根本上变革了大众获取信息与传播信息的方式。

### （一）新媒体普及引起传播生态剧变

从整个人类传播发展的谱系来看，笼统地讲，媒介的发展大体经历过五次飞跃，即语言的出现、文字的诞生、印刷术的发明、电子媒介的创造、数字媒介的产生。传播媒介的每一次革命都以技术的进步为依托，每一次媒介模式的变革都为人类社会的进步与人类生活方式的改变带来重大的影响。

#### 1. 技术的变迁引发传播形态的革命

文化的演进过程就是一个信息传播方式不断变更的历程。从早期的飞鸽传书、狼烟传递至工业时代的电话电报，人类一直在变革着信息传播的媒介与传播形式。从科技发展史的视角来说，每一次信息媒介的革命都源于人类科技的迅猛进步。每一项技术的发展进步都为一个社会主流价值观的传播提供了新的载体。一方面，新型媒介被人类广泛使用，促进了文化传播速度的提升与空间的拓宽，公众所掌握的信息量以海量增速，网民数量不断攀升，个人网络空间越发活跃，沟通交流平台日益多样。然而这些新变化对传统的文化传承方式与传播模式构成了挑战，变革文化的传播模式与传播方式迫在眉睫。另一方面，新媒体技术所建构的平等的人际交往空间，使文化的传播者及接受者的互动模式发生了明显变化。在新媒体环境下，信息传播者常常是一身二任的：传播者不再单单是信息的发布者及文化传播的主要参与者，同时也成为信息的接收者。传播者与接收者的界限模糊，平行传播模式显现。这种变化对传统的教育灌输方式提出了挑战，平等、互动与交流必将成为价值观传播的主要方式。① 在新媒体环境下，传播者无力胜任“舆论把关人”的角色，并且，从网络之内的游戏规则来说，网络是突出松散的，不承认存在绝对权威，它是“反中心”的，它不愿承担崇高的、传统的、颇具理想主义色彩的“舆论把关人”的功能。价值取向多元化势不可当。网络世界的扁平化与平民化发展方向正在渐渐弱化权威的功能，排斥教化的作用，变为社会核心价值观宣传的负能量。新媒体时代下，发挥新型举国体制优势，补齐核心网络技术的短板、加强网络科技创新，这是提升网络空间意识形态话语权的硬核要求。在新一轮的科技浪潮下，应以科技创新引领中国高质量发展，构建起新发展格局，将新媒体的话语权牢牢掌握在自己手中。将更多的中国和平发展的真实感人故事传播出去，将中国负责任的东方大国以可信、可爱、可敬的形象呈现给世界，不断增强中国网络空间意识形态的说服力，提升中国梦网络空间的世界影响力。

2. 外部社会环境的复杂难控性

现阶段互联网发展飞速，大数据作为近些年发展较快的技术之一，在维护国家安全、降低潜在风险方面扮演了重要角色。大学生是互联网的原住民，思想活跃，也在价值观形成的关键期。作为祖国的未来和民族的希望，其社会主义核心价值观培育的成效事关校园教学秩序与生活秩序，直接关系到社会和谐稳定和国家长治久安。当前外部社会环境的复杂难控性与新媒体特有的开放、自由是密不可分的。这在很大程度上使文化的传播

① 张小飞，陈莉．新媒体时代文化生态的嬗变与社会核心价值观传播策略［J］．理论视野，2013（6）：22-25.

成为一种多元化趋势，互联网成为多元文化展现的平台。主流文化的话语权受到挑战，社会主义核心价值观传播面临危机。西方发达国家依托在计算机芯片、互联网核心技术方面的优势地位，不断在网络虚拟空间进行“文化殖民”。有学者统计，英文网页占比达到90%以上，在世界话语的输出和价值观的传导上，没有客观传播中国发展的历史性成就和历史性变革、中国式现代化的重大世界性意义，反而存在“选择性报道”、曲解性解读等错误现象。而当下之中国在互联网领域原始创新不足，关键技术和基础软件尚处在爬坡过坎的攻关期，致使在弘扬传播社会主义主流意识形态的同时，时常遭到非议或者污名化，这对于讲好中国故事，传播好中国声音，展示真实、立体、全面的中国是非常不公正的。

2015 年 10 月，笔者对所在单位部分院系的 2015 级新生做了一次“关于使用新媒体情况”的调查，90% 以上的新生拥有一个以上社交账号（QQ、微博或者微信等），其中 70%以上的学生表示“刷微博”“聊微信”“登录 QQ”等是习惯性行为。青年学生的周围被网络这张无形无边的“网”缠绕，而这个大“网”之中又充斥着西方的意识形态、价值观念等海量信息。因此，线上战场的较量、交锋日趋激烈，越发渐变为高校进行意识形态、价值观教育争夺的主要场所。尤其对正处在“拔节孕穗”关键时期的青年大学生而言，外部社会环境的复杂难控性，对于他们情感认同社会主义核心价值观、坚定“四个自信”，带来了不小的挑战和压力。意识形态工作是党的一项极端重要工作，网络空间意识形态的安全发展直接关乎党的前途命运和国家的长治久安，网络空间风清气正是牢牢掌握意识形态话语权的重要体现。因此，不断深化党的创新理论学习，增强青年大学生对网络主流意识形态的认同和践行，着力推动高水平科技创新的自立自强，是应对外部社会环境多变复杂的关键一着。

### （二）虚拟空间法律制度建设的迟滞

随着网络技术的发展与普及，尤其以微信、微博为代表的新兴媒体的异军突起，网络违法与犯罪的情形日益严重复杂。当现实的道德要求失效的时候，“借助技术和法律的强制性力量作为控制规范的外力，以消除网民的素质现状以及诸多负面影响”则成了众望所归。遗憾的是，目前我国有关互联网尤其涉及新媒体方面的法律、规范等建设明显不足，同样成了当下网络法律建设的尴尬。我国许多相关网络空间的立法尚不完善，一些现有的网络法律法规与法治化需求相去甚远，网络立法效度的水平有待进一步提升、调节范围有待进一步拓宽、可操作性有待进一步细化。而近年来发生的网络违法行为，如愈演愈烈的网络诈骗、利用网络诋毁英烈的蜡笔小球案以及频频发生的网络暴力行为，对网络空间法律建设提出了更高的要求。

互联网自 1994 年接入中国后，得到蓬勃发展。但互联网领域的立法建设，明显滞后于互联网发展的速度，很长一段时间互联网的发展处于“混乱生长期”。1997 年，我国修订的刑法中第一次针对计算机犯罪做出了明确认定，但是直到 2002 年，我国才制定出台了《中国互联网行业自律公约》。此后，我们的网络法律、法规建设并未取得长足的发展。① “同时目前我们在网络立法方面存在着缺乏整体性规划、立法权限划分不清、立法内容相互冲突的问题……没有将互联网作为法律关系的客体进行网络新兴法律的创制，有些属于虚拟空间独有的问题仍无法解决。”② 也正是这些原因，导致高校在依托法律制度规范网络伦理道德上存在着较大难度，更多是以事后惩戒为主，缺乏应有预警机制，加上目前高校网络法制教育的表面化，缺乏相应的内生动力支撑，致使高校大学生的网络法制教育实效性薄弱。

### （三）社会主义核心价值观话语传播能力有待提升

费耶尔（L. S. Feuer）曾直言不讳地指出：“我们当代西方反意识形态者的主要靶子是马克思主义。”③ 当前，网络等新媒体已经成为西方国家传播西方各种社会思潮最稳妥可靠的有效载体，在网络等新媒体中依然可以看到或隐或显的进行意识形态的传播与政治文化扩张的影子。意识形态工作是党的一项极端重要的工作。习近平总书记曾深刻指出：“历史和现实反复证明，能否做好意识形态工作，事关党的前途命运，事关国家长治久安，事关民族凝聚力和向心力。”④ 随着媒体技术的普及，我国各级政府组

---

① 范益民 . 新媒体时代大学生网络伦理道德失范教育的法治化思考［J］. 学术探索，2016（1）：55-56.

② 周庆山 . 论网络法律体系的整体建构［J］. 河北学刊，2014（8）：2-8.

③ L. S. Feuer. 超越意识形态［A］// C L Waxman. 意识形态终结的辩论 . New York：Funk & Wagnalls，1968：641.

④ 中共中央党史和文献研究院编 . 习近平关于总体国家安全观论述摘编［M］. 北京：中央文献出版社，2018：99.

织和高校等非政府组织几乎都建立了自己的网站。但是，一些单位组织只是把网站作为形象工程来搞，不少网站长期处于“睡眠状态”，各类政务新媒体平台存在大量的“僵尸账号”①，信息更新不及时。我们运行的很多网站，对社会主义核心价值观的传播也存在着方式单一、理论解释的“彻底性”不足、对非主流意识形态价值观的传播监控能力不足、反渗透能力不强、党的重大创新理论没有占据理论的制高点等问题。

新时代10年，我们牢牢确立和坚持马克思主义在意识形态领域指导地位的根本制度，网络生态持续向好，意识形态领域形势发生全局性、根本性转变。但也正如党的二十大报告中所指出的：“拜金主义、享乐主义、极端个人主义和历史虚无主义等错误思潮不时出现，网络舆论乱象丛生，严重影响人们思想和社会舆论环境。”② 当下世界百年未有之大变局加速演进，网络空间依旧是主流意识形态和多元化社会思潮抢占的主阵地、主战场、最前沿；网络空间意识形态话语权在领导权主动权构建过程中面临情况的复杂性和长期性，要求我们要持有独有的清醒和高度的自觉，要时刻牢牢掌握话语权，加强对外传播话语体系建设。

## 四、主体因素

新媒体加速了人类的现代化进程，但现代性挑战与精神生活的异化也随之而生，导致转型中的中国社会出现了双重性与复杂性，即“社会优化与社会弊病并生、社会进步与社会代价共存、社会协调与社会失衡同在、充满希望与饱含痛苦相伴”③。社会变化在向度、深度与广度上空前激烈，经济体制改革纵深，社会结构变迁巨大，利益格局调整激烈，思想观念变化巨大，对大学生的精神世界与社会主义核心价值观的培育带来的负面作用逐渐凸显。

### （一）反思与批判能力下降，影响了理论的提升

人类发明了科技，科技将人带入了物质极为丰富的现代文明，这原本

---

① 董伟．新媒体蓝皮书：政务新媒体存在大量“僵尸账号”［N］．中国青年报，2015-06-25.

② 习近平．高举中国特色社会主义伟大旗帜　为全面建设社会主义现代化国家而团结奋斗［N］．人民日报，2022-10-26.

③ 郑杭生．改革开放30年：快速转型中的中国社会——从社会学视角看中国社会的几个显著特点［J］．社会科学研究，2008（4）：1.

是人类发展历程中一次次欢欣雀跃的跨越。无奈，科技在人的价值观领域所带来的戕害，则是如影相随。正如人本主义哲学家弗洛姆所言：19 世纪的社会问题为上帝死了，20 世纪的社会问题为人死了。现代化在思想领域带来的日渐膨胀的拜金主义、物质主义、极端利己主义、消费主义等，让极小部分大学生视为神灵，奉为圭臬。崇高的社会理想被当作虚幻的“乌托邦”，极个别大学生时常忙于游走在物质与消费之间，社会公德被日渐旁落的趋势明显，道德失范现象时有出现，社会主义核心价值观时常受冷落，其对大学生的导引、指向功能遭受弱化。

此外，由于新媒体蕴含的巨大能量与制造力，让草根文化、大众文化纷纷登场，纷纷抢占网络虚拟空间。中国互联网络信息中心发布的第 48 次《中国互联网络发展状况统计报告》显示，截至 2021 年 6 月，我国网民规模达 10.11 亿，其中短视频用户规模为 8.88 亿。[①] 快餐式文化消费成为常态（其中 bilibili、抖音、快手等为主要代表），这也给大学生精神世界带来消极作用。“消解了人们的精神超越力，人们乐于‘抖音式’的娱乐消遣，失去反思的深度和超越批判维度，沉溺于无思想的享乐和无反思的消遣当中”，个别大学生“矮化崇高”出现“理想的失落”，对社会主义核心价值观感知度减少，这是对新媒体时代他们精神状态的一种真实写照。[②] 新媒体导引着信息化的大提速，芜杂纷繁的海量“信息场”让部分大学生沉湎其中，乐此不疲，拘囿于“信息茧房”之中。近年来，“饭圈文化”的日益泛滥，排外主义盛行，社会主义核心价值观的宣传力受到冲击，传播力下降。机械碎片地读取传递信息、不假思索的网上检索转发、本能刺激的网络虚拟世界体验，ChatGPT 的出现，更是一把双刃剑，逐步吞噬着部分大学生自我思考、自我学习的能力；对社会主义核心价值观缺乏深思与追问，难以把握其理论的精髓，丧失了对各种价值观的甄别与批判能力。

### （二）虚拟的交往导致大学生主体性丧失，消解培育的合力

新媒体环境，交往情景的虚拟性强化，传统哲学在主体—客体的两极

---

① 中国互联网络信息中心．第 48 次中国互联网络发展状况统计报告［EB/OL］．http：//www.cnnic.cn/hlwfzyj/hlwxzbg/hlwtjbg/202109/t20210915_ 71543.htm.

② 侯勇，孙其昂．论精神生活的现代性遭遇与超越之路［J］．南京师范大学学报（社会科学版），2010（7）：27.

体系之中所宣传和目标实现的单一主体中心论被变革，大学生主体也不再是简单的、抽象的大写的“人”，而是各个各具数码化个性化特色的具象的生命个体，他们制造了新媒体平台中的主客体关系中变动的交互主体性。虽然大学生交往的独立性、选择性与自主性大大提升，但这并不代表每个大学生都能变为新媒体平台中掌握信息流引导权、同时变为享有多种信息权利的网络权威。这种流动的自由成了后现代时期划分社会阶层的主要依据。

也就是说，在新媒体环境，弹性成为信息技术的范式之基础，开展信息的重构组合是所有的信息接收者都能够实现的。此种网络化逻辑使信息可以进行重新组合建构，导致大学生自身的社会活动及社会人际交往出现一个不断流动的态势。这样对于依托网络新媒体的大学生来说，“网络交际的一个重要特点是特别适合发展多重的弱纽带”①。也就是说，新媒体中大学生的虚拟人际交往是弱关系。美国颇具影响力的社交网站 Facebook 在一份研究报告中指出，“相对于亲朋好友交际的强关系来讲，弱关系的优点在于低成本散播不同观点。大学生置身于虚拟人际交往中，弱关系成为传播社会主义核心价值观信息的滥觞”②。这容易引发网络欺诈，远离诚信与法治，带来网络犯罪，对社会主义核心价值观的舆论引导与培育造成冲击。“在个体价值观形成发展的过程中，个体通过价值理解、价值认同、价值选择、价值整合等价值行为，不断构建自己的价值观体系。”③ 在新媒体中身份多变，自我定位不准确，导致了大学生自我身份多变，个体以多个身份呈现的现象频频发生，对社会主义核心价值观的认知度与认同度减弱，相应地影响大学生对社会主义核心价值观的自觉践行，也导致各种培育合力被削减，社会主义核心价值观培育的针对性消解，培育效果大打折扣。

### （三）工具理性膨胀致使价值理性消解，削减价值认同

在当代，世俗化社会异化为一种“物化社会”，大学生自身的精神世

① ［美］曼纽尔·卡斯特．网络社会的崛起［M］．夏铸九，王志弘，译．北京：社会科学文献出版社，2003：337.

② 房广顺，刘娜．虚拟人际交往的思想政治教育应对研究［J］．思想教育研究，2015（3）：19.

③ 曹挹芬，胡凯．大学生社会主义核心价值观教育中认知图式的优化［J］．思想教育研究，2012（12）：7-10.

界也被现代性力量推向边缘化，受消费主义、物质主义冲击，精神与物质生活的现代性冲撞越来越激烈，主要表现为在经济层面就是追逐利益与效用的最大化，工具理性僭越膨胀，社会主义核心价值观的价值理性被逐步地消解，价值量化与价值物化致使个别大学生精神世界空虚化，形式合理性内含的工具理性变为一种纯粹功利主义的物件，技术理性成为一种推进人之精神世界异化的力量，使大学生的精神生活世界成为被遗忘的空间，社会主义核心价值观并未渗入个别大学生的生活世界，变为其生活的向导。大学生自感是社会大机器的一个螺丝钉与嵌齿，个人的孤独感、空虚无助与渺小感随之而生，与社会的亲近感被无形中拉低，不能真切地感受到自由、平等、公正、法治的深刻内涵及现实意义。依据马克斯·韦伯的“时代诊断”的理论，在人类现代化过程中，工具合理性得以逐步扩展膨胀，而与之相对应的则是价值合理性的日益萎缩，“现代社会分化为‘体系’和‘生活世界’两大领域，前者对应为工具行为和工具理性，后者对应为交往行为和交往理性，体系向生活世界殖民化，工具理性向交往理性殖民化”①，这种工具理性超越价值理性更加剧了社会主义核心价值观价值理性逐步消解，逐步不在场，对大学生精神生活的指导与超越的意义化为乌有。

这致使处在我国社会转型期的大学生当面对同个人利益密切相关的现实问题必须做出价值判断与行为选择时，其价值取向比较容易远离原本在新媒体平台中获取的认知与感情，在价值行为选择时虽思想上会进行激烈的斗争，但常常会出现功利主义等倾向，更多地以自身利益最大化为根基，也就是说小部分大学生的价值认同仅仅放在认知认同的浅层，尚未上升到情感认同层面。他们一方面依据社会主义核心价值观的要求为国家、为社会、为人民做贡献，另一方面又会衡量自己的得失特别是担忧自身利益受到侵害，当两者出现的矛盾不可调和时，尤其是当自己的利益受到侵害或自己的付出没有得到社会认可褒扬时，思想上就会产生比较大的波动，在实践行为选择上趋向务实，与社会主义核心价值观的要求相悖。

### （四）社会主义核心价值观的行为认同动力不足，导致知行不一

知者行之始，行者知之成。大学生对社会主义核心价值观保持认同心

---

① Albrow M. Max Weber's Construction of Social Theory［M］. London：Macmillan Education Ltd，1990：141-144.

态，熟知社会主义核心价值观的内涵并愿意主动践行。但真正具体到实践层面上，则出现了行动力不足的问题，导致知行脱节，即对社会主义核心价值观具备心理认同，但付诸行动的能力不足，行为认同动力偏低。大学生尚未认识到社会主义核心价值观就在身边，缺乏践行社会主义核心价值观的行动自觉。这也是今后一段时间价值观培育的重点所在。大学生在学习生活中，总是处于社会主义核心价值观的包围之中。习近平总书记指出："爱国，是人世间最深层、最持久的情感，是一个人立德之源、立功之本。"① 大学生要主动接受爱国主义教育，大力弘扬以爱国主义为核心的民族精神，坚持爱国、爱党和爱社会主义高度统一。大学生首先要深刻领悟新时代爱国主义的内涵，严守国家秘密，以实际行动捍卫祖国尊严。在爱祖国的基础上，刻苦学习专业知识报效祖国，真正将爱国主义放在心上。大学生在学习过程中也要有敬业精神，认真完成老师布置的每一项作业，认真做好学生社团工作，以服务的精神为大学生群体做贡献。在未来踏入社会后，必须要正确面对工作中的竞争压力，实事求是地评价自己的工作能力，遇到困难不退缩、不气馁。要抓住自己的特点，发挥自己的优势，尽量避开自己的不足，在就业过程中保持优势地位。诚信也是每个大学生应有的道德基础，"人无信而不立"。对于当代大学生来讲，诚信是学习和工作等一切活动的基础，是通往美好未来的必然要求。加强大学生诚信教育，为中华民族伟大复兴培养优秀人才，是当前大学生应当习得的一门必修课。我们在大学里要学的不仅是书本知识，更重要的是学会做人。在"以分数论英雄"的大环境下，学校对学生精神层面关注较少，传统的诚信观教育常常被忽视，一些不诚信行为未能引起家长们的重视与反思。正是这种"唯分数至上、轻德育培育"的普遍观念与做法，导致许多大学生在诚信行为上存在一定的问题。友善是大学生交友过程中应当秉持的首要原则，是为人处世之根本。一个缺少友善态度的大学生，不可能与同学保持良好关系，构建融洽的班级氛围。友善在调节各种人际关系、社会关系以及与大自然关系方面都有着非常重要的意义，大学生应培养友善的品质，增强价值认同，主动将友善观融入、运用到校园学习生活中，与老师及同学建立友好和谐的良性人际关系。

① 习近平．习近平在北京大学师生座谈会上的讲话［N］．人民日报，2018-05-03（02）．

大学生对社会主义核心价值观的行为认同动力不足，可以从以下几个方面分析。其一，缺失马克思主义理论是行为认同动力不足的理论缘由。马克思主义理论是社会主义核心价值观的理论来源，对社会主义核心价值观起到引领导向作用。拥有扎实的马克思主义理论，深刻了解社会主义核心价值观的发展历程及丰富内涵，对社会主义核心价值观的实践养成具有重要意义。部分大学生马克思主义理论水平不高，对社会主义核心价值观认知能力低，只做到了“内化于心”，而无法做到“外化于行”。任何理论的提出都是为了付诸实践，帮助人们解决实际问题。社会主义核心价值观不是空洞的口号，而是引领人们创造美好生活的价值指南，指引大学生人生航向。其二，对中华优秀传统文化了解不深是行为认同动力不足的历史缘由。习近平总书记高度重视中华优秀传统文化，指出：“只有全面深入了解中华文明的历史，才能更有效地推动中华优秀传统文化创造性转化、创新性发展，更有力地推进中国特色社会主义文化建设，建设中华民族现代文明。”① 社会主义核心价值观植根于中国的传统文化，具有深厚的文化情感，既继承传统，又立足现实，是人们在生活中可切实感知、可自然践行的价值观念。比如，社会主义核心价值观强调“和谐”，包括人与自然和谐共生，和谐思想来源于中华文化中“天人合一”思想。中华传统文化中“天人合一”思想，基于对人与自然主客体关系的深邃思考，强调尊重自然，饱含人与自然和谐共生的绿色情怀。“天人合一”体现中华民族永续发展的理想追求，为全球生态治理提供哲学范式。中华传统文化是社会主义核心价值观的理论沃土，蕴含解决人类问题的独到见解，深入挖掘传统文化丰富哲学智慧，对大学生主动践行社会主义核心价值观起到鼓舞激励作用。其三，社会不良事件频繁发生是行为认同动力不足的现实缘由。社会主义市场经济条件下，对金钱的追求导致部分人的价值观动摇，理想信念缺失。市场经济存在逐利性和自发性的特性，容易使人们形成拜金主义、个人主义等一系列腐朽的价值观，当前的贪污腐化现象正是这种不当的价值取向的产物。贪污腐败损害人民利益，严重损害了党员干部在人民群众中的形象。新媒体时代，各种违反社会公序良俗的负面事件一经媒体报道便会迅速传播，引发大学生对社会主义核心价值观的怀疑。面对大学

① 习近平．在文化传承发展座谈会上的讲话［J］．求是，2023（17）．

生对社会主义核心价值观行为认同动力不足的现状，大学生必须坚持以马克思主义为指导思想，坚定理想信念，以社会主义核心价值观为准则，严格要求自己。

## 本章小结

本章认为：在新媒体时代，大学生社会主义核心价值观培育的主流向好，如大学生国家层面社会主义核心价值观的培育不断加强；大学生社会层面社会主义核心价值观的培育走向深化；大学生个体层面社会主义核心价值观的培育更为具体等。但也存在一些不应忽视的问题：教师的角色存在漂移、教学方法与内容单一、培育合力的作用不足、新媒体话语彰显乏力、示范力量的行为缺失及部分大学社会主义核心价值观培育的效度尚待提升等。在发现问题，提出问题的基础上，本研究进一步从学校、家庭、社会、大学生自身四个维度探析大学生社会主义核心价值观培育中出现问题的原因。学校方面的原因为：指导理念落后；教学针对性不强；校园网络文化的功能没有完全得到释放；“三全育人”的实效性不强。家庭方面的原因为：家庭教育异化；邻里现实交往锐减。社会方面的原因为：新媒体普及引起传播生态剧变；虚拟空间法律制度建设的迟滞；社会主义核心价值观话语传播能力有待提升。大学生自身的原因为：反思与批判能力下降，影响了理论的提升；虚拟的交往导致大学生主体性丧失，消解培育的合力；工具理性膨胀导致价值理性消解，削减价值认同；大学生对社会主义核心价值观的行为认同动力不足，导致知行不一。

# 第四章 大学生社会主义核心价值观培育的理论基础与基本原则

“问题是时代的格言，是表现时代自己内心状态的最实际的呼声。”① 理论为分析问题之基，是深刻解析问题的向导。而坚守什么样的原则，事关大学生社会主义核心价值观培育的成效，直接影响到高校思政教育的实效性。在马克思主义基本原理、思想政治教育方法论、传播学以及习近平总书记关于社会主义核心价值观的系列重要论述的相关理论的支撑下，以政治性、人本性、整体性、实效性和实践性作为基本培育原则，我们才能更加全面地审视与探究大学生社会主义核心价值观培育过程中出现的各种问题的化解之策，深入挖掘，抓住本质。

## 第一节 理论基础

### 一、理论之基：马克思主义基本原理

马克思主义理论是世界无产阶级与人类获得解放的精神向导，它是由多种理论与方法构成的庞大而又精深的科学理论体系。这是我们人类共有的宝贵精神财富，后续的马克思主义者在实践中发展与丰富了这种理论，为人类持续前进提供了不竭的精神力量。马克思的“两大发现”——唯物史观和剩余价值学说便是马克思主义思想宝库中的璀璨明珠。马克思主义

① ［德］马克思，恩格斯．马克思恩格斯全集（第1卷上册）［M］．中共中央马克思恩格斯列宁斯大林著作编译局，编译．北京：人民出版社，1995：203.

唯物史观是科学的历史观，其主要内容为：社会存在是第一位的，社会意识相对独立，且具有反作用；揭示了经济基础与上层建筑的相互关系及矛盾运动，即经济基础起决定作用，但上层建筑不是被动消极适应，它反作用于经济基础。

## （一）实践的观点是唯物主义的基本观点

马克思主义从产生到发展，虽历经磨难，但仍具有顽强的生命力，因其源于以实践为基础的科学性与革命性的统一。“哲学家们只是用不同的方式解释世界，而问题在于改变世界。”① 这是马克思主义不同于其他学说的宝贵的理论品质，它是推动马克思主义理论创新的内生动力与源泉。我们践行马克思主义实践观，这是大学生社会主义核心价值观培育的理论之基及实践向导。马克思主义是科学的实践唯物主义，反对抽象的人性论，它不仅强调人性的历史性、社会性，还强调人性的实践性。人性不是先验的、抽象的，而是在实践中生成的。生活是人的一种实践方式。人存活于生活中，也在生活中成长。道德作为人的存在方式，也在生活中生成。因此，生活是道德之基。在此意义上，道德教育不是“教”出来的，而是“做”出来的。因此，“实践”是理解人、理解道德和道德教育的根本。② 唯物主义实践论旗帜鲜明地提出，“全部社会生活在本质上是实践的。凡是把理论引向神秘主义的神秘东西，都能在人的实践中以及对这种实践的理解中得到合理的解决”③。“不是人们的意识决定人们的存在，相反，是人们的社会存在决定人们的意识。”④

大学生社会主义核心价值观培育过程出现的种种问题，常常是由其生存的环境所决定制约的。新媒体时代下，大学生沉湎于网络虚拟空间，其对价值观认同问题的发生，显然受到了现实社会环境和网络虚拟空间的双层叠加影响。提升大学生对于社会主义核心价值观的认同，必须回归至大学生的生活世界，要充分考量大学生的现实和虚拟两个生活空间整合与对

---

① ［德］马克思，恩格斯．马克思恩格斯选集（第1卷）［M］．中共中央马克思恩格斯列宁斯大林著作编译局，编译．北京：人民出版社，2012：140.

② 冯建军．当代道德教育的人学论域［M］．福州：福建教育出版社，2015：5.

③ ［德］马克思，恩格斯．马克思恩格斯选集（第1卷）［M］．中共中央马克思恩格斯列宁斯大林著作编译局，编译．北京：人民出版社，2012：139-140.

④ ［德］马克思，恩格斯．马克思恩格斯选集（第2卷）［M］．中共中央马克思恩格斯列宁斯大林著作编译局，编译．北京：人民出版社，2012：2.

接的问题，让大学生在自己的生活世界中不断感知和体悟社会主义核心价值观的内涵要义。坚持马克思主义实践观点，做好调查研究。首先，要深入实际进行调查研究，了解和掌握大学生社会主义核心价值观培育和践行的基本情况。对大学生社会主义核心价值观的认同情况以及实践过程中存在的难点问题进行清晰的了解，分析认知不足的原因，为后续工作打下基础。其次，要科学规划培育和践行工作，在实践中践行社会主义核心价值观。弘扬社会主义核心价值观事关中国特色社会主义文化繁荣兴盛，事关中华民族伟大复兴战略全局。党中央历来高度重视社会主义核心价值观的培育，将其作为国家发展的一项基础性工程来抓。各级相关部门要在调研的基础上，科学决策、统筹规划，针对培育和践行工作中存在的矛盾和问题，提出解决的对策和改进的措施，使培育和践行工作取得实效。

**（二）社会存在与社会意识的辩证关系**

社会存在主要指向物质生产层面，指的是社会的物质生产及必要的条件。包括地理环境、人口与生产方式。其中，生产方式是决定性的因素和根本内容。社会意识是人的精神方面内容的总称，包括人的精神生产活动及相对应的精神产品。包括哲学、思想道德、宗教等社会意识形态与传统、风俗习惯等社会心理。它们之间的关系问题为历史观的基本问题。社会存在居于首位，社会意识位于第二，它们互相联系，互相作用，二者不匹配时，社会意识则会产生反作用。“批判的武器当然不能代替武器的批判，物质力量只能用物质力量来摧毁；但是理论一经群众掌握，也会变成物质力量。”① 这就显示了社会意义对社会存在的反作用，精神力量依托一定的条件，能够转化为物质的力量，但这不是凭空杜撰的，必须依靠广大人民群众开展社会实践来实现。先进的社会意识是引领社会前进的巨大动力，反之，落后或反动的社会意识是社会前进的拦路虎与绊脚石，会迟滞或阻碍社会的发展与进步。

“而代表先进阶级的正确思想，一旦被群众掌握，就会变成改造社会、改造世界的物质力量。”② 社会的存在亦受到社会理论和意识的影响，在一

① ［德］马克思，恩格斯．马克思恩格斯选集（第1卷）［M］．中共中央马克思恩格斯列宁斯大林著作编译局，编译．北京：人民出版社，2012：9.

② 中共中央文献研究室．建国以来重要文献选编（第16册）［M］．北京：中央文献出版社，1997：311.

定条件下，精神可以转化为物质，通过实践活动，精神力量就可以发挥作用。社会意识与社会存在之间关系的理论对人的思想形成及发展产生如下的作用。

1. 社会存在决定社会意识

网络是人类意识发展的产物，也为人类开辟了新的交往疆域，这个空间不是孤岛，它与人类的经济、政治、社会生活密切相关，是一种新的社会存在，在网络之中，人的全新的思想以及观念形成了，充满正能量的观念能够发挥正向的作用，落后的观念会给网络的发展带来负面的效应。在新媒体时代，我们不但要查找网络传送的信息，而且要考察网络社会环境，分析与梳理当代政治、经济与文化发展的总体状况，社会风貌与道德状况，把大学生的价值观培育放到媒介环境中去考量，把握大学的心理动态，发展趋势，才能有的放矢地开展工作。这必须深入一线开展调查研究，取得第一手材料，把感性认识转换为理性认知，在实践中进行验证。

2. 社会意识对社会存在产生能动的作用

从人的思想发展进程中，我们能够认识到：改造客观世界必然是一个创造性的活动，人类必须在正确意识指导下，通过实际行动来改造世界，改造自我的主观世界，实现自我的内在超越。人类一旦改变了思想，用先进的思想指导行动，就会推动社会进步，人类历史就可能实现跨越式进步。作为一种社会意识，“社会主义核心价值观的内容也满足了大众生存和发展的需要，进而生成了价值性”①。教育者就是要通过对大学生进行社会主义核心价值观的培育，帮助其构建符合社会化进程的核心价值理念，指导其社会实践活动，促进社会的发展和进步。

3. 社会物质生活是人的思想实现转变以及发展的决定因素

人的意识的能动性无论发挥到何种程度，都难以摆脱对社会存在的依赖，尤其是社会物质生活条件。思想政治教育必定从实际出发，依照规律，立足社会物质条件，才能方法对路、内容有效，才能促进人的正确思想的产生、确立。新媒体为网络技术发展的衍生物，它对大学生影响深远，其思想变动幅度较大，振荡频率增强。教育者不能无视新媒体技术，

---

① 易刚．社会主义核心价值观大众认同机理研究［J］．马克思主义理论学科研究，2020(6)：181.

或拒斥新媒体，视新媒体为洪水猛兽，这都是不正确的态度。我们必须立足于社会物质生活条件发展之现实，绝不疏离大学生的利益诉求，考察新媒体的发展趋势，自觉学习新媒体相关知识，成为网络达人，探索网络虚拟空间发展的规律特征，善于用新媒体的“矢”，去射大学生社会主义核心价值观培育工作的“的”。

### （三）列宁的灌输理论

灌输理论是我国进行思想政治教育工作的内在要求，又是如今弘扬社会主义核心价值观的坚实理论基础和科学方法论指导。列宁在《怎么办?》中对灌输理论做出如下阐释：“各国的历史都证明：工人阶级单靠自己本身的力量，只能形成工联主义的意识。”[①] 这一精辟论述说明，社会主义不可能从工人阶级的头脑意识之中自发产生，而实现社会主义乃至共产主义是工人阶级获得解放的必由之路和最终归宿。这一理论对无产阶级获得解放意义重大，必定要通过强有力的思想理论灌输，以促进工人阶级自觉掌握思想武器。在灌输的方法上，列宁指出：“为了向工人灌输政治知识，社会民主党人应当到居民的一切阶级中去，应当派出自己的队伍分赴各个方面。”[②] 这指明了无产阶级政党应承担的责任，即对工人进行阶级意识灌输，并将其提高到重要意义和方法论问题层次进行探析；对于具体灌输方式，列宁认为，无产阶级政党必须从外面把社会主义思想灌输到工人运动中去，全面系统地论述了灌输的内容、过程及要素等问题，形成了科学的灌输理论。即通过总结工人运动的经验教训、汲取先进理论，创造性地提出工人阶级自己的理论，使工人阶级走向理论自觉。实际上，列宁的灌输理论与推进马克思主义的大众化的价值旨归不谋而合，总结起来即为使科学理论为工人阶级所掌握，转化为改变世界的强大思想武器，推动革命运动走向高潮，取得革命事业最终胜利。

对工人阶级来说，有指导意义的思想体系和先进的社会意识是取得革命胜利的先导。而工人阶级由于其能力限制，不具备产生先进思想的条件，而且容易受资产阶级思想的影响，所以对工人阶级进行社会主义理论灌输，使其提高思想觉悟，是一项极其重要的任务。列宁提出灌输理论，

---

① ［苏联］列宁．列宁选集（第1卷）［M］．北京：人民出版社，2012：317.
② ［苏联］列宁．列宁全集（第6卷）［M］．北京：人民出版社，2013：76.

是由于当时俄国工人长期以来处于被压迫、被剥削、被统治的地位，并且由于物质的匮乏和受教育水平偏低，所以很难形成系统理论。工人阶级找不到使自身痛苦的根源，未能意识到维护自身利益的重要性，更不可能参加整个剥削阶级的政治革命，不可能产生社会主义的意识。因此，科学社会主义意识只能从外面灌输给工人阶级。

列宁的灌输理论在当代仍然具有现实意义，是新媒体时代下进行社会主义核心价值观教育的重要方法。首先，实现社会主义核心价值观入脑入心并主动践行，需要教育者有目的、有计划、有组织地对社会成员进行关于社会主义核心价值观的宣传教育，将理论“从外面灌输给社会全体成员”，使大学生认识到自身肩负的历史使命，坚定信念为实现社会主义和共产主义而奋斗，实现大学生思想理念由自发到自觉的转变。其次，灌输不是走过场，应深入人民群众中进行调查研究，避免形式主义。不同的人对社会主义核心价值观的接受能力也不同，需要根据实际情况选择多种形式的宣传培育方式进行合理灌输，避免“一刀切”。对工人阶级进行理论灌输要根据工人受教育水平不同来区别对待。青年是祖国的未来、民族的希望，大学生正处在发展时期，是最具有思想活力的知识分子群体，必定为推动国家发展、促进社会进步和实现民族复兴贡献青春力量。在新媒体时代，采用理论灌输的方法对大学生进行思想政治教育，仍有其重要内涵和必要价值。但鉴于时代飞速变化，实践也在不断推陈出新，任何理论和方法都不能故步自封，而应抓住时代潮流、紧跟历史发展，才能不断提高思想政治教育的实效性。

## 二、时代要求：习近平总书记关于社会主义核心价值观理论阐述

在习近平治国理政思想体系中，关于培育和践行社会主义核心价值观思想是一个重要方面。党的十八大以来，习近平总书记高度重视培育和践行社会主义核心价值观，多次强调社会主义核心价值观对于国家、社会和个体的重要意义。习近平总书记先后在文艺工作座谈会、北京大学师生座谈会、纪念五四运动一百周年、庆祝中国共产主义青年团成立一百周年以及党的二十大等多个重要场合对社会主义核心价值观作出了重要论述，指出社会主义核心价值观是“全体人民的共同价值追求”“当代中国精神的集中体现”。深刻把握习近平总书记关于社会主义核心价值观的重要论述，

对推进新时期社会主义核心价值观建设、提升国家文化软实力、实现中华民族伟大复兴，具有十分重要的现实意义。

### （一）习近平总书记关于践行社会主义核心价值观的阐述

2006 年，党的十六届六中全会中首次明确提出建设社会主义核心价值体系这一命题，关于社会主义核心价值观的凝练问题也提上了日程。新时代以来，党不断出台相关政策措施，推动社会主义核心价值观建设，集中展示了中国人民的精神风貌，为当代中国价值观注入新的时代内涵。党的十八大首次提出了 24 个字的“三个倡导”，满足了人民群众对社会主义核心价值观的热切期盼。党的十九大报告指出：“社会主义核心价值观是当代中国精神的集中体现，凝结着全体人民共同的价值追求。”① 党的二十大报告在第八部分用单独一节阐述“广泛践行社会主义核心价值观”，提出：“社会主义核心价值观是凝聚人心、汇聚民力的强大力量。”② 这一重要论述，强调了社会主义核心价值观具有的重要意义，为我们广泛践行社会主义核心价值观、坚定人民理想信念指明了方向。我们已经开启全面建设社会主义现代化国家新征程，在新征程中，更需要坚定理想信念、浸润文化滋养。为此，必须坚决贯彻落实习近平总书记在党的二十大报告中关于社会主义核心价值观的论述，坚持不懈地用社会主义核心价值观指引社会生活，以扎实有效的工作推进社会主义核心价值观的广泛践行。

1. 培育和践行社会主义核心价值观，要着眼培养时代新人

大学生处于价值观形成的关键时期，他们思维活跃、社会经验不够丰富，容易受各种错误思潮的影响。习近平指出，价值观的养成“这就像穿衣服扣扣子一样，如果第一粒扣子扣错了，剩余的扣子都会扣错”③。扣好人生的第一粒“扣子”至关紧要，正确的价值观能为自己的思想指引方向，错误的价值观将贻害终身。大学生只有树立正确的价值观，增强对社会主义核心价值观的认同，才能具备正确的政治方向、坚定的信仰，实现人生价值。

---

① 习近平．习近平谈治国理政（第 3 卷）［M］．北京：外文出版社，2020：33.

② 习近平．高举中国特色社会主义伟大旗帜　为全面建设社会主义现代化国家而团结奋斗——在中国共产党第二十次全国代表大会上的报告［M］．北京：人民出版社，2022：44.

③ 习近平．习近平谈治国理政（第 1 卷）［M］．北京：外文出版社，2018：172.

伟大建党精神内涵丰富，是培养时代新人的精神伟力。在庆祝中国共产党成立100周年大会上，习近平总书记首次提出“伟大建党精神”的概念，并将其概括为“坚持真理、坚守理想，践行初心、担当使命，不怕牺牲、英勇斗争，对党忠诚、不负人民”①。伟大建党精神贯穿于中国共产党建党、兴党全过程，为社会主义核心价值观的培育提供了丰厚精神滋养，引领我们牢记为党育人、为国育才使命。“坚持真理、坚守理想”体现了中国共产党人的价值追求。始终高举马克思主义旗帜，发扬斗争精神，同一切错误的思想言论作斗争，坚决维护马克思主义的科学性、真理性、人民性、革命性、实践性。革命先辈的英雄事迹具有极强的感召力和影响力，讲好革命先辈的英雄事迹，讲述他们为祖国、为人民不惜牺牲生命的奉献精神。抓好学校党建工作，引领学生学党史、感党恩、跟党走，传承红色基因，赓续红色血脉，为培育时代新人提供精神资源。“践行初心、担当使命”体现了中国共产党人的为民情怀。中国共产党领导人民实现了从站起来、富起来到强起来的伟大飞跃，展示了党为人民利益不断拼搏的奋斗历程，真正做到了以人民为中心。中国共产党的人民观对坚持以学生为中心发展教育，满足学生多样化教育需求，推进教育公平，推动学生全面发展，培养德智体美劳全面发展的时代新人具有重要意义。“不怕牺牲、英勇斗争”体现中国共产党人的献身精神。革命战争年代，无数英雄为了保卫祖国和人民付出了宝贵的生命。他们面对困难从不退缩，展现了中国共产党人大义凛然、舍生取义的人生态度。伟大建党精神具有教育激励功能，能够引领大学生以英雄人物为榜样，从英雄模范身上汲取奋发的力量，并自觉将其内化于心、外化于行。“对党忠诚、不负人民”体现中国共产党人的忠贞品格。在百年奋斗中，共产党员保持对党的忠诚之心，面对敌人的威逼利诱，始终牢记入党时的铮铮誓言，为了革命事业前仆后继，展现了对党和人民的忠诚与担当。当前，意识形态领域的斗争依然十分激烈，国家政权瓦解从思想领域入手、从意识形态打开缺口的特点日益突出，加强高校意识形态阵地建设的任务更加艰巨复杂。青年是一个国家、一个民族的未来和希望，引导大学生增强对主流意识形态的认同至关重要。伟大建党精神蕴含的忠贞品格为加强理想信念教育，增强大学生对

---

① 习近平．在庆祝中国共产党成立100周年大会上的讲话［N］．人民日报，2021-07-02.

社会主义核心价值观的情感和心理认同提供精神力量。伟大建党精神是在中国共产党百年奋斗中形成的一种精神力量，是中国共产党人价值追求、为民情怀、献身精神及忠贞品格的集中表达，准确把握伟大建党精神的内涵要义，以其价值意蕴引领社会方向，能够为大学生社会主义核心价值观培育提供精神导向，不断增强大学生思想政治教育的实效性。

2. 培育和践行社会主义核心价值观，要筑牢理想信念之基

习近平总书记高度重视理想信念教育，强调：理想信念是共产党人精神上的“钙”，共产党人如果没有理想信念，精神上就会“缺钙”，就会得“软骨病”。[①] 新时代青年是实现全面建设社会主义现代化国家的中流砥柱，高校在落实立德树人根本任务过程中，必须将理想信念教育放在首位，加强大学生理想教育，引导大学生立志做有理想、敢担当、能吃苦、肯奋斗的新时代好青年。理想信念是大学生人生发展的指路明灯，大学生应真学、真懂、真信、真用马克思主义，向着中国特色社会主义道路前进，实现中华民族伟大复兴的中国梦。广泛践行社会主义核心价值观，要推动教育常态化制度化，持续抓好党史、新中国史、改革开放史、社会主义发展史宣传教育，引导人民知史爱党、知史爱国，不断坚定中国特色社会主义共同理想。

理想可以分为个人理想和社会理想，两者相互联系，不可分割。对大学生进行理想信念教育应充分认识个人理想和社会理想的关系，要充分考虑新时代大学生的身心特点和思想状况，培养正确的价值观，引领大学生成为“有理想、有道德、有文化、有纪律”的社会主义“四有”新人。习近平总书记在党史学习教育动员大会上深刻指出，“信仰信念任何时候都至关重要。对共产主义的信仰，对中国特色社会主义的信念，是共产党人的政治灵魂，是共产党人经受住任何考验的精神支柱。在新时代，坚定信仰信念，最重要的就是要坚定中国特色社会主义道路自信、理论自信、制度自信、文化自信”[②]。回望历史，中国共产党人正是凭借坚定的理想信念，筑牢初心使命，才能不断提升思想境界，战胜一个个困难，不断把中国特色社会主义伟大事业推向前进。大学生理想信念缺失的主要原因是缺

---

① 习近平．习近平谈治国理政（第4卷）［M］．北京：外文出版社，2022：523.

② 习近平．在党史学习教育动员大会上的讲话［J］．求是，2021（7）.

乏全面系统地学习马克思主义基本理论教育，产生理论匮乏现象。加强马克思主义理论教育对大学生坚定理想信念、树立共产主义远大理想意义重大。合格的当代大学生不仅应当具备扎实的专业理论知识，更应具备学习马克思主义知识的思想自觉，它将直接影响大学生的思想和灵魂，提供改造世界的世界观和方法论。将理想信念教育融入大学生思想政治教育课，能够提高大学生理想境界，补足精神之“钙”。加强理想信念教育，才能坚定信仰，为大学生社会主义核心价值观的培育打下牢固的思想基础。理想信念教育是“铸魂”的工程，单靠外在的灌注只能导致理想信念教育枯燥无味，必须激发大学生学习的内在动力，通过自我教育，实现社会主义核心价值观的培育和践行。

3. 培育和践行社会主义核心价值观，要抓好铸魂育人工程

青年是实现中华民族伟大复兴的生力军，是整个社会力量中最积极、最有生气的力量。习近平总书记在党的二十大报告中强调：“全党要把青年工作作为战略性工作来抓，用党的科学理论武装青年，用党的初心使命感召青年，做青年朋友的知心人、青年工作的热心人、青年群众的引路人。”① 构建新时代思想政治工作体系，必须加强社会主义核心价值观的培育，把思想政治工作贯穿教育教学全过程，激发内生动力建构，推进大中小学思想政治教育一体化建设，抓好铸魂育人工程。

完善思想政治教育体系，加快推进高校思想政治工作体系化建设，构建共同推进思想政治工作的大格局。习近平总书记指出：“学校思想政治工作不是单纯一条线的工作，而应该是全方位的。”② 思政课是社会主义核心价值观教育的关键课程，必须提升思政课在学校课程中的地位，实现思政课与专业课相互促进、相互补充，形成协同效应。整体规划学校课程体系，在顶层设计与谋篇布局上突出思想政治教育的重要性，推动思政工作一体化建设。办好中国的事情，关键在党，抓好铸魂育人工作，离不开党的领导。必须牢牢掌握党对教育工作的领导权，使教育领域成为坚持党的领导的坚强阵地。加强党的领导，建立健全党政职责明确、运行有序的育人工作机制，为思想政治课指明正确的政治方向，用习近平新时代中国特

① 习近平．习近平谈治国理政（第4卷）[M]．北京：外文出版社，2022：71.
② 习近平．思政课是落实立德树人根本任务的关键课程 [J]．求是，2020（8）.

色社会主义思想铸魂育人。党要承担起领导核心作用，抓好学校思想政治教育工作，出台相关政策措施，切实推动社会主义核心价值观的培育工作取得实效。不断提升思政课的亲和力。习近平总书记在全国高校思想政治教育工作会议上指出："要用好课堂教学这个主渠道，思想政治理论课要坚持在改进中加强，提升思想政治教育亲和力和针对性，满足学生成长发展需求和期待。"① 提升思想政治教育亲和力和针对性是思政课改革的重要目标，对新时期思政课建设提出了更高要求。增强思想政治教育亲和力，能够拉近与学生的距离，转变大学生的学习态度，增强大学生对社会主义核心价值观的接受度和认可度，提高课堂质量，完成铸魂育人之大任。提升思政课亲和力的主要任务是提高教师亲和力，增强教师语言亲和力，将知识讲透彻，提升理论说服力。人格魅力与思想政治教育的亲和力直接挂钩，教师应不断提升人格魅力，涵养教育情怀，用高尚思想和德行带动学生、感染学生，增强思政课亲和力。

4. 培育和践行社会主义核心价值观，要坚持融入法治、融入生活

党的二十大报告指出："坚持依法治国和以德治国相结合，把社会主义核心价值观融入法治建设、融入社会发展、融入日常生活。"② 社会主义核心价值观是我国社会主义现代化建设的思想保障，是社会主义法治建设的灵魂。深入推进社会主义核心价值观入脑入心，内化为人民价值理念和自觉追求，既需要加强教育引领、宣传阐释的推动作用，也要加强法治建设，强化法治约束作用。"法安天下，德润人心"，坚持依法治国和以德治国相结合，实现法治和德治相辅相成、相得益彰，才能切实推动社会主义核心价值观转化为人们的情感认同和行为习惯，融入社会发展的各方面，凝聚起全面建设社会主义现代化国家的"精气神"。社会主义核心价值观与法律法规同向同行，共同发挥在大学生价值观养成中的协同促进作用，减少理论灌输与实践养成之间的隔阂，推动社会主义核心价值观真正落地，成为人们自觉遵循的行为准则，增强社会主义核心价值观的感召力。培育和践行社会主义核心价值观，要在落细、落小、落实上下功夫。社会

① 习近平．把思想政治工作贯穿教育教学全过程　开创我国高等教育事业发展新局面［N］．人民日报，2016-12-09.

② 习近平．高举中国特色社会主义伟大旗帜　为全面建设社会主义现代化国家而团结奋斗——在中国共产党第二十次全国代表大会上的报告［M］．北京：人民出版社，2022：44.

主义核心价值观的养成需要润物细无声的滋养，在潜移默化中完成。习近平总书记发表重要讲话，强调“使核心价值观的影响像空气一样无所不在、无时不有”①。习近平总书记将社会主义核心价值观比作空气，突出了社会主义核心价值观的重要性，对社会主义核心价值观的普及提出了更高要求。在“落细”上下功夫，从细节入手，实现教育内容的细化，有序推进社会主义核心价值观教育。“天下难事必作于易，天下大事必作于细”，利用各种时机和场合，抓住一切有利机会，形成良好氛围，把培育和践行社会主义核心价值观的一般性要求细化到社会生活各方面。在“落小”上下功夫，从小处着眼，以小见大。从小开始更能唤起大学生践行社会主义核心价值观的行动自觉，积小善为大善。社会主义核心价值观的培育须从身边小事做起，在积少成多中，实现由量变到质变的飞跃，实现社会主义核心价值观的构建。在“落实”上下功夫，扎扎实实干事，踏踏实实做人。从实处发力，实现与“落细”“落小”有机结合，做到知行合一。当代青年有着大好机遇，关键是要从实处出发，迈稳步子。核心价值观的养成绝非一日之功，坚持由小到大、由易到难，才能将价值观落实到每个社会成员，让人们在平凡的生活中，努力把核心价值观的要求变成日常的行为准则，成为人们自觉遵循的信念理念，实现大学生思政教育成效落到生活、落到实处。

### （二）习近平总书记关于意识形态传播问题的阐述

习近平总书记在党的二十大报告中指出：“意识形态工作是为国家立心、为民族立魂的工作。牢牢掌握党对意识形态工作领导权，全面落实意识形态工作责任制，巩固壮大奋进新时代的主流思想舆论。”②强调要“建设具有强大凝聚力和引领力的社会主义意识形态”③，这为新时期意识形态工作指明了方向。深入学习贯彻习近平总书记关于意识形态工作的重要论述，沿着总书记指引的方向前进，对维护国家长治久安和民族和谐稳定，对推动社会主义核心价值观传播，具有重要意义。

在意识形态宣传问题上，习近平总书记还特别强调要格外注重引导网

---

① 习近平．把培育和弘扬社会主义核心价值观作为凝魂聚气强基固本的基础工程［N］．人民日报，2014-02-26.

②③ 习近平．高举中国特色社会主义伟大旗帜　为全面建设社会主义现代化国家而团结奋斗——在中国共产党第二十次全国代表大会上的报告［M］．北京：人民出版社，2022：43.

络舆论，而且在引导网络舆论的过程中还要精准把握时、效、度。[①] 随着互联网迅猛发展、科技迭代加速，网络空间意识形态日趋复杂多变，已成为意识形态领域斗争的重要组成部分。掌握网络空间意识形态话语权需要科学理论的指引。习近平总书记指出："宣传思想工作就是要巩固马克思主义在意识形态领域的指导地位，巩固全党全国人民团结奋斗的共同思想基础。"[②] 历史和现实反复表明，坚持用马克思主义基本原理认识世界和改造世界，运用辩证唯物主义和历史唯物主义的世界观和方法论解决网络空间问题势在必行。党的十八大以来，以习近平同志为核心的党中央高度重视网络意识形态安全，重视发展和治理网络空间，主动加强在网络空间的正面引导，先后通过并颁布了《中华人民共和国网络安全法》《党委（党组）网络意识形态工作责任制实施细则》等一批法律和党内法规，密织网络安全网，不断完善网络空间意识形态治理方法和手段，使网络意识形态管理有法可依、有章可循。网络空间意识形态的治理须臾离不开科学理论的指引。百年来，党始终坚持不懈用马克思主义理论来指导社会主义意识形态的建设，在丰富的实践中也积累了诸多宝贵经验。毛泽东同志从中国革命斗争的实践中总结出将马克思主义基本原理同中国具体实际相结合，善用口号标语等形式将马克思主义意识形态深入群众之中，深深赢得了人民群众的认可，比如"星星之火，可以燎原""打土豪分田地""枪杆子里面出政权"等，为新媒体时代下通过形式多样的方法开展意识形态工作提供了重要启迪。

### （三）习近平总书记关于中华优秀传统文化"两创"问题的阐述

中华文化源远流长，积淀着中华民族最深层的精神追求，代表着中华民族独特的精神标识。新时代如何对待中华优秀传统文化，是迈向社会主义现代化强国新征程中不能回避的一个问题。对传统文化全盘接受或全盘否定，都不利于文化传承。习近平总书记指出："要推动中华文明创造性转化、创新性发展，激活其生命力，让中华文明同各国人民创造的多彩文

---

① 闫蕾．新媒体视域下社会主义核心价值观传播策略探究［D］．海口：海南师范大学，2021：18.

② 习近平．习近平著作选读（第1卷）［M］．北京：人民出版社，2023：147.

明一道，为人类提供正确精神指引。”① 以习近平同志为核心的党中央高度重视文化创新发展，将中华优秀传统文化“两创”问题摆在突出位置，推动中华优秀传统文化与时俱进，焕发新的生机活力。应坚持习近平总书记关于传统文化“两创”问题的论述，坚定文化自信，推动中华文化传承发展。

中华优秀传统文化博大精深、内涵丰富，是社会主义核心价值观培育的理论沃土，为社会主义核心价值观提供丰厚滋养。党的二十大报告系统阐述了“两个结合”的丰富内涵，深刻指出“只有把马克思主义基本原理同中国具体实际相结合、同中华优秀传统文化相结合，坚持运用辩证唯物主义和历史唯物主义，才能正确回答时代和实践提出的重大问题，才能始终保持马克思主义的蓬勃生机和旺盛活力”。② 2023 年 6 月 2 日，习近平总书记在文化传承发展座谈会上的讲话中强调，“‘第二个结合’是又一次的思想解放，让我们能够在更广阔的文化空间中，充分运用中华优秀传统文化的宝贵资源，探索面向未来的理论和制度创新”。③ “两个结合”这一重大理论判断，体现出了我们党对马克思主义中国化时代化的历史经验和对中华文明发展规律的把握达到了新的高度，彰显出了我们党新时代高度的理论自信和历史自觉。

习近平指出：“要认真汲取中华优秀传统文化的思想精华和道德精髓，大力弘扬以爱国主义为核心的民族精神和以改革创新为核心的时代精神，深入挖掘和阐发中华优秀传统文化讲仁爱、重民本、守诚信、崇正义、尚和合、求大同的时代价值，使中华优秀传统文化成为涵养社会主义核心价值观的重要源泉。”④ 中华优秀传统文化是中华民族的根和魂，为社会主义核心价值观的培育和践行提供滋养，增强社会主义核心价值观的影响力和感召力。中华文化强调“仁者爱人”“天行健，君子以自强不息”“己所不欲，勿施于人”“人而无信，不知其可也”“和而不同”等思想，蕴含丰富哲学智慧，闪耀真理光芒。社会主义核心价值观作为中国特色社会主

---

① 中共中央文献研究室．习近平关于社会主义文化建设论述摘编［M］．北京：中央文献出版社，2017：83.

② 习近平：习近平著作选读（第 1 卷）［M］．北京：人民出版社，2023：14.

③ 习近平在文化传承发展座谈会上强调担负起新的文化使命　努力建设中华民族现代文明［N］．人民日报，2023-06-03（1）.

④ 习近平．习近平谈治国理政（第 1 卷）［M］．北京：外文出版社，2018：164.

义先进文化的核心要素，充分汲取传统文化中的仁爱、刚劲、宽容、诚信、和谐思想，推动中华优秀传统文化传承创新。新民主主义革命时期，中国共产党人继承和弘扬中华优秀传统文化，并顺应时代潮流，坚持和发展马克思主义，创立了毛泽东思想，引领中国人民取得了国家独立、民族解放的伟大胜利。新时代以来，以习近平同志为核心的党中央提出实现中华民族伟大复兴的中国梦，以中国式现代化推进中华民族伟大复兴，进一步深化对中国式现代化的内涵和本质的认识。中国式现代化以中华优秀传统文化为依托，充分吸收中国传统文化中的“民本”“大同”“自强不息”“天人合一”“和而不同”的思想，这是中国式现代化走得通、行得稳，具有光明前景的强大文化力量。对中华传统文化和价值理念，我们要坚持守正创新，坚守中华文化根基，取其精华、去其糟粕，并结合中国特色社会主义实践，实现其创造性转化和创新性发展。在推动中华优秀传统文化“两创”的过程中，应顺应新媒体飞速发展的大趋势，推动中华优秀传统文化与新媒体有机融合，拓展中华文化传播载体，提供培育和践行社会主义核心价值观的网络教育平台。

## 三、方法支撑：思想政治教育方法论

新媒体时代，思想政治教育理论为大学生社会主义核心价值观的培育提供了坚实的理论范式。思想政治教育学中灌输理论法、隐性教育渗透法、榜样示范法等基本原理为新媒体时代大学生认同社会主义核心价值观提供了基本理论。

### （一）灌输理论法

灌输理论法是在实践中创新产生的，它是由马克思主义经典作家在革命实践中实现马克思大众化的一种有效宣传方法。“灌输原理”是指无产阶级政党有计划、不断地对无产阶级及广大人民群众开展马克思主义科学世界观与方法论等内容的培育，使其自觉学习马克思主义，变革自己的世界观，自觉地意识到自己阶级的历史使命，从而把无产阶级的行为由自发变为自觉。① 其要义为马克思主义理论不会在无产阶级及广大人民群众头脑中自觉形成，必须以外部的力量予以强化，进行灌输。

① 吴晓荣．略论中央苏区的革命标语［J］．江西社会科学，2012（1）：141.

马克思主义灌输理论多运用于我国思想政治教育的教育教学实践。对于“灌输”，早在马克思和恩格斯时期，就孕育了灌输理论的思想萌芽。比如，1843 年马克思在《克罗茨纳赫手稿》中指出：“思想的闪电一旦彻底击中这块朴素的人民园地，德国人就会解放成为人。”① 马克思将革命理论比喻为思想闪电、精神武器，通过物质武器与精神武器相结合，击中尚未启蒙的、缺乏科学理论指导的“朴素的人民园地”。考茨基将马克思主义灌输理论进一步发展，深化了灌输理论的思想内涵。1901 年，考茨基指出：“社会主义意识是一种从外面灌输到无产阶级的阶级斗争中去的东西，而不是一种从这个斗争中自发地产生出来的东西。”② 直到列宁时期，结合俄国丰富的工人运动实践，马克思主义灌输理论得到系统化、理论化和科学化阐释，实现了灌输理论的质性飞跃。列宁作为俄国无产阶级革命导师，有着坚定的马克思主义信仰和深厚的马克思主义理论素养，非常注重对革命理论的宣传和对工人的思想教育工作，能认识到革命理论先觉对革命事业的成功起着至关重要的作用。为解决当时俄国无产阶级革命中存在的一些问题，并不断满足革命向前发展需要，列宁提出了具有先进性、针对性和科学性的马克思主义灌输理论，对灌输理论进行了系统阐发，为科学社会主义的发展完善做出重要理论贡献，也为我国长期思想政治教育的发展提供了厚重的历史依据和理论渊源，更是建设具有强大凝聚力社会主义文化强国的理论指南。

实践证明：灌输理论功效巨大，世界各国无产阶级革命斗争及建设都取得了巨大成绩。人民群众积极性调动起来了，主动性更强了。当然，无产阶级政党的领导人功不可没，他们推动了灌输理论的发展与创新，做出了有益的探索，使其具有了时代性与科学性，达到了与时俱进。毛泽东、邓小平、江泽民、胡锦涛、习近平都十分看重理论灌输，都在实践中科学地运用灌输理论。习近平总书记提出的中国梦伟大战略构想，也是通过灌输理论来凝聚人心、聚合全体人民力量的。

理论灌输是大学生社会主义核心价值观培育的重要方法之一，它并不过时。理论灌输可以使大学生通晓社会主义核心价值观的理论，正确把握

① ［德］马克思，恩格斯．马克思恩格斯文集（第 1 卷）［M］．中共中央马克思恩格斯列宁斯大林著作编译局，编译．北京：人民出版社，2009：17-18.

② ［苏联］列宁．列宁选集（第 1 卷）［M］．北京：人民出版社，2012：302.

社会主义核心价值观的深刻内涵与精髓所在。要让大学生对其认同，就必须将其核心思想灌输给大学生。当然，对大学生社会主义核心价值观的理论灌输的形式是多种多样的，常见形式有理论讲授、理论研讨、理论培训等。思想政治理论课是大学生理论灌输的主要形式，是大学生社会主义核心价值观培育的第一课堂。

### （二）隐性教育渗透法

2019 年 3 月，习近平总书记在高校思政课教师座谈会上指出，“要坚持显性教育和隐性教育相统一，挖掘其他课程和教学方式中蕴含的思想政治教育资源，实现全员全程全方位育人”①。践行社会主义核心价值观，加强理想信念教育，仅仅依靠显性教育是不够的，我们应该在教育过程中更加注重隐性教育，使大学生在潜移默化中接受社会主义核心价值观，发自内心地践行社会主义核心价值观。隐性教育渗透法也是一种意识形态教育方法，其哲学依据为人的主观能动性。大学生是教育的客体，也是教育的主体，他能够发挥主观能动性，开展自我学习与自我教育。对外部灌输的思想理论与观念，大学生不会盲目地全盘接受，他们会根据自己的实际需要和认知图式，选择性地吸收与消化。当然，隐性教育渗透法并不是只有教育，还要依托于社会实践，在实践中检验理论，充分利用实践把意识形态教育融于其中，化为各种细微的社会实践行动，推动大学生在实践中成长、成才。

在隐性渗透的推动下，逐步实现大学生的社会主义核心价值观认同及内化，上升为心理认同。思想政治教育专家邱伟光、张耀灿教授认为“内化是指受教育者在教育者的帮助下或在其他社会教育因素的作用下，接受社会要求的政治观点、思想体系、道德规范并转化为自己的个体意识，也使个体不仅真正相信、接受和遵守社会的政治思想、道德要求，而且自愿将这些要求作为自己的价值准则与行为依据的过程”②。依据此论，社会主义核心价值观内化要经过三个阶段。首先，大学生要完整系统地学习社会主义核心价值观的理论，准确掌握其思想内涵，夯实内化的基础。其次，

---

① 习近平．用新时代中国特色社会主义思想铸魂育人　贯彻党的教育方针落实立德树人根本任务［N］．人民日报，2019-03-19（01）．

② 邱伟光，张耀灿．思想政治教育学原理［M］．北京：高等教育出版社，1999：80-81．

大学生在认同社会主义核心价值观时，其思想有一个从无所理解到有所知，从知之甚少到知之较多，从不信到接受，从信之不深到深信这样一个循序渐进、不断上升的过程。最后，大学生将社会主义核心价值观渐进固化为自己的价值理念，自觉地引领实践行为。实际上，社会主义核心价值观内化的整个进程就是大学生认同社会主义核心价值观的基本理论的过程。马克思主义指出，人的意识活动具有自主选择性和主动创造性。隐性教育充分调动了学生的积极性、主动性，学生自我意识得到充分发挥，在参与实践的过程中，更能以主动的学习心态去理解社会主义核心价值观。学习并内化、最终践行社会主义核心价值观的目标以潜在的方式进行，不但不会引起受教育者的反感，还会使受教育者乐在其中，积极参与。

新媒体为开展大学生隐性教育提供了一个广阔平台。随着信息技术的飞速发展，新媒体在学习生活中扮演着重要的角色，开展思想政治教育的途径更为多样，不再局限于比较单一的模式。新媒体具有信息海量、共享性的特点，能够提供多样化的教育资料，满足大学生群体多元化的需求，大大丰富隐性教育的载体。教师应充分发挥新媒体的优势，利用新媒体的便捷高效来开展社会主义核心价值观教育，提升学生认知水平。目前，一些主流媒体平台，如人民网、新华网等，为人们提供了获取知识的便捷通道，为人们提供了参与政治的平台，大学生可以通过多关注、多浏览、多阅读提升自身文化素养，在不知不觉中受到社会主义核心价值观的浸润滋养。校园文化蕴含独特的文化育人价值，对大学生有直接的隐性教育功能。校园文化是学校有目的、有计划地进行建设的工程，是承载社会主义核心价值观的物质载体。比如，在校园随处可见的社会主义核心价值观的标语，就是运用暗示性的语言，营造涵养社会主义核心价值观的良好氛围。大学校园文化要精心设计，集审美功能、育人功能于一体，充分发挥心理暗示的作用，使师生置身优美高雅的校园文化环境中，增加美的体验。通过校园文化，实现了大学生与社会主义核心价值观的文化交流与对话，增强了大学生的心理认同。正如苏联教育家苏霍姆林斯基所说的，校园物质文化环境建设要让每一块墙壁都会说话。通过营造一种和谐的氛围，使大学生置身其中，感悟文化的力量，达到陶冶学生情操、拓展学生的求知欲、全面提高学生素质的目的，进而实现学校的教育教学目标，使校园文化对学生产生积极影响。校园文化遍及学校的各个领域，教室、走廊、路标等都是校园文化渗透的有利载体，这种普遍性特征为社会主义核心价值观教育提供了良好条件。大学生在学校里承担多种角色，思想单纯、兴趣广泛，人际交往更为迫切，渴望通过交往开阔视野、增强能力，获得同学们的认可和接受。在交往过程中，大学生容易受到他人影响，增强对社会主义核心价值观的认同。置身校园文化环境中，每个人都受到文化熏陶，并以自身文化修养带动他人共同进步，将自己的思想和良性情绪传播和感染到他人，形成培养社会主义核心价值观的良性互动。

当然，有形的灌输与隐性的内化教育必须实现有机结合，而对人的关怀是显性灌输与隐性渗透的最佳联结点。大学生社会主义核心价值观的培育必须依据大学生心理活动特点及发展规律，满足大学生成长发展的需要，让大学生自觉参与进来。如人文关怀被冷落，不被重视，便会误入强制灌输的误区，导致隐性教育渗透无法实现。

**（三）榜样示范法**

榜样示范法是以先进的言行及优良的社会道德风貌来引导大学生的情感、思想及行为的一种教育方法。其特征为：把现实中道德模范的优良品质、感人事迹具象化地展示于新媒体平台之中，使道德标杆的价值指向人格化、具体化，使大学生感到真实、可信、可模仿、可践行，能实现。从而增强在新媒体平台中社会主义核心价值观培育工作的吸引力与有效性。榜样示范法的榜样主要类型有：现实及新媒体平台中的正面偶像；大学生家长与高校教师在现实生活与新媒体平台中的表现；优秀同学或同辈人在现实与网络生活中的表现。

进行榜样教育时，应合理选择榜样，坚持多元化标准，树立身边的平凡榜样。在选拔标准上，应充分考虑学生综合素质，不唯成绩论。成绩好的同学是我们学习上的榜样，而有的同学学习不好，但具有高度的责任意识和奉献精神，也是我们学习的榜样。选拔过程中坚决避免标准僵化，围绕社会主义核心价值观进行选拔，形成多样化的榜样。坚持长期动态地选拔，给更多学生机会，形成人人争先的良好氛围。充分挖掘学生群体中品德高尚、爱国守法、与人为善的先进典型，大力宣传其典型事迹，让不同层面、不同水平的学生都能找到与自身性格、特点相似的学习榜样，从而自觉代入榜样的先进事迹，增强认同感和责任感。充分发挥学生党员、社团骨干等道德素质较高的优秀学生群体的先锋模范作用，在优秀党员事迹的熏陶下，激发大学生对入党的向往，调动大学生积极入党、为祖国和人民无私奉献的责任感和使命感，在奉献中体现人生价值，维护和发展群众利益，以实际行动争取入党，积极向党组织靠拢。在这一过程中，大学生责任意识、奉献精神、担当品质显著提升，与社会主义核心价值观高度契合，在潜移默化中提升了对社会主义核心价值观的信念。教师应恪守师德，言传身教，成为学生积极学习的榜样。“师者，所以传道授业解惑也。”在全面建设社会主义现代化国家新征程上，教师肩负重要使命，除传授专业知识以外，更为紧迫的是传承和弘扬社会主义核心价值观，提升大学生思想道德水平。广大教师应率先垂范、以身作则，主动学习和践行社会主义核心价值观，为大学生提供学习的榜样。大学生思维活跃、政治意识处在形成的关键时期，在新媒体时代接收各种信息的过程中，难免遇到价值观问题的困惑，此时，教师的帮助和正确指引对其来说至关重要。这对教师的能力提出了更高要求，广大教师必须不断加强自己的价值观修养，对社会主义核心价值观的理论来源、时代背景、具体内涵牢记于心，给大学生正确指引。教师必须做到信仰坚定。学校是社会主义核心价值观培育的主阵地，教师则是主阵地的“先锋”，因此必须让信仰坚定的人讲信仰。“四有”教师是选聘教师的标准，要切实将马克思主义作为自己的信仰追求，将愿意投身马克思主义理论教学的优秀教师吸纳到宣讲的理论队伍中来。教师必须提高思想站位，以理想信念为基石，牢记为党育人、为国育才的使命，全面贯彻党的教育方针，以自己的坚定信仰引领学生树立起远大理想。教师应充分认识中国式现代化理论对高校思政课产生的影响，不断学习党的创新理论、了解国家发展的战略方向，提高自己的思想觉悟和政治素养，在课堂教学中将社会主义核心价值观融入其中。充分运用社会上的反面案例对大学生进行负激励。通过反面案例，使学生对错误言论有直截了当的认识，形成警示作用，让大学生自觉规范自己的言行，避免不道德行为发生。新媒体时代下，信息一经发布便被迅速传播，大学生应严格要求自己，不可心存侥幸，做出危害社会的事情，产生对自身的负面影响。

我们在运用榜样示范法对大学生进行社会主义核心价值观培育时要注意：既有代表性又要接地气地去树立榜样，挑选标杆人物，尽量选择身边的榜样，身边的好人、道德模范，同时，也要体现广泛性，每个层面都应该有榜样，都有学习的榜样与模范。同时，榜样不能太“高大上”，远不可及，无法逾越，毕竟不可能人人都变为新时代的雷锋和郭明义。我们要正确看待宣传榜样。在宣传榜样时，我们要立足实际，不能过分夸大、故意神化榜样的先进事迹，使大学生产生可望而不可即的错觉，这样就失去了树立榜样的意义与作用。

## 四、跨界借鉴：传播学的相关理论

传播学是探讨人类所有传播行为及传播发生、发展规律的科学。网络是技术衍生物，也是一种新型媒体，网络传播是融合人际传播、组织传播与大众传播等特征于一体的新的传播模式。它一出现就成了现代传播学研究的重点之一。新媒体时代，传播学为大学生思想政治教育工作探索了新的教育模式，成为社会主义核心价值观培育的全新载体。因此，借鉴传播学相关研究成果理所当然。同时，教育也要传递教育信息，它也是一种传播模式。为了更好地开展大学生社会主义核心价值观培育，也必须借鉴传播学的相关理论知识。

### （一）传播模式理论

传播者对所接收的信息有目的地进行加工，而后依托某种有效途径进行传递并引起传播目标的反应，这样一个传播过程才顺利完成。这是一个复杂的、多向的、多环节的连续过程，也是传播学领域专家学者重点研究的方向与核心内容。纵观传播学的发展史，先后出现了一般人际传播的循环模式，主要是威尔伯·L. 施拉姆（Wilbur L. Schramm，1907—1987）双向模式理论；大众传播的线性与互动模式，主要以拉斯韦尔（Harold D. Lasswell，1902—1978）“5W”模式[①]、美国学者申农（Claude E. Shannon，1916—2001）和韦弗（Warren Weaver，1889—1970）的“申农—韦弗”模式理论、美国传播学家梅尔文·德弗勒（Melvin. DeFleur，1923—）的“互动过程

① 传播学家拉斯韦尔于 1948 年发表的论文《传播在社会中的结构和功能》中首提“五要素构成论”，研究了传播进程中的五个要素：传者、信息、依托的媒介、受众及效果，这就是传播学中著名的“5W”模式。当然，作为经典模式也有自身缺陷，没有提及传播行为动机、传播效果反馈、社会环境对传播活动的影响等因素。这个理论简约便于理解，对于我们深入研究社会主义核心价值观的大众化传播具有一定的借鉴和启示作用。

模式”为代表。而网络时代的传播模式理论主要为陈力丹教授在《东南传播》2015 年第 3 期刊文中提到的“个性化信息推荐传播模型”理论（见图 4-1），该理论认为：在网络新媒体环境下，既有的线性、循环、互动等模式都受到了挑战，在智能化的信息过滤系统作用下，传授者和接收者的地位可以随时变换。人们依据自己的喜好，对信息进行选择、加工，形成个性化的信息，通过社交软件在朋友圈内共享，对社会事件的动向施加影响，推动事件的变化。[①] 这对于我们分析把握新媒体时代大学生社会主义核心价值观培育工作的规律，具有极强的参考价值。

新媒体是大学生社会主义核心价值观认知的重要传播媒介之一。在新媒体平台中对大学生进行社会主义核心价值观培育是一种新型教育活动，也是一种全方位的传播行为。我们仔细探究、分析过程，有助于综合考察在大学生社会主义核心价值观培育中各种因素的变化，进而全面剖析培育活动的效果。

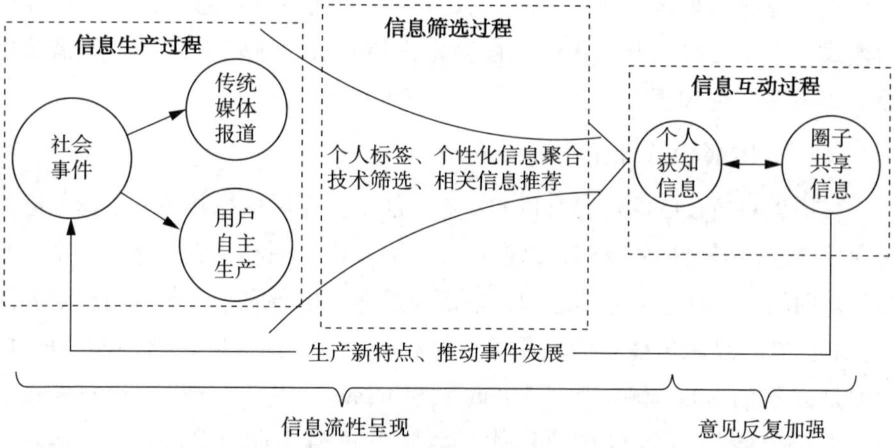


**图 4-1　个性化信息推荐传播模型**

### （二）“把关人”理论

美国社会心理学家库尔特·卢因（Kurt Lewin）提出：在网络信息传播过程中充满了把关人，只有契合群体规则或者同把关人价值规范相同的信息内容才可以进入传播渠道进行传播。怀特把“把关人”这个定义纳入

① 陈力丹．传播学的基本概念与传播模式［J］．东南传播，2015（3）：51-52.

新闻传播之中，并指出传媒组织就是大众传播的把关人，因为新闻媒体的宣传内容是对诸多的新闻素材进行挑选与加工的产物。后通过怀特与麦克内利等专家学者的进一步研究，这种立足于新闻选择的“把关人”理论演进为传播学控制分析领域中最具科学性的理论之一。

新闻媒体的把关主要分为四个阶段：第一，信息收集阶段，对信息的源头进行把关，即要在社会中查找有价值的信息、适合传播的信息；第二，信息过滤阶段，对信息内容进行把关，即根据受众群体的需求与传播目的，对收集到的信息进行筛选、过滤；第三，信息制作阶段，对信息的展现模式进行把关，对信息进行加工转换，制作能够传播的符号；第四，信息传播阶段，对使用的传播工具进行把关，也就是挑选合适的传播工具，把加工好的信息经过该传播工具向外发布。

由于报纸、广播、电视等传统媒体在内容输出之前会进行严格审核，因此有人认为，“把关人”理论对传统媒体影响较深远，而不适用于新媒体时代，因为在新媒体时代下，大众言论相对自由，任何人都可以在网络上发表意见和看法，“把关人”理论似乎难以对社会主义核心价值观的传播起到正向引导作用。这些论调只注重事物发展的浅层，没有从深层次上把握实质。当前我国主流媒体，如光明网、新华网等，在信息传播过程中依然占据主导地位。它们拥有专业的信息审核人员充当把关人，占据强大的信息资源，个人网站无法与之竞争，从而在信息流入网络时能够发挥一定监管作用。新媒体时代下，信息繁多且鱼龙混杂、信息传播速度快、信息源头缺乏公信力的特点对信息监控产生挑战，但这并不意味着虚假信息可以肆意传播，新媒体信息把关作用依然存在。应认识到，互联网不是法外之地，网上发声不能任性随意。大学生应从自身做起，自觉抵制网络谣言，做到不造谣、不信谣、不传谣，并对利用互联网编造传播谣言、发布违规内容、扰乱社会秩序的行为进行自觉举报，维护天朗气清的网络环境。

诚然，对于无边无涯的网络而言，有效的管理与控制是较难实现的，网络传播的确给传统的信息监控带来挑战。传播者对信息进行把关时必须依照一定的标准，这种标准受到传播者所处的传播机构、社会环境、把关人素质等影响与技术水平的制约。如果把关人可以意识到信息把关的影响因素及重要性就能够使传播者把关更有针对性，使传递的信息更加契合大学生社会主义核心价值观培育的需要，培育效果会更佳。

### （三）媒介依赖理论

在《大众传播学绪论》这本书中，美国著名学者桑德拉·包尔-洛基奇（Sandra Ball-Rockeach）和梅尔文·德弗勒依据社会生态理论提出：媒介在人们生活中使用频度逐步增多，人们对其越来越依赖。从个人的视角来说，人们生活中遇到的各种难题，都可以通过查询媒介，找到自己认为合适的解决路径。这种媒介依赖的关系存在于个人通过媒介查找信息资源，来了解和认识世界、解决自身问题，从而形成对自我的认识和对社会的认知。但随着信息爆炸性的激增，人们越发被动，更期望收到更多的对自己有用的信息，对信息的依赖更甚，这样，他们对媒介的依赖就越发强烈。从整个社会的视角来说，越来越多的大众依赖媒介查找信息，解决生活难题，那么媒介对整个社会的影响必将增强，在整个社会中扮演的角色将日益重要，社会对媒介的依赖就会越发强烈。媒介通过渗入大众生活，与社会构成了复杂依赖关系。伴随社会发展，人们对知识的渴求达到了前所未有的高度，需要借助媒介寻求可靠的信息资源，对媒介的使用更加频繁，社会成员也因此更加依赖媒介，使媒介不断增强其对个体和社会的影响力。显而易见，无论是从个体还是社会的角度来说，人们对媒介的依赖是由于媒介迎合与满足了人们的某种特殊需求。

当今社会，新媒介既是青年群体进行社会交往的参照点，又是其抒发情感、宣泄情绪、表达观点的主要工具。然而，在这种过度的新媒介沉浸中，青年群体的信仰“思域”开始出现了“风险性”问题。[①] 因此，必须强化媒介的社会整合力，广泛传播社会主义核心价值观，塑造积极向上的青年形象。大学生对网络新媒体依赖度较高，要增强新媒体的社会整合力量，首先要建构包容多元的言论空间，容忍观点的多元化表述，使大学生在自由宽松的虚拟环境中形成对新媒体的依赖，在新媒体环境中增强主体意识。其次，相关部门与审查机构要协同合作，对新媒体平台中的信息要严格把关，切断不良信息进入通道，精心维系，最终实现培育社会主义核心价值观的目标。

---

① 赵红勋．新媒介依赖视域下青年群体的“信仰风险”论析［J］．中国青年研究，2020（1）．

### （四）议程设置理论

美国新闻工作者沃特·李普曼（Walter Lippmann，1889—1974）提出了议程设置的基本思想。他长年从事媒体实践工作，经过认真观察后，指出：大众传媒对人们头脑中的图像能产生一定的影响。但议程设置这一提法却是由伯纳德·科恩提出的，他认为，绝大多数形势下媒体不能成功掌控人们的想法，但可以引导人们来想什么。而后，麦肯姆斯与肖经过大量的实证调查研究，在 1972 年正式推出了议程设置理论，为以后大众传播实践起到一定的导向作用。

议程设置理论主要观点为大众传媒可以通过强调某些问题而引导受众对这些问题的关注度。主要包含以下三点：第一，大众传媒能够通过推介信息或推出相关议题去引导人们主动关注一些意见、事实与议论的先后次序；第二，受众对某事物的关注度与大众传媒对该事物突出程度成正比；第三，常常使用大众传媒的人的个人议程和大众传媒的议程具有一致性较强的特点。

议程设置理论深刻探究了新媒体的影响，对我国新闻媒体的工作有一定的借鉴意义，对传播社会主义核心价值观发挥了积极作用。人们的思维具有主观能动性和创造性，新媒体无法直接决定人们的思维方式，影响人们的行为选择，但是，新媒体可以通过推介信息影响公众观点评判。根据议程设置理论，受众对某事物的关注度与大众传媒对该事物突出程度成正比，当大众传播媒介大量、集中报道某个问题或事件，受众就会关注、谈论这些问题或事件。因此，只要新媒体对社会主义核心价值观给予高度关注，进行专门报道，为公众安排议事日程，那么大众便会主动关注社会主义核心价值观，进而内化于心、外化于行。主流媒体承担着向人民群众传播党和国家意志，引导社会舆论，促进社会稳定的重要使命。主流媒体和新媒体应当大力推介社会主义核心价值观相关内容，广泛宣传社会先进事迹，向大众展示其科学性和真理性，提升社会主义核心价值观的吸引力、影响力和渗透力。这些活动对大学生社会主义核心价值观的培育具有重要意义，成为舆论引导的一个重要阶段。

### （五）意见领袖理论

意见领袖理论源于 1948 年出版的《人民的选择》，著名社会学家保罗·拉扎斯菲尔德（Paul F. Lazarsfeld，1901—1976）在书中对意见领袖做出了界定：舆论领袖特指那些可以较多地使用大众传播媒介并将从中获取的信息传递给别的社会成员的中介者。在这本书中，作者把1940年的美国总统大选当作案例进行分析，讲述评论在大众传媒与人际关系的作用下，选民是怎样做出最后的投票选择的。拉扎斯菲尔德发现了一个有趣的现象：在人们思考投票决定的过程中，有一些人物能够对他们施加他们的自身影响，就成为意见领袖。同一般的受众相比较，不管是杂志、报纸还是广播，意见领袖的接触量与接触频度都比普通大众要大得多、高得多。“往往能左右互联网的议题，能量不可小觑。”① 不少研究人员也对信息传播过程做了这样一种预测：意见领袖是信息传播的“中间人”，大众传播实际上通过意见领袖“流”向一般受众，形成了“大众传播—意见领袖—一般受众”的传播模式。这样，“两级传播”的概念就生成了。

意见领袖对新闻传播产生显著影响，是新闻传播的重要中间人。微博、抖音等社交媒体软件是当前国内具有超强影响力和推动力的新媒体平台。相较于传统媒体，新媒体构建了全民性的公共空间，大众可以公开表达自己的看法，调动了公众参与性。专家学者、娱乐明星、商界精英等具有超高粉丝量的微博“大V”，扮演着意见领袖的角色。他们将自己的见解和看法发布到网络后，能够迅速引起公众议论，产生社会影响力。在社交媒体平台中，意见领袖通过对突发公共事件的关注，实现权力监督，维护大众合法权益。意见领袖可以借助自己的专业知识和影响力，呼吁群众广泛关注，形成社会热点，推动社会公共事件的解决。同时，意见领袖扮演民意反映者角色，意见领袖的观点在相当程度上反映的是人民群众对社会问题的看法，人民群众通过意见领袖将自己的诉求反映给相关部门，寻求问题的解决。

基于意见领袖理论，我们能够认识到：意见领袖对大学生社会主义核心价值观的培育影响巨大，必须加强对意见领袖的引导与监管，意见领袖也应当严于律己，谨言慎行，多向大学生传递正能量，形成向上、向善的良好环境。新媒体时代下，社会主义核心价值观培育的信息来源是多元的：来自课堂上的，来自新媒体的，来自人际传播的。社会主义核心价值

① 习近平．习近平谈治国理政（第2卷）［M］．北京：外文出版社，2017：325.

观作为大学生接收信息的一项内容，必须在培育过程实现信息的有效“编码解码”，必须充分考虑学生的主体性与独立性，熟知大学生意义空间的“内容”与“形式”部分，在挑选信息内容的过程中，从共同的意义空间介入，注重提供学生观念之所需，才可能获得较好的培育效果。

## 第二节　基本原则

在界定新媒体的概念特征、梳理新媒体时代大学生社会主义核心价值观培育问题与原因的基础上，社会主义核心价值观要想真正在大学生中间落地生根，还必须依靠对培育原则科学的全面的认识。新媒体时代大学生社会主义核心价值观培育的基本原则是指在培育的过程中必须遵循的最基本的准则，是贯穿大学生社会主义核心价值观培育全过程的基本精神。根据教育对象和教育内容的不同情况，培育原则必然会对思想政治教育工作者的培育行动开展指导，形成一定的约束，并遵循思想政治教育规律，推动大学生社会主义核心价值观培育目标的顺利达成，为正确地运用思想政治教育方法提供理论依据。我党在长期的思想政治教育中积累和凝练出了一些宝贵的基本原则，这些原则已在长期实践中得到验证，成为我党的优良传统、优良作风。新媒体时代，我们开展对大学生社会主义核心价值观培育，增强高校思想政治教育的实效性，需要继承和发扬以下原则。

### 一、政治性

国无德不兴，人无德不立。高校思想政治教育要始终遵循立德树人的根本任务。鲜明的政治意识形态是其本质表征，始终保持高度的政治性与党性，它绝不是一个学术论争、价值无涉的领域。在高校的思想政治教学中要始终高扬社会主义意识形态。尤其在大学生社会主义核心价值观的培育中，要始终坚守价值观培育的方向和质的规定性，那就是社会主义的育人方向。在新的时代环境变迁下，尤其是在新媒体环境下，大学生社会主义核心价值观的培育旨归，就是要廓清与西方的民主、自由、平等等价值观的本质区别。通过新媒体环境下大学生社会主义核心价值观的培育，夯实我国意识形态的价值基石，从中华民族伟大复兴的战略全局，培养担当民族复兴大任的时代新人。

## （一）合法性是实现政治治理有效性的基础

政党执政的基本条件，就是合法性的获得。合法性是政治学研究的一个概念，主要指政府在被民众认可的原则基础上实施统治的正当性。执政党面临的首要问题是获取执政合法性，为此，执政党需广泛掌握执政资源，增强政治自信。从长远来看，执政党所倡导的主流价值观有利于执政党奠定自己执政的合法性基础，“为执政的合法性提供理论依据”①。社会主义核心价值观是对社会主义意识形态基本内容的高度凝练和概括，是社会主义意识形态本质的体现，其实质是社会主义国家的“制度化的思想体系”和“观念形态的国家机器”，是国家的重要“软权力”。② 面对西方价值观不断渗透导致我国传统价值观影响力式微的现实情况，加强社会主义核心价值观建设至关重要。社会主义核心价值观作为主流意识形态，能够凝聚社会共识、增强社会认同，是政治合法性的重要来源。加强对广大民众尤其是青年大学生社会主义核心价值观的培育，能够增强大学生的政治认同、保证政治体系正常运转、维护社会秩序。社会主义核心价值观是中国共产党执政合法性的强大思想武器，如果弱化社会主义核心价值观的地位，必然会对中国共产党执政权力的合法性产生威胁。因此，不断强化对社会主义核心价值观的传播与认同，有利于巩固中国共产党的政治合法性和执政地位，提升政府权威和公信力。③ 民心是执政的基础，习近平总书记指出：“共产党就是给人民办事的，就是要让人民的生活一天天好起来，一年比一年过得好。”④ 中国共产党始终坚持全心全意为人民服务的根本宗旨，不断提高自己的执政能力，提高执政成效，这是政治合法性最坚实的基础，并通过核心价值观的培育和加强大学生的思想政治教育，巩固自己的执政地位，有效降低了中国共产党执政成本。

## （二）意识形态性是高校思想政治教育的基本属性

2014 年的“辽报事件”折射出了高校在大学生中间开展社会主义核心价值观教育的艰巨性和复杂性。在新媒体时代的境遇下，一些自诩为微博

---

① 王长江．现代政党执政规律研究［M］．上海：上海人民出版社，2002：316.

② 陈秉公．马克思主义意识形态理论与社会主义核心价值体系建构［J］．马克思主义研究，2008（3）：20.

③ 蒋红，胡玉荣．价值观的时代变迁及认同整合的深层次推进［J］．学术探索，2015（1）：4.

④ 习近平．习近平谈治国理政（第 4 卷）［M］．北京：外文出版社，2022：66.

“大V”的人居心叵测，对此文断章取义，混淆视听，无疑给社会主义核心价值观的弘扬、培育和践行带来了网络空间思想的混乱。高校必须坚守社会主义办学方向、筑牢社会主义意识形态底线，确保马克思主义理论的真理性、科学性和实践性。高校要依托强大智力资源，对大学生的世界观、人生观、价值观构成有效的形塑作用，引导他们成为中国特色社会主义制度的坚定支持者和自觉践行者。这对于维护国家意识形态领域长久持续的安全，坚定“四个自信”具有重要而又深远的意义。在价值观培育中，我们必须坚持马克思主义的指导思想的主导性。对于这些丑化、污名化的现象事件，必须遵循马克思“批判的武器当然不能代替武器的批判，物质力量只能用物质力量来摧毁”[①]。思想政治理论研究者、教育宣传工作者不要做“老好人”，要勇于发声，“按照马克思所理解的意思来解释、阐明马克思的学说”[②]，从理论深层上彻底回应这些现实诘难和噪声杂音，才能摆脱胡编乱造或集体失声的状况，才能够廓清人们思想上的迷茫与冲撞，也不再给混淆阶级性、去意识形态化的错误倾向留下随意发挥的空间与余地。加强大学生社会主义核心价值观教育，增强意识形态认同，是思政课创新发展的必然要求。课堂上，高校思政老师必须理直气壮、旗帜鲜明地讲好马克思主义理论，“思想的闪电”一定要“击中”当代大学生的内心深处。思想政治教育必须具有鲜明的意识形态性、为统治阶级服务，即通过加强思想政治教育和道德教育，使全体社会成员认同、接受统治阶级的意识形态。必须坚持马克思主义在意识形态领域的主导地位，抵制错误社会思潮，不断推动马克思主义中国化时代化的进程。面对新媒体时代带来的各种意识形态输入和渗透的挑战，思政课应旗帜鲜明，加强马克思主义理论教育，发挥主阵地作用，用“主流声音”清除各种“嘈杂声音”，坚持以社会主义核心价值体系引领社会思潮。应重视中华优秀传统文化在大学生群体中的心理认同，加强社会主义先进文化建设，以文化自信进一步增强学生主流意识形态认同。

---

① ［德］马克思，恩格斯．马克思恩格斯选集（第1卷）［M］．中共中央马克思恩格斯列宁斯大林著作编译局，编译．北京：人民出版社，2012：9.

② ［匈牙利］卢卡奇．历史与阶级意识［M］．杜章智，译．北京：商务印书馆，1996：18.

## 二、人本性

习近平总书记指出："思想政治工作从根本上说是做人的工作，必须围绕学生、关照学生、服务学生，不断提高学生思想水平、政治觉悟、道德品质、文化素养，让学生成为德才兼备、全面发展的人才。"① 人的自由而全面的发展是马克思主义理论指向的终极目标。马克思恩格斯指出，未来共产主义社会"将是这样一个联合体，在那里，每个人的自由发展是一切人的自由发展的条件"②。关注人的精神需求、满足人的精神需要，是思想政治教育作为党和国家一切工作生命线的核心特质。进入媒体融合时代，尽管智能传播技术对思想政治教育产生深刻影响，但关注与满足人的需求仍是思想政治教育的出发点和落脚点。现代思想政治教育的本质特征就是实现以"人"为核心的现代化。从治理现代化的根本目标来看，思想政治教育的媒介化发展本身不是目的，而是借助媒体深度融合带来的强大传播势能，促进教育主客体适应智能传播技术营造的数字化生存场域，推动实现人的全面发展。归根结底，技术的"人造物"属性决定了它不能脱离人的意志而存在。研究思想政治教育的媒介化发展，不能仅限于智能传播技术的手段应用层面，而要秉持人本主义立场，在遵循人的身心发展规律的基础上，着力探究智能传播技术在塑造个体思维认知、影响个体价值判断、满足个体精神需要、促进个体思想转化、实现个体全面发展中产生了哪些深刻影响，以及如何有效规避智能传播技术的伦理道德风险，通过技术赋能更好地实现对社会成员的思想政治引领。

以人为本性就是突出大学生主体，观照大学生的根本利益，把实现大学生的全面发展确立为旨归，把社会主义核心价值观的认同与促进大学生全面发展有机结合起来。马克思指出："'思想'一旦离开'利益'，就一定会使自己出丑。"③ 随着新媒体环境的到来，大学生借助技术的强大优势，拥有了更为宽广的表达平台，促使围绕利益而产生的社会效应正在逐

---

① 习近平．把思想政治工作贯穿教育教学全过程 开创我国高等教育事业发展新局面［N］．人民日报，2016-12-09.

② ［德］马克思，恩格斯．马克思恩格斯选集（第1卷）［M］．中共中央马克思恩格斯列宁斯大林著作编译局，编译．北京：人民出版社，2012：422.

③ ［德］马克思，恩格斯．马克思恩格斯选集（第1卷）［M］．中共中央马克思恩格斯列宁斯大林著作编译局，编译．北京：人民出版社，2009：286.

渐放大，在此背景下，大学生的利益主体地位日渐凸显，利益诉求的表达方式更多从含蓄隐匿走向了公开前台，同时也呈现出了多样化的态势。透视大学生利益追求中尚存的问题，合理地引导疏解是大学生社会主义核心价值观培育中情感认同的关键一环。

（一）关注大学生合法利益的诉求

伴随着高校办学规模和层次的日趋壮大和多元，我国极小部分高校的办学理念依然停留在传统的模式上，过多关注于学校的经济效益，聚焦于学校的扩张性发展，而对高校的育人工作深耕不足。尤其涉及高校的德育工作者，面对学生的利益诉求，偏于现实，轻视网络；重视显性，忽略隐性。往往对学生网络空间的利益表达方式反应不够敏锐，回应不够及时。很多高校舆情事件的发生暴露，根源上在于对学生的利益发展诉求关注和回应不足。因此，关注大学生合法利益诉求，对于增强高校思想政治教育的实效性意义重大。

大学生思维活跃，对新事物的接受能力强，主体意识明显，加之新媒体时代下各种思想文化的渗透，大学生价值观趋向多元化，大学生维权意识不断增强，合法诉求亟待关注。“思想上松一寸，行动上就会散一尺……就像房间需要经常打扫一样，思想上的灰尘也要经常打扫。”① 注重大学生的利益是社会主义核心价值观认同进程中的关键一步。为此，其一，做到学生管理工作中，不留死角。实现“线下”和“线上”的无缝衔接，对于“线上”的关注度要及时强化。新媒体时代，面对学生的活动场域正在向虚拟空间迁移的现实，实现高校德育工作转变是一大鲜明特征。关注学生诉求，重视学生权益表达，拓展权益反馈通道，建立多样化师生互动平台，教育学生正确运用校长信箱、投诉电话的方式，维护自身合法权益。其二，在涉及学生的利益决策时，必须尊重学生的意见、倾听他们的呼声，切实做到以生为本。对于学生的意见和建议反馈要处理及时，解答合理，千万不能草草了事。这样才能彰显大学生主体性，大学生才能亲身体验校园主人的地位，心灵才真正归宿于学校，归于校园，这样才真正使大学生对社会主义核心价值观的认同“接地气”。尊重学生，发挥学生主体性，调动学生自我教育的意识，相信大学生的思想觉悟和道德境界。充分

① 习近平．在党的群众路线教育实践活动总结大会上的讲话［N］．人民日报，2014-10-09.

发扬民主，建立教师与学生之间交流互动的桥梁，使师生平等相处。

### （二）引导大学生正确表达利益诉求

增强高校思政教育的实效性，需关注大学生的利益诉求，建立合理的利益表达机制。引导是关键，侧重化解矛盾，为社会主义核心价值观培育筑牢基石。第一，优化德育教育内容，注重利益表达的合法性。网络空间扩大了学校德育工作范围，应强化大学生新媒体媒介素养教育，侧重于网络法律法规、网络伦理道德的教育。增强大学生网络空间情绪语言、矛盾冲突、情感纠葛、思想观念等方面的自我分析、自我化解的能力，通过网络虚拟社区的实践不断提升自我教育的能力。教师要熟练掌握网络技术，增强网络素养，全方位、多视角开展德育工作，引领大学生利益表达。在思想政治教育课程中加强法律知识教育，开设法学概论相关课程，增强学生法律素养，引导学生运用法律维护自身合法权益。召开主题教育班会，深入学习校纪校规，让同学之间增加思想交流，培养大学生正确的权益和责任意识。拓展学校德育工作平台，重视家、校和社会三方合作，为大学生塑造全方位德育环境。第二，线下一定要做好权利与义务关系的教育，遏制大学生价值主体自我化的倾向。部分大学生在维权过程中存在“重权利、轻义务”的现象，过分强调个人诉求表达，对权利和义务关系的认识存在偏差，导致义务缺失。比如，部分大学生认为交了学费就有受教育的权利，学校不能剥夺受教育权，由此导致的逃课、缺勤、考试作弊等现象屡禁不止。大学生享受了自己的受教育权，却没有履行按时上下课的义务，无视校规校纪的存在，破坏正常上课秩序。此类现象严重影响了学校教学管理，应加强对大学生正确权利观的教育，维护自身合法利益。教育大学生处理好权利与义务的辩证关系，权利与义务是互为依存的一对矛盾关系。一味地索取权利，背弃应尽义务，最终也会被权利所抛弃；一味地奉献义务，也是对权利的漠视。引导大学生从权利和义务的关系，理性辩证地客观看待现实生活和网络实践中的利益纠葛。

### （三）完善大学生利益诉求的制度保障

列宁认为：“如果你不善于把理想与经济斗争参加者的利益密切结合起来，与该阶级的‘公平的劳动报酬’这类‘狭隘’琐碎的生活问题，即自命不凡的民粹主义者不屑理睬的问题结合起来，那么，最崇高的理想也是一文不值的。”[①] 畅通“校—生”之间的沟通反馈机制，高校要建立专项的制度保障体系。高校要有一支网络思想政治教育的“铁军”，网络德育工作者时刻关注新媒体平台中的大学生讨论版块，能够及时收集和筛选大学生在新媒体平台遇到的问题，熟知大学生们交流的内容，认真倾听来自他们内心的呼声，对于大学生的利益诉求要及时地解疑释惑、积极处理应对，尤其要关注大学生在学校管理服务中打出的“差评”。确保大学生在新媒体平台第一时间找到“心灵的组织”，增强他们在网络空间的归属感。关注大学生合法利益诉求，引导大学生正确利益表达，是学校工作的重要工作。在实施过程中，已经形成一套相对成熟的运作机制，部门间协作有序，资金保障充足。但随着新媒体时代的到来，也意味着新的挑战出现。新媒体时代对于大学生利益诉求的合理引导制度保障是核心，需要将其作为一种制度长久地规定下来。

## 三、整体性

整体性指在社会主义核心价值观培育过程中，将培育的内容和过程看成一个完整的整体。对于价值观内容的解读不能断章取义，应该视社会主义核心价值观为一个逻辑清晰、联结紧密的整体。同时从培育的过程来说，大学生社会主义核心价值观的培育涵盖培育主体、客体、介体、环体，是一个互为补充、不可缺少的有机整体。

整体性原则具有深厚的哲学基础。马克思主义认为，世界是一个有机的整体，世界上的一切事物都处于相互影响、相互作用、相互制约之中，反对以片面或孤立的观点看问题。联系具有普遍性、客观性、多样性，联系的观点是我们正确看待世界和历史的基本观点，对我们正确认识社会主义核心价值观具有重要意义。社会主义核心价值观把涉及国家、社会、公民三个层面的价值要求融为一体，深入回答了我们要建设什么样的国家、建设什么样的社会、培育什么样的公民的重大问题，是当代中国精神的集中体现，凝结着全体人民共同的价值追求。人们往往将社会主义核心价值观的三部分与国家、社会、公民三者一一对应，以此来把握社会主义核心

---

① ［苏联］列宁．列宁全集（第1卷）［M］．中共中央马克思恩格斯列宁斯大林著作编译局，编译．北京：人民出版社，1984：353.

价值观的丰富价值内涵。这种认识方法能够加深人们对社会主义核心价值观的价值认同，但也导致大众对三者所承担的责任形成彼此孤立的误解，忽视其整体性和系统性。从本质上说，社会主义核心价值观是国家、社会、个人三个行为主体的价值共识，三者相辅相成、互为补充。国家繁荣昌盛、文明和谐是社会有序、个人发展的前提条件和有力保障；社会安定有序、公平正义为国家和个人营造良好的氛围；个人诚实守信、恪尽职守为国家和社会提供实践动力。培育和践行社会主义核心价值观，需要从整体性上把握，将国家、社会、个人作为一个有机整体，统筹开展谋划。整体性原则是应对歪曲和分裂社会主义核心价值观行为的有力武器，坚持整体性原则极具必要性。国家、社会和个人并不是各司其职，而是相互渗透，共同推动社会主义核心价值观建设。如果三者固守各自培育领域，只履行其中一部分责任，只能造成三者单一发展，加重社会主义核心价值观培育难度。因此，必须从整体性高度进行社会主义核心价值观的理解与实践。

理论内容的整体性。社会主义核心价值观从内容上来看，是一个完整的发生逻辑，在培育过程中不要人为地肢解其整体性。这就要求我们在培育社会主义核心价值观的过程中要确保其内容的完整性：做好国家层面、社会层面和公民层面的价值准则的整体性把握；既要注重大学生公民道德规范的养成，也要注重大学生深层次价值规范的培养；既要有底线的教育，也要培养当代学生高远的人生追求。

培育过程的整体性。大学生思想政治教育的过程中关涉诸多部门、领域，呈广泛性的空间分布，如在校内的思想政治理论课教学和常态化的思想政治教育，校外大量的隐性思想政治教育活动。也就是说，把社会主义核心价值观教育融入大学生思想政治教育全过程，要贯穿到各个方面、各个领域的大学生思想政治教育实践中，不能狭隘地限定在校园里，而要完善学校、家庭和社会“三位一体”的教育网络，形成全覆盖、广渗透、宽领域的培育格局。同时大学生思想政治教育的完整过程是由信息收集、分析整理、决策实施、评估反馈等环环相扣的环节所构成的。把社会主义核心价值观教育融入大学生思想政治教育全过程，就是要贯穿于上述具体环节中，而非局限固定在单一的环节中，要在这些环节中体现社会主义核心价值观的内容与要求。这则是全过程育人。

当前最难的就是如何利用好网络，做好“线上”与“线下”的社会主义核心价值观培育的互动工作。而“网络等新传媒成为意识形态影响力的风向标”①，能否把控这个“风向标”攸关国家、民族在“地球村”未来的发展境遇，这就要求善用新媒体技术，强化互联网思维，推动社会主义核心价值观培育手段创新。优化传统宣传方式，遵循新的时代条件下媒体传播规律，加大社会主义核心价值观网络宣传力度，增强传播效果，实现线上思想政治教育常态化，使之成为“线下”课堂的有益补充，实现“线上”与“线下”社会主义核心价值观的整体推进。如今，随着信息技术飞速发展，传播时效、网络格局、传播群体都在发生前所未有的深刻变化，这就要求宣传方式与时俱进，充分运用新媒体发展大势，勇于创新、勇于变革，切实实现社会主义核心价值观更高传播的针对性和实效性。还要实现全课程育人，避免“沉睡的巨人”，使社会主义核心价值观融入高校理论教学与各专业课程教学。最终指导大学生熟练运用马克思主义的科学方法论来分析与解决和专业相关的难题，在潜移默化中深化情感，促进认同。

## 四、实效性

实效性原则是指在大学生社会主义核心价值观的培育工作中，培育环境的把握和营造，培育内容的确立与展开，培育方法的选择与运用以及培育过程都应该与培育目标紧密结合。实现社会主义核心价值观从抽象理论转化为大学生的内心信念和价值追求，并能够内化为大学生自觉奉行的行为准则与价值判断尺度。

因而，实效性是大学生社会主义价值观教育所追求的基本目标。正因此，党的二十大报告明确指出：“深入开展社会主义核心价值观教育，深化爱国主义、集体主义、社会主义教育，着力培养担当民族复兴大任的时代新人。”② 这为我们增强大学生思想政治教育的实效性提供了根本遵循。

在大学生社会主义核心价值观教育活动中，由于施教者过于注重传统方法模式以致严重干扰了社会主义核心价值观培育的整体进程，导致培育

① 本刊记者．社会主义核心价值观建设中的若干重大理论问题——访中国社会科学院马克思主义研究院党委书记、博士生导师侯惠勤教授［J］．思想教育研究，2012（5）：3-9.

② 习近平．高举中国特色社会主义伟大旗帜　为全面建设社会主义现代化国家而团结奋斗——在中国共产党第二十次全国代表大会上的报告［M］．北京：人民出版社，2022：44.

实效性不强，培育效果不佳。社会主义核心价值观是一个层次多样、内容丰富的价值体系。从形式上看，社会主义核心价值观具有一般理论体系的抽象性与原则性，它集中体现了社会主义意识形态的基本要求，阐释了中国特色社会主义的基本价值追求。新媒体时代大学生社会主义核心价值观培育实效性的高低，关乎整个高校德育工作的成败，对于社会主义意识形态的建设也具有举足轻重的地位。因而我们必须整合德育教育内容，革新教育方式，营造教育环境，以增强社会主义核心价值观教育内容的吸引力、说服力和感召力。新媒体时代，就是要实现培育方法的科学性与多样性，把社会主义核心价值观的培育隐性渗透到社会生活的方方面面，充分发挥学校、家庭与社会的综合一体的育人作用，努力使这一重要德育活动落实到当代大学生的内心，切实提升大学生社会主义核心价值观培育的实效性①。

## 五、实践性

马克思主义认为："人的思维是否具有客观的真理性，这不是一个理论的问题，而是一个实践的问题。"② 马克思主义认识论和实践论为大学生社会主义核心价值观培育提供理论依据。在"实践、认识、再实践、再认识"的循环往复过程中，人们的认识和实践能力得到了发展，这是社会主义核心价值观实践性的理论基础。通过对大学生进行全面系统的教育，加深对社会主义核心价值观的理解和记忆，做到入脑入心，内化为自己的知识体系。但社会主义核心价值观培育不仅是简单的传播理论过程，更重要的是将理论运用于实际，在实践中加深理解，进行知识整合，达到预期效果。大学生社会主义核心价值观认同程度高低，不仅要看大学生是否能够熟记社会主义核心价值观，更重要的还要看大学生对社会主义核心价值观的实践能力。因此，高校必须坚持实践性原则，使大学生在理论与实践相结合中坚定理想和信仰，主动传播社会主义核心价值观，完成社会主义核心价值观培育工作从认知、认同到践行的转变。

---

① 喻义东．社会主义核心价值观基本属性及教育原则探析［J］．河海大学学报（哲学社会科学版），2015（2）：21-22.

② ［德］马克思，恩格斯．马克思恩格斯选集（第1卷）［M］．中共中央马克思恩格斯列宁斯大林著作编译局，编译．北京：人民出版社，2012：134.

全面贯彻实践性原则，做到知行合一是大学生价值观培育的重要内容，具体说来，应从以下几个方面考虑。其一，讲好理论。习近平总书记指出："要坚持政治性和学理性相统一，以透彻的学理分析回应学生，以彻底的思想理论说服学生，用真理的强大力量引导学生。"① 教师要在讲清楚、讲明白、讲透彻上下功夫，以自身丰富学识征服学生。大学生已经具备成熟的理论思维和独立思考能力，对理论的学理性和价值性要求更高。教师若是固守以往的教学模式，照本宣科，将课堂变为理论宣讲课，必然无法满足学生理论和实践学习的需要，导致课堂气氛沉闷，阻碍学生的学习欲望。由于思政课本身的政治性，教学内容须跟随党和国家大政方针不断与时俱进，这对教师的理论知识提出了更高要求。教师应及时更新教学内容，转换语言方式，根据学生的心理、兴趣、现有知识水平和能力，讲好社会主义核心价值观。其二，关注学生需求。大学生思想主流是健康向上的，具有高度的政治觉悟、积极的生活态度和正确的善恶观念，对祖国未来发展充满信心，表明当代大学生是充满理想、大有可为的一代。但在多元思想冲击下，部分大学生的价值观念出现偏差，个人主义、拜金主义、享乐主义思潮在少数大学生群体中蔓延。大学生迫切需要加强理想信念教育，树立坚定的社会主义、共产主义信仰，运用马克思主义立场、观点、方法去分析问题和解决问题。思想政治教育应关注学生实际需求，大力提倡社会主义核心价值观，体现学生主体地位，凝聚大学生思想共识，保证大学生实现自由而全面的发展。其三，提倡实践。当前大学生对社会主义核心价值观存在"重理论、轻实践"的现象，即对社会主义核心价值观持有较高认同态度，但在落实过程中存在一定难度，导致行动效率低下。高校要举办形式多样的校园文化活动，让学生参与到实践中去，将理论变为现实，增强实践能力。通过在实践中锻炼，有利于大学生群体将理论认知转变为实际行动，提升思想政治教育的实效性。

## 本章小结

归纳起来，新媒体时代大学生社会主义核心价值观的培育脱离不了马

① 习近平．用新时代中国特色社会主义思想铸魂育人　贯彻党的教育方针　落实立德树人根本任务［N］．人民日报，2019-03-19.

克思主义基本原理、思想政治教育方法论、传播学以及习近平总书记关于社会主义核心价值观论述的相关理论的支撑。马克思主义的实践观点、社会存在与社会意识关系的理论、列宁的灌输理论依然具有极强的理论指导性。而思想政治教育中的灌输理论法、隐性教育渗透法、榜样示范法等理论，则为社会主义核心价值观的培育提供了方法论指导。传播学的跨界借鉴丰富了本书的论述内容，拓宽了研究的视野。习近平新时代中国特色社会主义思想为社会主义核心价值观培育提供思想指引，引领发展方向。恩格斯认为："原则不是研究的出发点，而是它的最终结果；这些原则不是被应用于自然界和人类历史，而是从它们中抽象出来的；不是自然界和人类去适应原则，而是原则只有在符合自然界和历史的情况下才是正确的。"① 新媒体时代大学生社会主义核心价值观培育也必须在实践中坚持和运用正确原则，以便明确其目标和依据，从而增强针对性和实效性。具体而言，在大学生社会主义核心价值观培育的实践中应该坚持政治性、人本性、整体性、实效性和实践性五个基本原则。

① ［德］马克思，恩格斯．马克思恩格斯选集（第3卷）［M］．中共中央马克思恩格斯列宁斯大林著作编译局，编译．北京：人民出版社，2012：410.

# 第五章 大学生社会主义核心价值观培育的外部实现路径

“一切媒介都是人的延伸，它们对人及其环境都产生了深刻而持久的影响。这样的延伸是器官、感官或功能的强化和放大”①，这是传媒大家——麦克卢汉对媒介作用的独到论述。新媒体也可以视为人类社会场域的一个“映射”，是人类感官的总体延伸，与人们的社会生活相互渗透、不断互动，最终将变为人类生活不可或缺的一部分。新媒体是传播社会主义核心价值观的主要载体之一，也是影响高校开展社会主义核心价值观培育的重要变量。现实中，新媒体的网络空间中，信息庞杂混乱，给社会主义核心价值观的有效传播造成了很大滋扰与破坏，给大学生正确价值观的培育与践行带来了很大难度和阻力。为此，展开新媒体环境的治理优化势在必行，这关乎新媒体环境下社会主义核心价值观的大众化程度。

## 第一节 新媒体传播环境多维联动优化

### 一、法律规制

“法律是成文的道德，道德是内心的法律。”② 社会主义道德治理的全面推动与展开，可以驱邪扶正，抑恶扬善，重新焕发我国社会道德的勃勃

① ［加］埃里尔·麦克卢汉，等．麦克卢汉精粹［M］．南京：南京大学出版社，2000：360.

② 习近平．在首都各界纪念现行宪法公布施行30周年大会上的讲话［N］．人民日报，2012-12-04.

生机，对大学生社会主义核心价值观的培育与践行，亦有着非常重要的作用。当现实的道德要求失效，大学生社会主义核心价值观培育与践行效果不佳的时候，借助技术、法律与监管的强制性力量作为控制规范的外力，以消除网络中的诸多负面影响，就成了众望所归，这是因为法律通过建立有组织的社会制裁手段来确保其实施，其后盾是庞大的国家机器。法律一旦通过立法程序，变成人们所应该遵守的行为规范，就起到了硬约束的功能，人们就没有选择的余地。人们只能遵守，否则，就要受到法律的制裁。

### （一）新媒体立法的意义

法律是社会各个领域和谐运行、有序发展的重要基础与必要保障。网络空间是现实社会的延展，也不能例外，也必须以法律为准绳，开展依法治理。新闻传播立法的目的是保护人们按照一定的目的、价值、功能进行新闻传播活动、达到预期效果的现实利益，满足社会的现实需要。① 虽然法律为统治阶级的上层建筑，阶级烙印明显，但新媒体活动却是囊括全人类的、举足轻重的、实然存在的精神与物质交往活动。新媒体立法有助于充分展现与开启大学生的智慧，形塑良好的文化交流情境，构建现代社会治理模式、民主决策的国家，推动并完善现代民主国家政体。新媒体法规的建立与实施能够使新媒体正确行使自身权利、履行各种应尽的义务，能够使广大新媒体使用者（包括大学生）的权利得到有效保障，能够有效地厘清与协调各种传播参与主体之间的地位及关系。因此，我们可以说它既是一部新媒体权利的保障法，也是一部新媒体义务的履行法；既针对新媒体工作者，也针对政府与新媒体使用者。依法治网是依法治国之重要组成部分，是推动国家治理体系与治理能力现代化的必然要求，是推动、促进与保障互联网健康快速有序发展、建构网络强国的必然选择。让互联网在法治轨道上健康运行，让法治筑牢互联网发展的基石，既是构建网络空间“命运共同体”的必然要求，也是释放互联网更多红利的必要保障。②

---

① 阚敬侠．新闻传播中的法益冲突及其调整［M］．北京：法律出版社，2009：50.

② 戴宇峰．法治化治理是释放网络红利的保障［N］．光明日报，2015-12-18.

## （二）新媒体立法的多维理路

1. 提升新媒体从业人员的法治意识

现代社会是法治社会。新媒体是社会的公器，其从业人员责任重大。新媒体及其从业人员必须发挥媒体的职能：积极宣传法律知识、提升普通民众的法治意识，推动现代法治化建设进程，并充分发挥媒体的外在监督作用，这些也正是对新媒体使用者进行思想政治教育的一个重要向度；新媒体的宣传活动也要在法律规范的框架内开展，新媒体的违法行为将带来更加严重的后果。法律要以授权的方式，发布禁止性指引与义务性指引，为新媒体从业者提供一种法定的行为模式，引导新媒体从业者在法律许可的范围内活动。同时，新媒体从业人员要自觉学习法律法规，提升自身的法律素养，净化新媒体传播的法治生态，自觉弘扬法治精神，自觉地为培育大学生社会主义核心价值观创设良好的媒介环境。2014 年，中国新媒体工作者忠实地实践了党、政府与人民喉舌的神圣责任，自觉践行了以人为本的科学发展观，把第一手信息准确、及时地传递给广大受众，获得了党、政府与广大人民群众的高度赞誉。如 2 月设立抗战纪念日和国家公祭日，3 月的马航失联事件、反腐打虎——老虎苍蝇一起打、11 月的 APEC 会议与“APEC 蓝”等。2015 年的全国两会中，各主流媒体都运用了新媒体技术，报道形式更加鲜活接地气，《人民日报》首设全媒体平台“中央厨房”，新华社首推多媒体产品——“两会新华全媒头条”，《光明日报》的融媒体报道平台《炫融特刊》，缩短了两会和大学生的距离，让大学生感受到了我国的富强、民主、和谐、美丽，彰显了社会的公平、正义、法治，报道效果更加完美。

2. 借鉴先进成果，实现立法效益最大化

探索同新媒体权利及义务对等的新媒体的专项立法在我国已有 20 余年之历程，但契合公平、正义、权利与义务一致性等法治精神的新媒体专门法律尚未出台。而西方国家在这方面已经有了比较丰富的经验、比较成熟的法制规范，进行新媒体的专项立法须借鉴国外先进的经验及先进的立法成果，结合我国现实的司法实践，找准立足点与难点，把握新媒体的实践方向，规制操作性强、内容细化的法律条款，为社会主义核心价值观对大学生的传播提供有力的支撑。西方发达国家是新媒体技术的策源地，依托技术的优势，在媒介治理的经验上较为丰富，譬如立法衡量理论、双重基准理论、言论出版自由平衡理论等在立法层面预防不法行为，对当下我国快速发展的新媒体而言，有着较为重要的借鉴意义。为了应对大数据、云计算和移动新媒体时代的到来，早在2011年西方部分国家就率先出台了《网络空间国际战略》，旨在实现掌控制定全球互联网发展、治理与安全规则机制主导权。比如，西欧德国的新媒体法规有比较成熟的系统，法律原则论、基本权利价值位阶论、法律秩序位阶结构说、比例原则与法益衡量方法等理论范式，对我国目前的法律实践有着参考价值。东亚新加坡号召民众广泛参与制定互联网法规，集思广益，成立专门的非官方组织——“新媒体咨询理事会”，为政府互联网法规制定建言献策。我国也可以尝试成立由互联网运营商、专家学者、普通网民（包含大学生）组成非官方组织“新媒体咨询理事会”，为我国新媒体立法提供好的建议与思路，真正实现“集民之智，为民保驾护航”的目标。

3. 妥善处理党与新媒体的关系

我国新媒体立法的基本指导思想，就是把党对新媒体事业的政治领导、党通过国家法律实现对新媒体传播活动的法治化领导、新媒体服务人民的本质要求这三者统一起来。但是，目前党对新媒体的领导更多地停留在行政领导的层面上，“媒体在某一空间和时间里能够获得相对强势的话语权，仅仅是政策行为而不是法治行为导致的结果”①。党对新媒体的领导主要为宣传方向的把控，不是具体业务的领导。党对新媒体的领导，也是依照依法治国方略的要求，依据我国法律法规的要求，媒体必须姓党，让主流媒体发声，强化主流媒体的舆论导向。西方国家同样也概莫能外，“棱镜门”“伦敦骚乱”“占领华尔街”“美国国会山沦陷”等事件在经过新型社交工具的发酵传播后，面对所引发的社会问题，它们也强化了对于新型社交工具的立法和监管的力度。法律控制的理性在于它倡导或限制媒体行为的标准是明确的、普遍的、稳定的、可预见的，它可以克服领导者的人治行为的变动性和阶段性，使新媒体在大学生社会主义核心价值观的培育中具有一致性与连贯性，实现培育效果的最大化。

① 陈堂发．为何？何为？——论当代中国媒介权限［M］．北京：群言出版社，2007：110.

4. 实现新媒体法律规范的体系化

新媒体法律规范的体系化是指新媒体法律规范内部、法律规范相互之间和谐一致，互不抵触，符合宪法与法律有关新媒体自由、新媒体责任和新媒体权利等条款的基本精神。目前，我国新媒体法律的渊源很多，包括宪法、行政法规、法律、规章、地方性法规等，涉及经济、社会、行政、刑事、民事等多方面。这些法律规范之间并非完全一致、互不抵触，而事实上，确实存在同位法之间、上位法与下位法之间互相矛盾的现象。鉴于这种情况，相关部门根据2000年颁布的《中华人民共和国立法法》的要求，对这些已有的新媒体法律规范进行整理，使之符合宪法精神要求的统一性，并且能够形成有机的整体，这是目前解决这个问题的重要途径。新媒体法律要明确细化CP（网络内容提供者）、ICP（网络内容服务者）与SP（移动互联网服务内容提供者）的法律责任与法律义务。同时，对于目前出台的国家网信办发布的《移动互联网应用程序信息服务管理规定》，与正在实施的《中华人民共和国网络安全法》《中华人民共和国数据安全法》及《中华人民共和国个人信息保护法》，应该在“网络空间也需法律规范，我们既倡导网络利用自由，也要确保网络安全有序。自由为我们治理的目标，秩序为我们治理的保证”的指导下，坚持宪法视角与大学生广泛参与，保证公共利益的优先性。

5. 新媒体法律建设要强化国际合作

新媒体具有超时空性的特征，这为跨国界、跨地域违法犯罪提供了现实可能。不法分子只要拥有网络与网络终端，就能够连到网络上从事违法犯罪活动，如网络上的各种异端邪教学说的扩散、恐怖主义组织利用互联网募集资金招募人员等，而且，虚拟网络空间犯罪行为隐蔽性强，其危害性大，有可能涉及几个国家甚至全世界。因此，打击网络犯罪行为已成为人类面临的共同问题。这就要求各国在网络法律规制方面联合起来，强化国际的合作与交流，实现国际立法和国内立法互为补充，同时建立健全国际执法合作协调制度，真正地、有效地预防、控制与打击网络跨国犯罪。《中华人民共和国网络安全法》自2017年6月1日起施行以来，就不断丰富和完善了我国网络相关国家法律、技术标准，为大学生创设了一个风清气正的网络空间。

## 二、完善监管

在我国，对于新媒体的监管主要由新媒体主管部门、新媒体单位自身、新媒体协会等组织来完成。这三种监管的主体与新媒体之间有着千丝万缕的联系。而普通大众对新媒体的监督只有一种途径，导致监督通道狭窄，手段缺乏，即向这些机构举报，再由这些机构查证、处罚。此种过程时间较长，效度必然会大打折扣。同时，广大新媒体使用者（当然也包括大学生）的监督力量是弱小的，其话语权往往无法得到保障。要改变目前这种状况，主要可以从两个方面着手：一是切实增强新媒体行业协会的监管作用，把问题压缩在行业内解决，这样既可以降低社会成本，又可以提高新媒体公信力，让社会主义核心价值观成为新媒体的重要传播内容；二是把广大受众（包括大学生）组织起来，以独立于新媒体机构的社会监督机构的形式对新媒体进行监督评议。① 政府监管、行业协会、社会监督机构成为新媒体和广大受众沟通的桥梁，有利于受众对新媒体的监督，使代表官方文本的社会主义核心价值观成为传播的主要内容之一，引领规范社会主义核心价值观的传播生态，推动社会主义核心价值观培育的功能得到充分发挥。

### （一）行业协会管理

行业协会是新媒体伦理的实践平台，是人们经过民主对话和自由协商的方式应对与解决新媒体实践中的道德失范、伦理冲突与价值观碰撞，从而达成共识的重要场所。世界上很多国家、地区都已经建立起新媒体行业协会，其主要职能为“自我教育、自我管理”。英国新媒体协会内设了报业总评议会，后发展为报业投诉委员会；日本则设立两个不同的机构：一是日本新闻协会——代表报纸业，二是日本广播电视协会——代表广播电视业；法国新媒体业成立了新闻评议会；等等。西方国家媒体发展的历史与实践证明，行业协会对于新媒体从业人员职业道德操守的提升、道德品质的规约、业务能力的增强等方面发挥着非常重要的作用。目前，我国新媒体从业者也在逐步探索，建立符合中国国情的新媒体行业协会，实施对新媒体的自我管理与监督。其中，中华全国新闻工作者协会为党领导的全

① 梁庆婷．大众传媒的思想政治教育功能研究［D］．徐州：中国矿业大学，2011：143.

国性新闻工作者的人民团体。各地方也相应成立了各自的新闻工作者协会，制定行业协会的“村规民约”。其“村规民约”可以对违规行为进行告警：对发布不良信息的新媒体运营商实时实地告警，及时查找发现信息源，提出整改意见等。行业协会组织结构的搭建，对于新媒体从业人员的职业道德的提升、新媒体的规范运作、新媒体公信力的提高、媒体培育社会主义核心价值观功能的实现，都起到了良好的推动作用。

1. 完善行业自律规则

制定完善的行业行为规范与行为准则是新媒体行业协会的主要工作内容之一，同时也是行业协会高效健康有序运行之基础。当前，我国媒体行业的道德自律准则除全国性之外，还包含以下几类：一是行业性专业性的自律准则。这主要包括全国记协下辖的某些专门性的行业协会，行业协会又制定了针对本协会的专属性规则。例如，中国报协 1999 年 12 月根据广大会员单位的要求，针对行业问题，制定了《中国报业自律公约》。二是地方性媒体自律准则。这是地方政府依据当地的实际情况，因地制宜制定的自律规则，尚处于摸索阶段。三是新媒体组织类型的自律准则。例如，我国 2011 年成立的首家省级新媒体行业协会——上海市视听新媒体行业协会，制定了自己的行业规则，其目的是引导新媒体企业从盲目竞争走向“自律自治”。北京新媒体协会在其行业规则中指出，行业规则之目的在于：引导成员守法经营，维护成员的合法权益，积极摸索新媒体发展和运营模式。这些准则虽然侧重点各有不同，但都旨在弘扬职业精神、恪守职业道德、弘扬与践行社会主义核心价值观、维护队伍形象，注重新闻从业者的职业道德操守。

我国现有的新媒体行业自律规则的文本主要包括《中共中央宣传部、新闻出版署关于加强新闻队伍职业道德建设、禁止“有偿新闻”的通知》、《中华全国新闻工作者协会关于建立新闻工作者接受社会监督制度的公告》、《中国报业自律公约》、《中国新闻工作者职业道德准则》、《中共中央宣传部、广播电影电视部、新闻出版署、中华全国新闻工作者协会关于禁止“有偿新闻”的若干规定》、中国互联网违法和不良信息举报中心与百家网站签订的《积极开展举报工作承诺书》等。伴随着新媒体发展的纵深化，针对网络虚拟空间出现的新问题，国家新闻出版广电总局在 2012 年下发了《关于进一步加强网络剧、微电影等网络视听节目管理的通知》，

2013年最高人民法院和最高人民检察院（简称“两高”）又出台了有关网络诽谤的司法解释，2014年新广告法规定“未经机主同意不得向手机发送广告”，2014年国家网信办发布的《即时通信工具公众信息服务发展管理暂行规定》（简称微信十条）等，都是对新媒体治理的及时回应。继2017年开始施行全面规范网络空间安全管理的基础性法律《中华人民共和国网络安全法》和2020年3月起正式实施《网络信息内容生态治理规定》之后，《中华人民共和国数据安全法》《中华人民共和国个人信息保护法》《关键信息基础设施安全保护条例》相继出台与实施。但是，在全球范围内网络空间依旧处于失序状态，不良网络社会思潮利用网络空间的虚拟性和跨时空性在全球网络空间恣意制造乱象。此外，还有一些省、市自行制定的自律公约。综观这些法规条例、通知公告，大多属于行业自律的性质，这对于当下移动新媒体的治理起到了不容忽视的作用。但这些大多是大而化之的原则，缺乏具体的、可操作性强的条款，关键是缺乏强大的法律约束力，实践操作难度较大。例如，“有偿新闻”、网络删帖等问题一直屡禁不止，而各条款对这个问题基本都有涉及，但都缺乏对“有偿新闻”的具体界定、缺少明确的惩罚措施，也没有具体的监管部门。可见，新媒体行业协会制定严格、具体、细致、可操作性强的新媒体自律信条的任务迫在眉睫，如将“有偿新闻”划归新媒体行业协会管理，明确处罚措施，唯有这样才能使新媒体行业协会真正承担起监督职责。

2. 以行业规则，引领新媒体从业者自律

新媒体作为信息的主要传播工具与社会主义核心价值观培育信息的重要载体，其从业者综合素质直接影响大学生社会主义核心价值观培育渗透的效果。要通过提高新媒体的从业人员尤其是把关人员的思想政治素养与职业道德素养来加强媒体自律，日常工作中要加强国家政策法规的学习，加强学后的考评，使其时时刻刻不忘记自身的神圣使命与责任担当，牢记党和人民“喉舌之责”，强化正向舆论导向，不可剑走偏锋与哗众取宠，坚守精品意识，凸显社会主义核心价值观的价值导向。新媒体从业者特别是商业网站要积极承担社会责任，提升自身素质，展示良好的形象，成为大学生价值观的知识的领航者，成为社会主义核心价值观培育的“放大器”。

3. 管理方式的多元化

（1）开展多种方式的培训活动

目前，我国新媒体从业者在参加的各项培训中，业务是主要内容，而从业者的职业操守、职业道德被旁置，存在“谈起来重要，做起来较难”的错误倾向。实践中，新媒体从业者的道德素质、业务素质及工作效能三者关系如同木桶原理一样，其最终效果取决于最短的部分。各级新媒体行业协会在注重提升从业人员的业务素质之时，也应强化道德建设，提升从业人员的道德素质。业务素质与道德素质的提升可以通过各项培训活动来实现。例如，新媒体组织可以选拔优秀新媒体工作者参加各级党校学习，全方位学习社会主义核心价值观理论，在新媒体组织内部可以定期或不定期组织学习党的各项政策、宣传部门的文件，尤其是深入研读及贯彻中共中央办公厅发布的《关于培育和践行社会主义核心价值观的意见》，明确新媒体行业的职责，提升宣传社会主义核心价值观的积极性与主动性，提高新媒体从业人员的职业道德素养。

（2）组织新媒体评奖活动

新媒体的主管部门与行业协会要创设专门的评奖活动，并且推动评奖活动常态化。设置的奖项不仅要注重业务能力，还要注重新媒体从业人员的职业道德，唯有德才兼备的佼佼者才能成为获奖者。此外，还可以设置专门的奖项，如在对大学生社会主义核心价值观的宣传与教育方面所做的突出贡献，表彰新媒体组织与新媒体从业人员。新媒体组织的奖项专门针对全国各级媒体，根据新媒体在大学生社会主义核心价值观的宣传与教育方面，对社会责任、社会意识形态的积极引导等方面的影响效果，评出若干个典范的新媒体，对新媒体的社会责任感进行正面的评价与引导，以表彰它们对社会传播积极、正面、正义的内容所做的贡献。与此同时，也可考虑评出若干“道德责任缺乏的媒体”，引导大学生不去阅读、收听、收看这些新媒体的节目，呼吁广告商不在这些发布负面信息的新媒体上投放广告，甚至可通过政府相关部门对这些新媒体进行批评、限制甚至处罚，消除其消极影响。对于评选出的新媒体从业人员，在给予必要的物质奖励的同时，也可通过举办优秀新媒体工作者的报告会与成立优秀新媒体工作者事迹宣讲团，使其个人影响力与美誉度得到提高，也使广大新媒体工作者有积极进取、不断进步的动力与目标。

（3）开展丰富多彩的活动

各新媒体行业协会可以经常联系，相互沟通，取长补短，定期或不定期地开展社会主义核心价值观宣传与教育方面的知识竞赛、专题讲座、经验交流等活动，也可以与院校的相关学者合作，针对大学生网民设置他们感兴趣的内含社会主义核心价值观的话题，以达到“吸睛”的目的，并展开必要的互动，在话题导引及互动中达成价值共识。在信息供给服务之中融入社会主义核心价值观的认同教育；也可以通过组织申报课题，对不符合社会主义核心价值观的传播现象进行专项调查分析，“用社会主义核心价值观占领网络阵地。创建一批有影响力、有特色的网站。建立舆论场，主动设置议题，讲好中国故事，发出‘中国声音’”①，并将研究结果用以指导实践，以此来强化新媒体职业道德学习的效果。

（4）专职督查员与道德顾问的指导与监督

督查专员一般由电台、报社、软件提供商、技术提供商、商业网站运营商、行业主管部门等选聘专业的从业人员及专家学者担任。为了使监督独立有效，践行公平正义，新媒体的内部从业人员担任督查专员只与所任职部门签订不定期的工作合同。督查专员的职能主要为：调查新媒体发布的内容，做好内容的把控，指导新媒体的信息发布导向；开展必要的调查，如大学生对新媒体发布信息的满意度、对新媒体发布不良信息的内容指控；可以对大学生社会主义核心价值观的培育做专项调研；如外部机构及个人与新媒体机构发生微小的争议，此时督查专员可以从事调解工作，化解矛盾，促进和谐。督查专员要定期发布新媒体态势报告，报告要传送至新媒体主管部门、行业协会，甚至可以公开发布，以满足受众的知情权。道德顾问的职责与专职督查员基本相同，主要是检查、指导新媒体从业人员的职业行为，对于新媒体工作者的道德行为进行评价，使之符合社会的道德要求。② 专职督查员与道德顾问的设立，可以使行业协会对于新媒体组织与从业者的管理落到实处，使社会主义核心价值观成为新媒体宣传的主要内容之一，也使新媒体道德规范的实施机制得到有效保障。

---

① 陶绍兴，朱芬华，计宏亮．新媒体环境下大学生社会主义核心价值观的培育路径探究［J］．佳木斯大学社会科学学报，2014（5）：83-84.

② 王善华．市场经济条件下新闻从业人员职业道德建设［D］．南京：河海大学，2006：50.

## （二）社会各种力量的监管

社会监督机构要实现自身价值，首先，必须取得新媒体的支持，让新媒体机构和新媒体从业人员理解其可能带来的帮助，可以避免或减少法律诉讼；其次，要在新媒体从业人员和广大受众的心目中树立起道德权威，推动其成为社会主义核心价值观的忠实传播者，成为传递正能量的“代言人”，这样才能有令大学生信服的力量；最后，要有合法性，不仅包括身份的合法性，也包含程序的合法性、执行的合法性等，促使其依法依规传播信息，自觉屏蔽有害信息，自觉负起净化网络空间的责任。客观、理性、全面地追踪与报道社会热点新闻，及时纠偏，澄清网络谣言，以正确价值导向为基础，积极履行对国家、社会应有的责任及义务。

1. 建立社会监督机构的条件保证

建立社会监督机构的条件保证主要有三个方面。一是制度保证。社会监督机构应以民间组织的身份，依法进行登记，并且必须制定一定的行业准则、规定和章程。其活动与我国的新媒体法规、政策保持一致，与我国的社会公德和新媒体行业的职业道德保持一致，还应该与我国的社会主义现代化进程保持一致。二是成员保证。这里的成员概念包括两个方面的内容。一方面是新媒体组织成员。多数新媒体都希望有良好的社会形象，有众多支持自己的受众，而加入社会监督机构中来，成为其会员，可以约束其行为，维护其形象，对新媒体的持续协调发展有诸多益处。另一方面是在社会监督机构内部也必须设置专职督查员或道德顾问。他们能够把广大受众的意见整合、凝练，通过制度化的常设程序送报新媒体机构或新媒体管理的行政机构，借助行政的力量使受众的个体监督得以执行。三是经济保证。尽管社会监督的相关机构是非营利性的，但它的运行需要一定的资金作为保证。其资金来源可以有三种途径：第一，新媒体组织的会费。可以动员新媒体组织加入接受社会监督的机构中来，成为其会员，每年交纳一定数额的会费，在“取之于民，用之于民”的原则下，用作社会监督机构进行受众调查或信息反馈的运作资金。第二，赞助资金。由有较强公益心且有较强经济实力的企业对社会监督机构进行赞助支持。第三，财政拨款。这是借助于政府的扶持，由国家财政拨款赞助，具备半官方的性质。这三种途径各有利弊，最重要的是让资金来源保持客观中立，让资金使用保持合理透明。

2. 社会监督机构的设立方式

社会监督机构的设立方式主要有两种。一是设立监督委员会。新媒体的社会监督机构可以监督委员会的形式存在，下设秘书长负责召集会员，负责日常工作事宜。委员会人员可由一名轮值主席和若干名委员组成，人员来源包括新媒体界资深人士、学界相关领域的专家学者、法学界熟悉新媒体官司的著名律师、企业界关心新媒体发展的成功人士和社会公众代表等。委员会定期召开例会，遇到重要事务、突发事务可临时召集。委员会应定期向社会和新媒体组织提供评议报告。二是创办专业性新媒体评论栏目，如大学生社会主义核心价值观宣传与教育的专栏。创办专业性的新媒体评论栏目，不仅可以促使广大有识之士积极建言献策，促进广大科研工作者的理论成果转化为实践成果，实现百家争鸣、百花齐放的媒介批评生态，而且可以提高新媒体业界的水准，使其更好地为社会服务，为广大受众服务，从而更好地充当党的宣传员和人民喉舌的角色，创建大学生社会主义核心价值观培育的良好生态。

3. 社会监督机构的运行机制

社会监督机构的运行机制主要体现为监督机制、协调机制及评估机制。作为一个民间的、非政府的监督机构，作为沟通受众与新媒体的桥梁，它应该建立一系列相关措施，如受理各种形式的举报制度、调查核实的程序、解决处理的手段等，以此来对新媒体的传播行为尤其是道德行为进行专业化的解读与研判，并能定期公布调查结果，从而使这种监督具有一定的威慑力和影响力。协调机制。对于受众与新媒体的摩擦、新媒体组织之间的不良竞争、与国外新媒体组织的民间合作等，需要监督机构形成一定的程序和方法，听取各方意见，给各方提供申诉与答辩的平台，促进有效沟通和真诚合作，最后可以通过集体审议，形成调解方案来解决问题。评估机制。社会监督机构应该定期对新媒体界、新媒体组织、新媒体从业人员的道德水平和业务能力进行评估，并将结果公之于众，告知违法行为，形成一定的舆论压力，促成问题的转化。对于道德水平高、业务能力强的新媒体予以肯定和赞赏，对于道德失范、业务不精的新媒体给予建设性建议，以此来促进新媒体的良性发展。

学者徐宝义指出："有了新媒体，不仅信息传播的数量，而且速度和广度都发生了革命性的变化。有了网络，人人都可以发布信息、发表评论、臧否人物，参政议政。毋庸置疑，网络的出现使长久以来一直被官方牢牢掌握的话语权逐渐瓦解。"① 大众能够承担起新媒体监督的责任，一方面有利于新媒体的健康发展，另一方面，有利于调动大众积极性，主动地参与到新媒体对社会主义核心价值观的传播与教育过程中来。2014 年上半年，就共有 3500 万用户通过腾讯安全中心举报了约 6000 万条有害信息，有 365 万个恶意账号被冻结，这体现了用户参与新媒体治理的显著成效。② 同样，近年来"朝阳群众"和"西城大妈"频现媒体，成为群众举报违法犯罪活动的代名词。实际上，"朝阳群众"和"西城大妈"都是维护社会治安、打击犯罪活动的志愿者。群众的眼睛是雪亮的，新媒体的网络监管需要有更多的"朝阳群众""西城大妈"参与，发挥他们独特的作用。依靠广大群众的主动支持与参与，网络违法与不良信息必将受到有力遏制，社会主义核心价值观传播生态将更加优化，社会主义核心价值观将会得到更多大学生的认同，并积极践行。

## 三、技术控制

立法为制度层面，它的执法必须付之于技术手段。习近平总书记指出："积极探索有利于破解工作难题的新举措新办法，充分运用新技术新应用创新媒体传播方式，占领信息传播制高点。"③ 新媒体是人类技术发展与变革的产物，只有法律的规范与社会的监管，还是不够的。现代科技手段与新媒体社会建设的法治化、道德化是相互促进、相辅相成的。因此，我们必须与相应的技术形成合力，加大对新媒体技术的研究、开发与推广力度，保障新媒体社会信息的"纯净度"和正常的传播使用，以技术与法律相互配合来净化网络空间，为大学生社会主义核心价值观的宣传与培育提供一个风清气正的网络空间。

---

① 徐宝义 . 新时期中国共产党运用新媒体密切党群关系初探［D］. 北京：中共中央党校，2010：37.

② 吴琳琳 . 3500 万用户主动举报恶意账号 腾讯封停百余微信公众账号［N］. 北京青年报，2014-08-07.

③ 中共中央宣传部 . 习近平总书记系列重要讲话读本［M］. 北京：学习出版社，人民出版社，2014：107.

### （一）利用防火墙和过滤技术

利用防火墙技术对新媒体中的庞杂信息进行分级，对有悖于大学生社会主义核心价值观培育的消极不良的信息进行屏蔽，如设置网络资源的访问预设控制，加强对路由器的访问控制链表控制，提升防火墙的管理功能，即在网络层（IP）与传输层（TCP）控制对有害网络资源的访问，屏蔽一些不良网站传输的信息，并坚决予以关闭取缔，就可以有效地滤掉一些负面信息，对一些不道德的破坏行为进行控制，从源头上杜绝不良信息，才是净化新媒体环境的长久之道。同时，扩大充满正能量信息的供给，如利用技术手段，把充满正能量的信息置顶，图文并茂，吸引大学生的眼球，使其成为大学生的最爱，让新媒体成为大学生接受社会主义核心价值观的新平台。

### （二）运用口令设置与数据加密技术

加密技术可以有效地抵制一些重要信息被随意复制、篡改、玷污等。口令设置为信息系统的第一道关口，因此，严密的口令保护就尤其重要。当前，加密技术、口令设置用来规制新媒体虚拟社会中出现的伦理问题，实现传播内容的规范化已成为趋势。例如，我们在网上建立传播社会主义核心价值观的专题网站时，要设置复杂的口令，并定期或不定期地更换口令。同时，也可以运用加密算法及加密密钥，把明文转化为密文，对后台的关键信息进行隐藏，防止别有用心的黑客对网站进行恶意攻击，篡改关键信息，保障网站的安全性。

### （三）利用大数据甄别不良信息

随着人类社会技术的飞速推进，人类进入了大数据时代。我们运用既有的技术通过大学生的飞信、微信、微博、QQ 等社交软件汇集的信息已经不可能为静态的数据，而是动态的、流变的数据。借助于大数据及云计算平台，我们可以对这些信息开展实时分析、动态跟进、发展趋势预判，并探寻不良信息的发端之地，控制其扩散的范围，消除不良信息的影响，从根源上去除不良信息。同时，借助于大数据技术及云计算平台，我们对新媒体中所有的数据进行收集与分类整理，实现“样本=总体”的理想局面，突破传统的以少量样本或随时随机抽样来研判信息传递状况，实现对不良信息的精确定位，并及时地采取相关的技术手段进行屏蔽、过滤。

总之，新媒体时代下传播环境的多维联动优化，既要有法律的规制与监管的完善，也要有技术控制，三者相互配合协同，形成合力，逐步实现新媒体传播环境的优化，为大学生社会主义核心价值观的培育创设一个风清气正的网络空间。

## 第二节　构建新媒体平台协同培育模式

系统论认为，世界上任何一个事物都可以看成一个系统，系统是“处于一定的相互关系中的与环境发生关系的各组成部分的总体”①。大学生社会主义核心价值观教育工作就是一个系统工作，由各部分、各要素组成。它们有机地联系在一起，是系统整体，也是一个“过程的集合体”。因此，要构建大学生社会主义核心价值观培育工作的最优系统，就应搭建以学生主动参与为目标、学校为内核，联结家庭、社会等要素，整个交往和谐共进，交往过程趋近“无障碍”状态的立体式构架。

### 一、发挥学校的主阵地作用

当前，大学生社会主义核心价值观培育的主渠道与主阵地是思想政治理论课。如何提升思想政治理论课教学效果，是党和国家都非常关心的问题。《中共中央、国务院关于进一步加强和改进大学生思想政治教育的意见》提出，大学生思想政治教育的主渠道是高校思想政治理论课，应“力争在几年内使思想政治理论课教育教学情况有明显改善”。2015 年以来，教育部先后公布实施了《普通高校思想政治理论课建设体系创新计划》《高等学校思想政治理论课建设标准》。计划与标准是教学效果改善的路线图。

#### （一）发挥思政课的主渠道和主阵地作用

进入新时代以来，以习近平同志为核心的党中央高度重视高校思政工作，围绕“培养什么样的人，如何培养人，为谁培养人”等关乎党的事业的重大问题，做出了很多重要的、划时代的论述。这些重要论述成为卓有

① ［奥］路·冯·贝塔朗菲．普通系统论的历史和现状［J］．王兴成，译．国外社会科学，1978（2）：71.

成效开展思政教学工作的根本点。新媒体时代，高校思想政治教育工作机遇与挑战共存。如何应对时代发展的新机遇，是目前摆在高校思政课堂面前的重要话题。高校思想政治教育工作要发挥好思想政治理论课的主阵地作用，尽量借力于新媒体的德育优势，规避新媒体所带来的风险挑战，运用互联网思维在理论及实践上不断创新，与时俱进，顺利实现高校思想政治教育的育人目标，培育契合我国经济社会可持续发展的新型人才。

1. 教师素质的提升

从学校课堂教育的维度，高校思政老师是社会主义核心价值观的传播者和忠诚践行者，在大学生社会主义核心价值观的培育中处在主导性地位，其业务水平的高低直接影响大学生对于社会主义核心价值观的实现程度，影响大学生思想与人格的发展。要注重“课程思政”建设，从专业课程中挖掘思想政治教育资源，通过隐性思政元素的渗透，通过生活经验的传导，在潜移默化中使学生理解和认同社会主义核心价值观。①

（1）高校思政理论工作者的全面优化

习近平总书记反复强调：“讲思想政治理论课，要让信仰坚定、学识渊博、理论功底深厚的教师来讲。”② 思政教师是社会主义核心价值观培育的关键一环，其教学能力直接影响价值观培育目标的实现。因此必须培养优良的师资队伍，提高教师的专业性。目前最为紧迫的是，高校广大思政课教师要迅速补上社会主义核心价值观研读不熟、不透、不深的理论短板，集中研读。新媒体时代，我们要提升大学生社会主义核心价值观培育工作的实效性，思政队伍的优化最关键，其必须具备较高的业务水平。思想政治教育要实现教育教学目标，则要求讲授者必须有扎实的理论功底与精湛的教学艺术。这绝不是任何时候任何人都可以走上讲台讲好的“教条”。只有培养造就一批马克思主义理论基础扎实、马克思主义科学信仰坚定、马克思主义创新能力较强的方永刚式的马克思主义理论探索者和实

① 郭佳鑫，巩梦丹．自媒体时代大学生社会主义核心价值观的实践养成和生活载体研究［J］．中学政治教学参考，2020（22）：74．

② 习近平．思政课是落实立德树人根本任务的关键课程［J］．求是，2020（8）．

践者[①]，才能培养出有思想、有灵魂、有才能的学生。这意味着要避免社会主义核心价值观的泛泛而谈，“青年之于党和国家而言，最值得爱护、最值得期待”[②]。作为一名思政教育工作者要持守耐心、爱心、恒心，要熟稔时代变迁下青年大学生的特点规律，勇于成为青年大学生的知心朋友，引导帮助青年大学生“用脚步丈量祖国大地，用眼睛发现中国精神，用耳朵倾听人民呼声，用内心感应时代脉搏，把对祖国血浓于水、与人民同呼吸共命运的情感贯穿学业全过程、融汇在事业追求中”[③]。必须做好相关教师的选拔，仔细审查其学术背景、评价其实践引导能力，切切实实让一批真信真懂马克思主义的教师走在教学一线。

（2）提升队伍素质

第一，注重修养，示范引导。

马克思认为：“有一种唯物主义学说，认为人是环境和教育的产物，因而认为改变了的人是另一种环境和改变了的教育的产物……这种学说忘记了：环境正是由人来改变的，而教育者本人一定是受教育的。”[④] 习近平总书记反复指出，师者为师亦为范，学高为师、德高为范。高尚的师德、过硬的师风是思政教师的底线思维，更是思政教师的工作红线。“要做群众的先生，先做群众的学生”，这些创新思想都鲜明地指向了高校思政教师既是智慧的学者，也是学生人格修养的楷模；不但要关注言传，更要关注身教，成为大学生健康成长的引路人与指导者。教育的过程具有很强的示范性，不但包含教师学识的示范性，也包含教师工作方式甚至人格的示范性，特别是教师的人格特征直接关系到学生人格的形塑。“无论现实如何变幻莫测，也无论是社会使命的驱使，还是自然责任使然，对于‘爱’‘心灵’等原始意义的呼唤始终是教育者不可推卸的责任。”[⑤] 广大高校教

---

① 李绍伟，池忠军．培育和践行社会主义核心价值观的首要范导力量［J］．理论与改革，2014（2）：127.

② 习近平．在庆祝中国共产主义青年团成立100周年大会上的讲话［N］．人民日报，2022-05-13（2）.

③ 坚持党的领导 传承红色基因 扎根中国大地 走出一条建设中国特色世界一流大学新路［N］．人民日报，2022-04-26（1）.

④ ［德］马克思，恩格斯．马克思恩格斯选集（第1卷）［M］．中共中央马克思恩格斯列宁斯大林著作编译局，编译．北京：人民出版社，2012：138.

⑤ 董云川，等．寻找迷失的象牙塔［M］．北京：人民出版社，2012：109.

师在大学生社会主义核心价值观的培育中，应当以深厚的学养、过人的才情、充沛的情感、高尚的品格为基础，升华为精神气质与人格魅力，融入社会主义核心价值观培育的教学活动中，润物细无声地影响大学生的人生观与价值观。

第二，提升素养，消弭鸿沟。

在人人都是传播者的新媒体时代，“人—媒”互动频率剧增，媒介的“软利器”渗透无处不在。反思现状，与国外高校网络素养教育的开展情况相比，由于受制于信息技术发展脚步的相对滞后和主体思维观念的相对固化，国内大多数高校在工作的主动性、时代性、本土性三个维度上存在着严重缺失。① 高校思想政治教育工作者新媒体素养的提升时不我待，必须及时补进。

要主动借助新媒体平台，进入学生们关注度高、使用频度高的网络阵地，经过平等的、高质量的沟通交流，在增强文化底蕴、引领价值追求、丰富思想内涵、提升审美品位上下功夫。思想政治教师要谙熟新媒体各种技能，善于把新媒体技术自觉嵌入日常的德育工作中，擅长大数据智能分析，能够在多元化的网络生态格局中与青年学生之间形成互动交流。要推动网络素养教育进课堂，发挥课堂教学体系性强的优势，通过课堂教学的传统方式深入解读网络社会的新现象、新问题。目前大学可以适时开设“辅导员微博平台”，以新媒体来掌握学生思想动态，拓展高校思想政治教育新平台，引领社会思潮，实现全员育人机制的建构。

第三，增强学识，提升魅力。

理论功底深厚才能充分发挥社会主义核心价值观领学人的作用。首先，教师必须不断提高学习能力，全面了解社会主义核心价值观的丰富内涵，准确掌握其形成的历史渊源、主要内容、价值导向，深化研究阐释和内涵解读，为培育和践行社会主义核心价值观提供理论基础和学理支撑。其次，教师要深入学习马克思主义基本原理及马克思主义中国化的重大理论成果，尤其是习近平新时代中国特色社会主义思想，用党的理论成果武装头脑、指导实践、推动工作，以正确的思想引导人，以正确的价值观影响人。最后，教师要及时总结，形成体系，将学到的新思想、新观点转化

① 蒋广学．试论网络素养教育的现实困境与突围途径［J］．北京教育·德育，2013（12）：6.

为教学实践，将社会主义核心价值观更好地融入各专业课教学，教育引导青少年争做践行社会主义核心价值观的表率。

2. 理论内容解读的彻底性

传播学中的“编码解码”理论认为，人类的信息传递活动是一个从编码至解码的过程，一种观念、信息与态度绝不可能直接传给接收者，而是必须通过传播者编码之后进入传播通道，接收者要理解这些被编码的信息并依据自己的文化背景对其进行解码，也就是心理学中所谓的认知图式。“传播成立的重要前提之一，是传收双方必须要有共通的意义空间……共通的意义空间，意味着传收双方必须对符号意义拥有共通的理解，否则传播过程本身就不能成立，或传而不通，或导致误解。”① 只有编码与解码比较接近，信息的作用才可能产生。要确保传播者所编码的信息在接收者意识里被准确解码，就要求传播者与接收者拥有共通的意义空间，而从日常经验与人类历史上来考察，这种沟通交流的窘境几乎俯拾即是。

作为思政教育工作者，就是要把马克思主义理论作为自己的最高精神追求。“马克思主义始终是我们党和国家的指导思想，是我们认识世界、把握规律、追求真理、改造世界的强大思想武器。”对待马克思主义要做到真学、真懂、真信、真用。马克思主义认为，“理论只要说服人，就能掌握群众；而理论只要彻底，就能说服人。所谓彻底，就是抓住事物的根本”②。思想政治教育课堂的“闪电”要击中大学生的头脑。高校思政课堂传播内容是社会主义核心价值观。社会主义核心价值观有其严密的逻辑结构，在理论的阐释上要抓住体系的要义和根本，彰显出科学理论应有的感召力与自洽性，就要充分利用其固有的理论魅力，从体制、机制满足它能够发力的条件，驱动价值观主体对社会主义核心价值观能够主动认知，主动发生联系，产生“需要”的“缺乏状态”和“平衡倾向”,③“补养”理想信念教育领域理论解释框架的孱弱，避免大学生价值观教育中“意识形态飘浮”的出现。

大学生对社会主义核心价值观的理论认知是关键。一个人的品德形成

---

① 郭庆光．传播学教程［M］．北京：中国人民大学出版社，1999：6.

② ［德］马克思，恩格斯．马克思恩格斯选集（第1卷）［M］．中共中央马克思恩格斯列宁斯大林著作编译局，编译．北京：人民出版社，2012：9-10.

③ 张彦君．社会主义核心价值观认同驱动力研究［J］．河南社会科学，2014（7）：12.

都是“知情意行”的逐步发展与相互作用及影响的结果，这是符合青少年品德形成发展规律的。正如古希腊哲学家赫拉克里特所说：“听从我的‘逻各斯’，那就是智慧的。”① 苏格拉底更是鲜明地提出“美德就是知识”②。若没有理性为基础，一个人的美德是难以形成的，“一个人若是没有理性，勇敢对他是有害的”③。在古代中国，《大学》中指出，大学之道在“格物”“致知”，在“明德”“修身”“正心”“诚意”等，《中庸》直截了当地提出“天命之谓性，率性之谓道，修道之谓教”，孔子也谆谆告诫弟子“好仁不好学，其蔽也愚；好知不好学，其蔽也荡；好信不好学，其蔽也贼；好直不好学，其蔽也绞；好勇不好学，其蔽也乱；好刚不好学，其蔽也狂”④。上述这些，都指出人的品德形成中理论认知的重要性。难怪朱熹在反复推敲与思索“知”与“行”孰轻孰重、孰先孰后时说了极其辩证且符合人的品德形成发展规律的一句话：“论先后，知为先；论轻重，行为重。”⑤

对“三个倡导”社会主义核心价值观的提出，在理论界和现实宣传中，一些人混淆视听，曲解马克思主义的原意，不断丑化或者误读质疑社会主义核心价值观的理论合法性，视其为无用之学，将其中的民主、自由、平等等同于西方国家所宣称的“普世价值”。这些错误的论调借助于移动互联网的传播，很大程度上影响了一部分大学生对核心价值观的理论认知。敌对分子的恶意抨击，可能会削弱大学生对社会主义自由与民主的信任感，如何合理、正确地解释这些现象是培育的关键。“自由、平等、公正、法治”中，“自由”的认知及认同必须加强，应当从学理上深度诠释好这里的“自由”与资本主义中“自由”定义的异同，清除“资产阶级自由化”的历史及现实负面影响。对社会产生的“不公正”与“不平等”现象进行合理解读，是消弭信任危机并开展价值观培育的重要方式。对于一些有法不依的社会现象与法制不健全的原因进行正确阐释，有利于提升大学生对“法治”的信任度，有利于大学生社会主义法治观念的逐步

---

① 北京大学哲学系外国哲学史教研室．古希腊罗马哲学［M］．北京：生活·读书·新知三联书店，1957：23.

② 上海师范学院编选．欧洲哲学史原著选编［M］．福州：福建人民出版社，1985：68.

③ 上海师范学院编选．欧洲哲学史原著选编［M］．福州：福建人民出版社，1985：67.

④《论语·阳货》。

⑤《朱子语类·卷九》。

养成。

马克思主义是网络社会主义意识形态话语体系生成发展的重要理论之基，脱离了这个理论之基，就会丢失灵魂。如要进一步推进大学生对社会主义核心价值观的政治认同、理论认同与情感认同，高校教师就必定要依托坚实的马克思主义的理论根基，在经典原著中寻根溯源、固本开新，旗帜鲜明地指出与西方价值观的本质区别；从理论、学术及实践的领域深度探讨社会主义核心价值观，向广大学生透彻阐释社会主义核心价值观的科学内涵与实践指向，做到情理交融、深入浅出，使社会主义核心价值观真正变为大学生情感的寄托、心灵的罗盘。

3. 价值观教育的“生活化”

马克思说过，“社会生活在本质上是实践的”，“人们的存在就是他们的现实生活过程”以及“个人怎样表现自己的生命，他们自己就是怎样”，等等，这些论断都是我们耳熟能详的。我国著名的教育家陶行知先生明确说过：“没有生活做中心的教育是死教育，没有生活做中心的学校是死学校，没有生活做中心的书本是死书本。”[①] 他鲜明提出了“教育要通过生活才能发出力量而成为真正的教育”的论断，可谓至理名言。这些都是我们今天社会主义核心价值观教育“生活化”命题的重要思想来源和理论支撑。从本源上讲，“思想政治教育是一种传播活动”，要尽量借鉴传播学理论的成果展开对新媒体环境下大学生社会主义核心价值观培育的教学活动。为此，在课堂教学中要构建起师生共通的语言意义空间。

同时也要保证价值观教育与大学生群体所处日常生活世界的亲缘性。日常生活世界是大学生生存发展和资源蕴含的基本场域，立足大学生主体日常生活世界的发生逻辑对思政课教学资源进行整合开发，将课程理论中的“科学世界”与学生实际的“生活世界”建立有效联结，营造良好的资源环境空间，推动思政课教学与主体日常生活的双向渗透，有利于教学资源的动态发展，以及强化学生主体对教学资源的认同与理解。“生活世界”最初源于胡塞尔生活世界哲学，主要强调在其自由的束缚性中作为基础和作为奠基的统一，作为自由的意识创造和作为一个必然性的产物的统一，正是在这种必然性中有着生成的习俗、生成的人类组织、宗教、艺术和纯

---

① 陶行知．中国教育改造［M］．北京：人民教育出版社，2008：124.

粹的精神意向性的超主体根源，而且它们只有这时才有能力构造起一个立足于纯粹明见性基地上的人类，① 反映出日常生活世界具有基础性、根源性和构塑性等特征。

（1）契合虚拟空间的传播方式

思想政治理论课的教学是一种信息传播活动。每次的教学，教师必然要思考“编码”是否能够被目标群体解码。这就要求教师要完全熟知学生日常生活观念中所使用的“解码”系统情况与基本的“意义空间”，在相通的意义空间上对教学内容进行编码。新媒体环境下浸淫成长起来的大学生，其思维方式和话语风格，显然受到了媒介生成机制的深刻影响。目前，在思想政治理论课教学活动之中，学生对思想政治理论课的直接判别基本来自意义空间的“内容”与“尺度”两个层面。意义之“内容”是承载传播信息的具体内容，如词语的话题类别、系统；意义之“尺度”是意义生成空间的标准，判定事物是非的准则。意义的内容也是能否实现正向传播的重要条件，传播者如能运用接收者比较喜欢的语词与话题，则正向传播容易发生；如果语词或话题完全不在接收者熟悉的范围之内，那么传播就是困难的。② 为此，思政课堂老师，要熟谙虚拟空间的叙述风格、语境的转换，实现社会主义核心价值观内容的具象化；感同身受学生的情感流露方式，在话语沟通上能够在一个“意义空间”展开，实现情感的共振，这样才不会遗漏学生在网络虚拟空间中进行“灌水”、发牢骚的网络舆情，而错失在虚拟空间中对大学生开展社会主义核心价值观培育的契机。

目前高校思政工作人员在微博、QQ、微信上和同学们的互动交流，看似潜移默化，但是“点赞”“有爱”的背后都满含正能量，是彼此人生阅历、价值理解的互换和交流，这也是社会主义核心价值观的传播。比如笔者所在高校2015年6月的毕业典礼上，参加毕业典礼的毕业生通过扫微信二维码，开展发送方言版的毕业祝福、毕业微视频以及赢得与校长上台合影，并共进午餐的机会等新颖的活动，激活了学生的参与热情，拉近了学生与学校之间的距离，增进了毕业生强烈的荣校爱校的主人翁意识。虽然这是学校所做的一件小事，但在某种程度上这样的教育方式俨然实现了对

---

① 吴刚平，李茂森．课程资源论［M］．北京：北京师范大学出版社，2014：25.

② 熊晓琳，李海春．传播学受众理论与思想政治理论课教学改革研究［J］．学校党建与思想教育，2013（7）：4-8.

传统教育的超越，潜移默化中播撒了德育的种子。

（2）方法的有效性

马克思主义经典作家对思想政治教育内容与方法有详尽的论述，这为思想政治教育的顺利实施提供了丰富的理论和实践资源。其最根本依据是唯物史观，依照马克思主义提供的科学方法论，这也成为在新媒体时代展开大学生社会主义核心价值观研究的基础方法论。这就需要方法使用要多元灵活。核心价值观的传播不是教条，更不是形式。新媒体时代，隐性的嵌入价值观的空间无处不在，方法的使用上要呈现出灵活性的特点，理论灌输与隐性方法要辩证使用。借鉴国外善于借助大众传媒来渗透传播本国核心价值观的宝贵经验，以西方国家的代表美国为例：美国政治历来就有媒介政治的传统，政坛一直看重使用大众传媒发挥政治影响。Twitter、YouTube、Facebook 等新媒体在对外舆论宣传与导向方面十分活跃，影响甚大。它们依托技术优势，以多样化传播方式宣扬美国意识形态，大力推崇美国文化，美化美式民主。《纽约时报》曾刊文指出，Twitter 和美国国务院之间的关系表明，奥巴马政府已将社交网站作为外交箭袋的利器。同时在大学课堂上，美国一些知名高校，依托于发达成熟的网络技术，展开了大学教育颠覆式的革命——“慕课”教学，它们对大学生价值观教育的研究已经在引领着世界的潮流。

授课形式要创新①。思想政治理论课是大学生思想政治教育的主渠道，在课堂环节必须进行大胆的变革。习近平总书记指出：“推动思想政治理论课改革创新，要不断增强思政课的思想性、理论性和亲和力、针对性。”②“慕课”③，音译自“MOOC”，是英文 Mass Open Online Courses（大

① 为了提升大学生社会主义核心价值观培育的实效性，清华大学、北京大学、复旦大学等知名高校，依托新媒体技术，展开了思想政治理论课慕课、混合式翻转课堂的教学研究，在推进过程中，大学生反响热烈，取得了一定成效。在 2016 年 5 月西南大学召开的“第三届全国高校思政课新技术新媒体教学应用与创新高层学术研讨会”上，与会的专家学者围绕“思政课在线开放课程建设与应用”这一议题展开了深度交流，形成不少成果。这些努力，都是为了破解以往课堂教学环节的困境，力图实现新媒体环境下大学生社会主义核心价值观培育课堂环节的全面优化。

② 习近平．思政课是落实立德树人根本任务的关键课程［J］．求是，2020（17）．

③ “慕课”具有教学资源的丰富性、教学时空的延展性、教学中心的转换和教学主体的解构等独特优势，为我国高校教学的改革和发展带来了难得的发展机遇。但是高辍学率、低约束力、面对面情感互动缺乏等缺陷也是“慕课”先天的不足和软肋。笔者认为聚焦到思想政治理论课堂，“慕课”隐含的风险和有可能带来的问题也不容小觑。未来基于新媒体技术的“混合式教学”是一种可以预见的趋势。

规模开放式在线课程）的简称，它的出现为我们提升大学生社会主义核心价值观培育的效果，提供了难得机遇。比如，清华大学马克思主义学院刘震老师的马克思主义基本原理概论的“慕课”在“学堂在线”上线后，吸引了近千名校内学生参加网络学习，取得了较好的价值塑造的育人效果。

注重大学生的情感接受度。大学生自觉地认同社会主义核心价值观的关键一环是情感的投射。正如斯宾诺莎所指出的：“就善恶的真知识作为仅仅的真知识而言，绝不能克制情感，唯有就善恶的真知识被认作一种情感而言，才能克制情感。”① 伟大革命导师列宁提出：“没有‘人的感情’，就从来没有也不可能有人对于真理的追求。”② 对大学生社会主义核心价值观的培育必须注重情感的融合，充分发挥情感对于价值观认同的桥梁作用。借助于大学生对新媒体客户端的高度黏性特点，通过发挥新媒体育人功能，就会取得意想不到的效果。例如，在中国近现代史纲要课程讲授中，对于大学生爱国主义的教育，就要做到实现他们情感的共鸣共振。单纯地忆苦思甜虽可以实现理论的认知作用，但要切实为大学生所认同，转化为自觉行为，还有一段距离。以赵占英烈士作为教学专题，以网上《妈妈我等了你二十年》的诗朗诵为音乐背景做成微视频，植入对越自卫反击战特定的时空场景，当看到老妈妈在麻栗坡烈士陵园那声泪俱下的一幕时，学生们瞬间会受到强烈的爱国情感震撼。同学们对于当下来之不易的和平环境，会倍加珍惜，更会主动学好本领，报效祖国。

要善用沉浸体验方式。沉浸体验方式就是利用微网络平台或借助 VR、MR、AR 技术创设思想政治教育崭新环境，构建沉浸式、体验式的学习空间，让大学生做主角，在微网络环境下实现自我教育的途径和手段。这主要有两种实现路径和方式。一是利用微网络平台和资源创设“实景”小情境，使学生“身临其境”地进行情感体验；二是借助实践教学基地或“三下乡”等实践活动铺开实景的“大情景”，让学生“耳闻目睹”，切身感受。当大学生积极运用微网络时，微网络就成为一个天然的思想道德情感体验场，师生之间、生生之间同时在线，时时留言交流互动，打破传统的“纸笔测验”的知识传授方法，打通思政小课堂与社会大课堂的连接路径。

---

① ［荷］斯宾诺莎．伦理学［M］．贺麟，译．北京：商务印书馆，1983：180.

② ［苏联］列宁．列宁全集（第25卷）［M］．北京：人民出版社，1988：117.

这种体验参与方式可以让学生自由表达真实感受，教师也能够发现、把握学生的思想道德困惑，双方共同创设有意义的对话体验场，让体验参与方式的有效运用成为顺其自然的惯性思维和良好习惯。①“坚持显性教育和隐性教育相统一。”思政课必须将“看得见的”显性教育与“看不见的”隐性教育无缝嵌合。善用朋辈榜样。这个方法主要体现为榜样本身来源于学生身边，基于学生的先进事迹影响性、道德模范示范性、学术标兵带动性和精神品质感染力等对优秀学生代表进行选拔，激起学生群体内成员的看齐意识，实现马克思主义理论深度的价值引领。

### （二）加强大学生媒介素养的教育

美国计算机科学家尼葛洛庞帝在《数字化生存》一书的前言之中，开门见山地提及新媒体作用时说：“计算不再只和计算机有关，它决定我们的生存”②，大众传媒被当作“人的延伸”，已成为当代公民生存与发展的亲密“伙伴”。新媒体所构建的人类生存世界是一个“拟态”的世界（象征性现实），当代大学生在各种媒介环绕的“拟态”世界下，媒介的正负效应都会不同程度地在大学生身上得到折射。因此，在多种媒体融合的背景下，各种信息鱼龙混杂、真假难辨，思想观念差异明显，道德水平良莠不齐，唯有培育传播者与传播对象的认知能力及道德判断能力，提升信息接收者与传播者的正义感，人们才可以真正感知社会主义核心价值观的科学性与真理性。

#### 1. 培育大学生的新媒介素养

媒介素养这一概念最早是由英国学者 F. R. 利维斯和他的学生于 1933 年共同提出的。媒介素养（Media Literacy）③ 是信息时代大学生的必备素质。它应该涵盖媒介法律规范、媒介使用能力、媒介道德自律等多层面的教育，对大学生进行媒介素养的教育，旨在在新媒体时代培育起大学

---

① 邓卓明．微网络环境下大学生思想政治教育方法探究［J］．学校党建与思想教育，2022（5）．

② ［美］尼葛洛庞帝．数字化生存［M］．胡泳，范海燕，译．海口：海南出版社，1997：15.

③ “媒介素养”这一术语最早诞生于 20 世纪 30 年代的英国。1933 年，英国学者利维斯和汤普森合作出版《文化和环境：培养批判意识》一书，首次对学校引入媒介素养教育的问题做了系统阐述，并提出要“力求通过媒介素养教育，使学生免受媒介所传播的不良文化、道德观念或意识形态的负面影响”。蒋广学，刘丰．论媒体融合背景下主流意识形态传播的策略［J］．湘潭大学学报（哲学社会科学版），2015（5）：159-160.

生在复杂多元的网络空间环境中对于信息的甄别筛选能力，旨在增进大学生群体的网络伦理道德和形成规范合理有序的网络观，提升他们在网络生态中进行独立思考的意识和主体自觉。新媒介素养对于大学生而言不是先验的，是后天习得的。新媒介素养教育，是大学生通识教育的组成部分。新媒介素养教育应该尽快纳入高校教学课程体系之中，建构起完整的课程体系，实现与社会实践的无缝对接，逐步使大学生形成正确的新媒体传播价值观，摆脱“新媒体依赖症”，自觉地抵制不良信息的侵袭，遵守新媒体规则和道德，使新媒体成为传播与培育社会主义核心价值观的新渠道与新平台。

要提高大学生对社会主义核心价值观的认知水平，必须从推进大学生的理论水平着手，这样他们才能够具有更高的政治素养，对民族与国家具有更强烈的责任意识。与此同时，具有高素养的受众能自己甄别各种媒介传播信息的真伪及优劣，他们能对所接触的信息自动识别：哪些可能会对其出现负面影响，哪些有利于主流意识形态的传播，经过自己的判别做出正确选择，逐步培养他们对新媒体下多元化信息的道德判断能力与认知能力，提高公平正义感与社会责任感。意识形态传播者自身就是信息传递过程中的信息把关者与议程设置者，强烈的政治敏感度使传播者可以及时找到各种问题，并对所传播的信息进行正确判别；高度的责任意识促使传播者可以以整体的视角看问题，全面思考各方面因素，力争实现既能够使大局稳定，又兼顾了不同传播对象的个性化需求。

2. 网络系统教育的常态化

新媒体在不断延展着现实人的生活交往空间，虚拟时空的隐蔽性、匿名性所引发的网络安全问题层出不穷。高校要实现大学生网络法治、网络伦理道德和心理健康教育的常态化，就要提升大学生科学规范运用网络的意识。设置心理健康教育课与网络心理课。高校通过心理健康教育课与网络心理课的设置，引导学生厘清现实社会和虚拟空间的异同，避免为技术所异化。正确有度使用网络技术可以完善和发展自己，过度无序使用网络可能误入歧途。高校推进网络教育常态化，就是要把网络道德和网络法治教育逐步融入学生的学习和生活之中，做好网络舆情的监管和疏导工作，营造绿色健康的网络空间环境，“清除污泥浊水，使网络成为传递‘向上’‘向善’的社会新平台”，促进大学生形成健康的人格。

优化网络法律教育的内容。高校应该注重课程设计和教材建设。从目前有关法律的课程设置来看，传统的思想道德与法治课程中的法律部分，关涉网络法律的并不多。这与当前互联网飞速发展带来的复杂多变的网络法律问题很不匹配。即便是法律专业的学生，网络法律课程的设置也较为粗浅。高校的忽视，在一定程度上致使大学生网络法律知识不足，伴随新媒体的崛起，围绕新媒体展开的网络法律教育已经刻不容缓。基于此，必须优化更新原有的法治知识的内容，确保授课的时间。在原有的课程设置中，穿插有关网络法律知识的讲解，体现出鲜明的时代性。授课方法中，侧重以案例讲解为主，围绕当前的网络法治、网络案例等开展。这有利于引导学生从知法到守法层面的转换。[①]

### （三）发挥校园网络文化以文化人，以文育人的功能

曼纽尔·卡斯特指出，认同是在文化特质或相关的整套文化特质的基础上建构意义的过程。[②] 意识形态的承载体更多是以社会中多元化的文化形态所呈现出来的，文化中内蕴着丰富的思想信息，这些信息不断表达和传递着价值上的判断。

理论的模式与大众文化的模式是意识形态的主要构成，理论模式的意识形态通常需要缜密理性的推理辨析，而大众文化更多是以形象、生动、浅显易懂的样貌得以展现。依据尼尔·波兹曼的思想，世界的各种文化正从以文字为中心向以形象为中心转换。大众更多地倾向于表层地认识事物而不愿意开展深度的理性思考，因此，对于我国主流意识形态的内核社会主义核心价值观，较多地需要经过大众文化来向多数民众宣传。文化的力量尤其是网络文化的力量正在变为推进教育发展的巨大动力。[③] 新媒体时代，作为高校第二课堂的校园网络文化是不断提升大学生对社会主义核心价值观认同的重要载体。“校园文化”得以存在的可能，归根结底是建立在青年学生对社会生活中的学生身份和校园身份的认同之上，这一认

① 范益民．新媒体时代大学生网络伦理道德失范教育的法治化思考［J］．学术探索，2016（1）：57.

② ［美］曼纽尔·卡斯特．认同的力量［M］．曹荣湘，译．北京：社会科学文献出版社，2003：2.

③ 张琼．网络境域下大学生社会主义核心价值观认同探析［J］．思想教育研究，2013（4）：24.

同建立在共同生活、相似价值观和相似的社会阶层期望之上。网络虚拟文化具有双刃剑的效应，在拓展校园文化的空间视野、丰富校园文化的多样性、满足大学生不断提升的发展诉求方面，发挥着不可估量的正向作用；作为多元文化在高校的隐性渗透，弱化自律意识、分化人际关系、淡化人格特征、恶化文化环境等方面具有鲜明的负面作用。在新媒体时代背景下，提高大学生对社会主义核心价值观的认同感，就必须借助校园文化来向大学生宣传社会主义核心价值观。

1. 完善网络思想政治教育平台建设

优化社会主义核心价值观校园传播环境，强化校园新媒体的监管和引导。目前很多高校出于管理成本考量，尚未投入巨大的财力与人力进行网络新型媒体的平台建设，大多是依托既有的校园网平台，其技术与服务很难迎合学生多元化的需要。在高校新媒体的平台建设上，面对网络虚拟世界的“狂欢之状”和价值观点的失序，高校应在网上构建一座直接沟通的桥梁，大力巩固网络校园文化阵地，优化和完善网络思想政治教育平台的硬件、软件建设。

（1）建设鲜明网络主页，提高教育实效

2014 年 8 月，国家互联网信息办公室与教育部联合发布了《关于进一步加强高等学校网络建设和管理工作的意见》，提出要主动创新网络思想政治教育，推进易班行动计划的实施，逐渐把易班建成集教务教学、思想教育、文化娱乐、生活服务于一体的大学生网上互动社区。高校要依据易班推行计划，全面加强校园网络建设，打造集趣味性、知识性、思想性、服务性于一体的主题教育网站及网页。具体的思路如下：

第一，做好网络平台主题设计，设计要有高度和新意。传统的校园网络平台格调单一、视界平面，难以达到应有的“吸睛”效果，成为不了学生的交流门户。网络技术的日新月异，为网络平台的建设提供了难得机遇。在网络板块设计上，要体现出鲜明的办学特色；以生为本，围绕学生的学业规划、情感困惑、发展诉求、就业动态等展开。每个板块，笔者建议最好设置相应的“斑竹”，可以由专业老师兼任，不具备条件的话可以考虑由高年级中政治素质过硬、有群众威望的学生来担任。要做到问题回复的及时性、信息更新的及时性，能够第一时间回应学生的利益诉求。

第二，借鉴校外网站好方式好做法，并建立和校外沟通交流的平台与链接，使校内与校外信息交换及舆论互动得以实现，打通各高校之间的资源壁垒，实现不同高校学术资源、教育资源的最大化整合。笔者授课时，为了提升学生对于社会主义核心价值观的理论认知，曾建议学生添加所在城市其他知名高校的微信、微博公众号，收集整理类似的讲座，鼓励学生参加并分享，进而作为教学考核的一个柔性指标，就得到了非常好的教育效果。

（2）健全校园网络环境治理机制

高度开放的系统是网络文化的一个显著特征。因此，高校校园网络文化构建必须有良性的发展环境，既要有外部媒介环境的优化（在本章第二节做了详细的论述），也要有内部良好的环境。我们要做好网络文化监管工作，做好议题设置，对于网上负面信息要及时清除和过滤，要深入开展大学生网络伦理道德和网络安全法规教育，旨在引导学生增强网络自律意识，自觉远离网络黄赌毒，对于网络黑客、网络蛀虫、网络逆流构建起应有的免疫能力；绝不允许网络雷语、推手（打手）、网络恶搞、网络垃圾邮件（短信）任意盛行。唯有这样，校园文化发展的虚拟与现实两个维度，才能相得益彰。传统校园文化为网络校园文化的建设筑牢根基，网络校园文化才能真正变成传统校园文化的重要补充和延伸，“虚拟与现实交织、网络校园文化与传统校园文化并行才能更好地促进学生健康成长与全面发展”①。为此，高校要主动建设网络安全的防火墙。大学生对社会主义核心价值观的认知、认同和自觉践行，离不开校园安全绿色的网络环境。高校积极借鉴域外先进经验②，积极构建杜绝黄赌毒信息在网络空间传播的技术平台。依托计算机终端监控系统，利用校园独立的服务器来监管网上非法信息的传播。充分发挥高校把关人的作用，积极占据网络空间的新阵地，在 BBS、校园论坛、QQ 群、微信群等新媒体空间中，要通过大学

① 仇道滨．现实与虚拟交织下的文化自觉——新媒体环境下高校校园文化的特点和发展规律［J］．山东社会科学，2013（2）：109.

② 蔡晓卫在《大学生网络行为的法律对策研究》一文中提及：西方国家中的德国、英国、澳大利亚等国，学校中网络使用的“行业规范”均十分规范苛刻。比如，在澳大利亚，大学各系的秘书每周都要求教师填写一份保证书，申明不从网络上下载违法内容；在德国，凡计算机终端使用人，一旦在联网计算机上有校方规定禁止的行为，学校的服务器立即会传来警告；德国的慕尼黑大学、明斯特大学等学校，都制定有《关于数据处理与信息技术设备使用管理办法》，要求师生严格遵循。

生网络自组织、意见领袖的作用，干预不良网络信息，强化舆情的监控，引导主流价值观。①

2. 营造校园网络思想政治教育健康氛围

基于网络新媒体时代的移动性、互动性、即时性，迎合人们阅读“碎片化”的学习模式，多运用微视频、微电影、博客等传播方法，传播社会主义核心价值观，改变单一向度的传播方法。校园网络文化资源建设，要以为大学生提供更优秀、更多的校园网络文化产品为旨归。当前高校校园新媒体平台，诸如高校网站、高校微信、微博公众号，内容同质化严重，更新速度迟滞，访问量不高，根本无法对大学生形成“吸睛”效果。为此，高校要深度挖掘多种校园网络文化资源，创造校园网络思想政治教育健康氛围。例如，一些高校以“微”元素引发创造力的做法值得推广。学校适时扣住当今新媒体时代中“微”元素，运用微信平台，支持“微电影”聚焦校园，展现青春印迹；举行了“悦生活·越青春”一系列主题文化活动；进行“微阅读”再读经典，品味传统文化的魅力；推送“微分享”吸引师生，形成合力，一起传递正能量。多彩丰富的微文化活动，不但使师生体会到了阅读、创作、分享的快乐，而且形塑了校园的新风尚。

（1）建立专题网站，打造显性平台

高校要不断推出校园文化的新载体，创新并运用好博客、微博、BBS、QQ、SNS、社区论坛等新媒体工具，宣传先进文化，交流沟通思想，占领育人高地。社会主义核心价值观作为当前公众价值追求的“最大公约数”，科学、集中地反映了大多数人的利益诉求。专题网站作为大学生日常生活主要活动场景的虚拟空间，是大学生信息舆情和思想交换的集散地，朋辈群体之间的影响力日渐凸显。通过学生意见领袖的引领，信息把关人的议程设置，在大学生群体中间形成价值共鸣。一般情况下“人们会本能地注意到那些符合自己的定势和信念的思想、见解”②，一定要重视专题思想教育网站的建设，高势位地旗帜鲜明地传播社会主义核心价值观，引领校园

① 范益民．新媒体时代大学生网络伦理道德失范教育的法治化思考［J］．学术探索，2016（1）57.

② ［苏联］肖·阿·纳奇拉什维里．宣传心理学［M］．金初高，译．北京：新华出版社，1984：29.

舆论导向。在此方面，很多高校已经进行了有益的摸索并获得了极好的效果，如南开大学觉悟网站、山东大学先锋网站、厦门大学阳光网站、清华大学红色网站、北京大学红旗网站、西南交通大学前沿网站等，都已经变成宣传马克思主义的重要阵地。

（2）开展网络互动，打造活动平台

“沉默的螺旋”（The Spiral of Silence）理论是德国社会学家伊丽莎白·内尔-纽曼（E. Noelle-Neumann）1973 年提出的，该理论主要内容为人们在表述自己的想法及观点时，如查找到自己赞成的观点，且取得广泛拥护就会主动加入进来，其观点也会越发强烈地被传播与扩散。否则，自己就会自觉保持缄默，其观点也会渐渐销声匿迹。总体来讲，就是观点一方的沉默会造成相反方观点的扩张，如此反复循环，终会形成一方的声音越来越大，另一方越来越小的螺旋式发展趋势。[①] 在新媒体时代下，“沉默的螺旋”也适用于校园网络文化传播过程。作为社会主义核心价值观教育的主客体因素的教育者和受教育者，就是让他们在新媒体的虚拟空间中形成有效的互动交流，让“沉默者不再沉默”，尤其是调动富有创造力和想象力的学生参与，给那些不善沟通、性格内向的“沉默”学生以施展才华的舞台，可为校园文化建设注入新的活力。[②]

聘请专业教师担任网络空间中大学生社会主义核心价值观培育的顾问。尝试设立网络文化产品的评价与认证机制，探索建立优秀网络文章认证平台，对在网上有较强影响力的优秀文章开展第三方评估认证，并逐步推进把认证结果当作科研成果统计与职务职称评审的依据，以打破不把网络优秀文章当作研究成果的机制“瓶颈”，从而调动与激发广大专业教师在网络上发声、发文的内生动力，激活“沉默的大多数”，打造网上正面舆论场。注重发现与培育有公信力的高校“大 V”，鼓励讲政治、有能力、有底气的专家学者在网上创设专栏，在社交媒体上注册与开通账号，扩大主流声音，消除错误言论与思想的负面影响。引导和组织思想政治教育理论工作者，积极利用、善于利用互联网，以大学生网民喜闻乐见的方式做好网上理论传播。[③] 专业课教师除对学生开展专业课程讲授之外，还应当

① 薄琥．媒介社区化聚合［M］．北京：中国传媒大学出版社，2011：70-71.

② 孙文杰．论新媒体环境下校园文化的构建［J］．学习与实践，2013（1）：139-140.

③ 冯刚．新形势下推动高校网络文化建设的思考与实践［J］．思想教育研究，2015（8）：5.

在网络平台上多和学生进行“做人做事、社会经历、生活阅历”等层面的思想交流，“指导学生进行自我价值观的修正”，将自己充满正能量的思想道德观念浸入大学生的内心，激活学生学习与生活的新动力。

高校可以以年级为单位推行网络思想政治教育“导师制”。创设“一个老师带领几个学生”的“微小组”模式，强化大学生线上与线下对接的思想政治教育。借助于新媒体平台，将传统的思想政治教育的教育资源吸纳至网络虚拟空间，比如可以尝试创建“三师协同”的网络思想政治教育专业队伍。“三师”指的是“专业课教师、思想政治理论课教师与职场导师”[①]。“三师协同”旨在通过网络技术，实现“三师”的资源与功能的重组和整合，进而达到促进大学生社会主义核心价值观培育的全方位推进。

## 二、增强家庭学校联动效能

《教育部关于加强家庭教育工作的指导意见》的出台，为家庭教育的有效开展提供了方向和指南。该意见的侧重点虽然聚焦在中小学生上，但是统览指导意见全文，对于大学生家庭教育的展开无疑也有重大的方向性作用。2021 年 10 月出台的《家庭教育促进法》则明确提出了：家庭教育以立德树人为根本任务，培育和践行社会主义核心价值观……综观西方国家的道德教育，也是尤为重视家庭与学校之间合力的形成。比如，俄罗斯学校就专门开通了家长热线，便于家长及时了解学生在校的情况；法国在 20 世纪 70 年代《阿比法》教育改革时期，就建立起了家庭和学校联合组成的“学校共同体”。[②] 伴随着互联网的纵深发展，以新媒体为代表的时代已经对整个社会形成巨大影响和冲击。“数字化一代”的大学生如何在多元价值的碰撞激荡中，坚守社会主义核心价值观，并转化为自觉行动，成为高校德育工作的重大命题。在大学生社会主义核心价值观的培育过程中，单单依托学校、社会的教育影响显然是不够的。家庭的角色不能缺位，父母不能“失声”，而应该借助于新媒体技术的交流互动平等化、信息容量海量化、传播流动便捷化等正面效应，在家校、社会之间形成一个畅通、有序的教育格局，使家庭教育中宝贵的“富矿”资源得到开掘。

---

① 神彦飞，金绍荣．提升大学生网络思想政治教育实效性的困境与路径［J］．思想理论教育导刊，2015（7）：127-131.

② 胡恒钊．西方思想政治教育方法特点及其借鉴意义［J］．学术论坛，2010（5）：73.

### （一）以优良家风涵育社会主义核心价值观

习近平总书记指出，“良好家风和家庭美德正是社会主义核心价值观在现实生活中的直观体现”。“不论时代发生多大变化，不论生活格局发生多大变化，我们都要重视家庭建设，注重家庭、注重家教、注重家风，紧密结合培育和弘扬社会主义核心价值观，发扬光大中华民族传统家庭美德。”① 培育和践行社会主义核心价值观要与大学生日常生活、行为规范息息相关，而家风家教是社会主义核心价值观的微缩，展现了强烈的生活化图式。社会主义核心价值观的培育是一项常抓不懈的系统工程，家庭则是不容忽视的起点。黑格尔认为：“作为精神的直接实体性的家庭，以爱为其规定，而爱是精神对自身统一的感觉。因此，在家庭中，人们的情绪就是意识到自己是在这种统一中，即在自在自为地存在的实质中的个体性，从而使自己在其中不是一个独立的人，而成为一个成员。”② 家庭教育的一个重要功能是教育和社会化功能。在家庭这样一个空间场域中，通过家风这一隐性的形态，通过参与父母亲戚婚庆丧嫁等习俗活动让子女了解以家庭为中心的传统文化中的基本社会关系，并积极引导和积极参与这些社会交往活动，进而完成社会化的启蒙力量。

1. 发挥父母言行作用

孟子云：“天下之本在国，国之本在家。”③ 在中国传统文化中，国和家连在一起，家国一体渗入中国人的灵魂世界。黑格尔指出：“中国纯粹建筑在这一种道德结合上，国家的特性便是客观的‘家庭孝敬’。中国人把自己看作是属于他们家庭的，而同时又是国家的儿女。”④

家庭是大学生最早接受教育的场所，而父母则是大学生的第一任老师，父母往往是子女的榜样，子女则往往是父母的镜子。诚如黑格尔指出的：我们“可以从那条普通的原则——实体的‘精神’和个人的精神的统一演绎出来；但是这种原则就是‘家庭精神’，它在这里普及于世界上人口最多的国家”⑤。在家庭生活中，“父母是人生最长久的老师，父母的言

---

① 习近平．在2015年春节团拜会上的讲话［N］．人民日报，2015-02-18.

② ［德］黑格尔．法哲学原理［M］．范扬，张企泰，译．北京：商务印书馆，1961：175.

③ 《孟子．离娄上》。

④ ［德］黑格尔．历史哲学［M］．王造时，译．上海：上海书店出版社，2005：114.

⑤ ［德］黑格尔．历史哲学［M］．王造时，译．上海：上海书店出版社，2005：110-113.

行在孩子心目中最有权威性，最具楷模的力量”①。因此，家风家训重构中，我们要重视父母“言传身教”的作用：一方面，从小开始，在生活中，父母就应该加强家风家训的正面教育，做到“蒙以养正”；另一方面，父母要“以身立教”，以身立范，身教重于言教，从生活点滴中表现出尊老敬老、节俭朴素、家和、邻里和睦等美德，自觉传承和弘扬优良家风家规。央视曾播放“给妈妈洗脚”公益广告，传递了“孝道”与“敬爱”的伦理，而后孝悌再现、接续。它完美诠释了父母“身教言传”的强大生命力。同时要发挥出中华优秀传统文化的涵化功能，从文化心理层面增进大学生对社会主义核心价值观的心理认同。

新媒体时代，父母更要合理地利用好媒介通信技术，将生活点滴通过晒家人图片、转发优秀微文等形式，与子女在网络虚拟空间中互动交流，从而对子女产生潜移默化的影响和感染。以“孝”为例，随着时代变迁，对于孝的理解也在变迁，为新时代家风注入了新内容。新二十四孝图很好地契合了新媒体的发展，注入了新的时代内涵，贴近了青年大学生的心理特点和接收规律，无形中渗透和影响了大学生对社会主义核心价值观个人层面——爱国、敬业、诚信、友善的认同，很好地起到了日用而不觉的隐性教育效果。

2. 寻求社区教育与家庭教育的连接点

受现代家庭结构的影响，目前的家庭教育存在着一定的偏狭化，传统家庭教育的功能未能得到有效的释放。让家庭回归于一个更大的社区或者社会氛围中，冲破家庭的狭小樊篱，这样可以有效超越家既有的“私”的固守，推动优秀的家风家教得到更多的释放、传递，感染更多的大学生，使大学生和邻里更多地交往，增加信任，创造和谐邻里关系，打造和谐社区。目前很多城市的社区容量非常大，建制也很齐全，社区教育要与家庭教育形成呼应对接，突破城镇化进程中现代社区邻里间的“陌生人社会”的困境。笔者认为，社区可以通过创建微信公众号、网站等形式，搭建起平台。依托重大的节日，开展丰富有趣的群众活动，吸引更多的家庭尤其大学生群体走到室外，参与到社区活动中。比如，笔者所在的住宅小区，2015年的“五一”劳动节，就举办了一次微视频大赛，主题就是“劳动

① 陈延斌．中国传统家训的孝道教化及其现代意蕴［J］．孝感学院学报，2011（1）：11-16.

者最美”。很多家庭尤其一些在校大学生也被吸引其中，积极录制自己家人的微视频。制好的微视频上传至社区网站，通过网络投票的形式，评选出优秀作品。该活动借助于新颖的形式，在构建和谐社区中将社会主义核心价值观中的敬业、诚信、友善无形地融入了进去，大学生身处其中，耳濡目染，取得了非常好的育人效果。在实践活动中，通过协同合作，树立起了济弱救贫、邻里守望的公益理念，形塑其优良的家风家教，让社会主义核心价值观在社区和家庭中落地生根。①

为此，笔者认为，社会主义核心价值观的大众化传播，不能单纯靠传统的口号、条幅、板报等宣传形式，要不落窠臼，创新形式和手段。传播的内容要接地气带温度，体现出对于个体享用价值的应有尊重。在新媒体时代要充分发挥微信、微博、QQ 等网络社交软件的作用，通过这些媒介工具使家庭和社区在虚拟世界中得以连接起来，相互传递优良的家风家教，共同感受家的美、家的和谐。无论是社区微视频大赛还是“志愿家庭”，无疑都是补齐传统家庭教育短板的各种尝试。在家庭教育环节，大学生父母群体的新媒体素养也要及时跟进，这也是社区教育的另一个重大功能②，家庭教育不是盲目的教育，它是一种合理的引导。

### （二）依托新媒体平台，发挥网络传播渗透感染作用

1. 搭建家庭学校联动的“立交桥”

有一种观点认为，大学生已是成年人，大多脱离了家庭，独自在其他城市上学，家庭教育的功能可能若隐若现。正如前面的论述，大学生是这波科技流的受益者和重要参与者，在新媒介的使用上倾注了极大的热情。目前他们的生活场景很大一部分已经实现了现实场域向虚拟空间的转移。早上打开 QQ 和微信，浏览好友动态，“批阅点赞”；中午上商业网站，实现网络购物订餐；晚上上网络课堂，感受名校教育资源。如果在这样一个时代，家庭教育突然缺位的话，对于大学生的成长是极为不利的。家风家训的伦理规范和道德操守要切实转换为大众的内心认同和自觉行为，并能

① 参见《北京市启动“志愿家庭”行动计划》，http：//www.bv2008.cn/show/1017511.html。

② 社区教育这一功能，笔者认为就是新媒体时代的媒介素养提升，可以以讲座和活动形式展开，诸如讲授如何使用 QQ、微信，如何网络购物，如何制作微视频、电子照片等，帮助中老年人紧跟时代步伐。英国政府在 2009 年就推出了“数字英国”计划，还有该国最大的老年人慈善组织——“银发英国”（Age UK）。

够成为社会主义核心价值观培育的精神源泉和涵育力量，大学的教育功能和新媒体的媒介作用不容忽视。

依托微信公众号、微博、QQ 群等新媒体形式，搭建好学校和家庭的联动机制。例如，在新生入学伊始就建立家校协同教育信息资料库，与家长（至少一名家庭成员）保持长期稳定的联系；成立“家委会”，发挥“家委会”在大学生的思想困惑、就业指导、心理疏导等教育方面的作用，实现新媒体时代下大学生社会主义核心价值观教育在家庭和学校之间无缝衔接。目前部分高校已经围绕家校的育人，展开了富有成效的工作。①

家校联动。一是要保持一种信息的畅通。家长要知晓大学生在校期间的各方面表现，尤其要关注他们的思想动态变化。新媒体时代，多元价值观之间的激荡交锋，有违社会主义核心价值观的现象时有发生。诸如大学生参与分裂祖国的活动、加入邪教组织、大学生热捧网络直播等。二是要实现优良家风的校园传播。可给学生创造各种活动机会，使学生在感性触动与理性探索中深刻领悟家风的内涵，进而实现家风与学风、班风，家风与校风的有效联动。大学可以开展多种活动，使大学生感受家风，如集体活动中谈家风；通过校园文化活动“秀家风”；利用校报副刊“汇家风”等，使学生对家风家训形成正确的认识，并在实践中积极将家风家训的伦理精神融入学习、生活中，在新媒体上“晒家风”。

2. 强化家庭学校之间的互动

在思政课堂教学中，围绕社会主义核心价值观教育，将中华民族的亲情文化融入其中，调动家长参与宣传优秀传统文化的积极性，将各个家庭家风传统中的优秀因子和好的教育手段，及时便捷地输送到高校教学课堂，转化为高校思政课堂的有效教学素材，形成教育合力。高校思政老师要善于将课堂教学中的关乎大学生思想动态变化的得与失的信息，及时推送至公众号、微信群，让家长之间分享互动，打通传统家庭教育资源向学校和社会延伸的壁垒，这对于准确把握青年大学生价值观的走向和动态变化、引导势必起到良好的导向作用。同时，在互动交流的过程中，家长也

---

① 徐光明．大学里也有“家委会”——江西师范大学国际教育学院探索家校合力育人［N］．中国教育报，2015-11-18.

要自觉地丰盈充实自身的新媒体科技知识，构建起适应时代发展的知识储备，增进家长自身的新媒体素养。

## 三、提高社会治理机制水平

大学生社会主义核心价值观的培育特别要注重整体性，并使之融入具有开放媒体的社会大系统中去，寻求社会环境、社会力量的支持，加强学校、家庭、社会三者之间的有形物质和信息观念等无形信息的传递与循环，使教育文化基因在社会文化生态场域中得以合理布置，实现优化配置，进而最大限度地发挥大学生社会主义核心价值观教育的正能量。

学校教育与社会教育互动机制的构建实施是大学生社会主义核心价值观培育良性发展的重要制度保障，促进学校与社会的沟通，密切学校与社会的联系，大幅度地改善学校与社会的关系。“实际上，活动和交往不仅是人的思想品德形成的基础，也是人的思想道德观念得以表现和检验的场所。”① 目前，高校在社会主义核心价值观教育中的优势没有充分发挥出来，与高校周边社区、企业进行社会主义核心价值观教育的合作交流，对良好教育环境的建设影响不足。诚如亚里士多德所言，“人们通过参与生活而变成有美德的人，人不仅在社会里受生活训练所支配，而且人的人格在社会里被塑造”②。

### （一）文化环境优化

从“一定意义上说，思想政治工作就是运用先进文化去教育人和影响人，在思想政治观点层面上逐步消除分歧和隔阂，在文化认可之中接受并遵循正确的价值观念和理想信念”③。新媒体是传播社会主流价值的主要渠道，文化产品是凝结社会主流价值的主要载体，二者对宣传和弘扬社会主义核心价值观责无旁贷。④ 因此，新媒体必须发挥党和国家“喉舌”的作用，促使全社会达成共识，形成多层次、多渠道先进文化的合力，努力营造由社会主义核心价值观引领的文化环境。

---

① ［美］克里夫·贝克．优化学校教育：一种价值的观点［M］．袁振国，等，编，戚万学，等，译．上海：华东师范大学出版社，2003：3.

② KaestIe C F. Common Schoolsand American Society［M］. NewYork：HiIlandWang，1983：23.

③ 袁贵仁．加强有说服力的思想政治工作［N］．光明日报，2002-03-26.

④ 李绍伟．社会教育的德育功能研究［D］．徐州：中国矿业大学，2014：199.

1. 提升从业人员的能力

市场的竞争是人才的竞争，推进新媒体传播事业发展的核心力量是高质量的从业人员。新媒体内容的发端者为拥有专长计算机网络技术的人员。由于对新媒体的传播规律、受众需求等基本技能的掌握不充分，因而对内容的生产方式力不从心，这也是新媒体新闻同质化现象严重、新闻质量低下、缺乏原创性的根源之一。然而，在“内容为王”的今天，新媒体间的竞争需要拥有深厚的新闻理论基础及专业的职业道德素养的新闻人才加入新媒体中，才能使新媒体对大学生的传播与教育入心、入脑。

（1）发挥“融媒体”复合性传播的功能

2014 年，习近平总书记在中共中央全面深化改革领导小组第四次会议上指出，要着力打造竞争力强、传播方式多元的新型主流媒体，打造几家综合实力突出的新型媒体集团，形成立体多样、融合发展的现代传播体系。国家从顶层设计上，对于媒体的融合发展提出了重要的部署安排。发挥新媒体的优势，促进其与纸媒融合发展，创造出更加适合大众胃口的传播内容和形式，使传播更加形象、生动，传播平台更广，使传统媒体和新媒体都成为传播中国特色社会主义理论体系与社会主义核心价值观的重要阵地。如光明网设立的“培育和践行社会主义核心价值观”专题网页，通过高层论述、光明专论、践行实例、当代雷锋、各界反响、专家风采、理论解读、系列访谈、学习园地等模块向网民详细介绍和解读社会主义核心价值观的相关内容，使青年大学生这个拥有良好知识储备和较高政治素养的群体，能够更加清晰地了解社会主义核心价值观的逻辑结构、理论渊源、理论品质，这样社会层面理论上的深入剖析补齐了高校课堂教学的短板，增强了大学生在新媒体时代下社会主义核心价值观培育的针对性与实效性。笔者时常关注的“学习小组”微信公众号和学习强国平台，里面推荐了很多关于党中央的政策解读和社会主义核心价值观内涵的好论文，内设互动的学习部落，也是社会主义核心价值观培育提升的好平台。

（2）注重新媒体从业者能力培养

从基本的新闻从业技能构成方面来说，新媒体工作者和传统新闻工作者的基本技能差别不大。但是，由于新媒体的特殊性质，要能从整体上把握新媒体传播内容和经营业务之间的关系，同时还需要从业者具备适应新媒体特点的实时报道能力、互动能力、多媒体报道能力、网络技术能力、信息整合能力、外语能力。同时，较高的政治素质和政策水平也是不可或缺的，了解国家传播政策的动向，对党和国家政策准确把握，把握新媒体产业的发展脉搏，同时制定新媒体平台的运行规则，对新媒体的运作有着深刻的意义。除此之外，新媒体传播队伍需要既熟知新闻传播规律与技术，又熟悉经营管理的复合型人才。

对新媒体从业者业务能力的培育，要包括在职和在校两个群体。在职的从业者是入职新媒体工作岗位的群体，他们已经熟知了新媒体的运作模式，基本的新媒体传播能力获得了经验的累积。但是，其他能力在短期内尚无法显现。因此，要特别加强对他们综合素质进行考核与再培训，如党的理论方针的深度学习、社会主义核心价值观的全方位解读、大学生的心理特点、新媒体时代下信息传播规律等。互相学习，取长补短，这种培训更具有针对性、实用性。对在校学生的培养，则是要注重理论教育，使其认同社会主义核心价值观，并积极探索践行途径。同时强化实践经验的积累。而承担新媒体传播能力培养重任的新闻传播院校，应大力提倡、深化以新媒体传播能力要求为最新补充、以高素质传播人才培育为导向的新闻传播教育改革及新媒体知识技能的投入，合理地、有计划地进行新闻传播后备力量的储备，为社会主义核心价值观在大学中传播与渗入提供新鲜血液。

(3) 提高新媒体的公信力

新媒体公信力的高低，对大学生认同社会主义核心价值观有重要的影响。但实际上，大学生的行为方式与价值观并非完全契合。这表明他们对社会主义核心价值观还未真信、真行，新媒体公信力不高也是重要原因，导致个别学生对新媒体信息尚未全信，虚假新闻及低俗信息频现拉低了大学生对媒体的信任度，也影响了社会主义核心价值观的培育。

新媒体时代，面对良莠不齐的舆论新闻和海量信息，虽然大学生对新媒体传播的信息有一定的甄别力，但根据议程设置理论，某一事件频繁见于媒体，大学生对其关注度提高，价值观也更易被误导。新媒体时代是一个信息随处“轰炸”的时代。大学生身处其中，对于新型媒介的使用依赖性强，他们从其中获取到最新的资讯。可是当下的新闻报道，在经济利益的驱使下，泛娱乐化倾向严重，低俗恶搞事件频出。这不仅消解着新媒体的正向功能，对于社会主义核心价值观的塑造也带来难以估量的负面影响。

净化新媒体环境、强化对新媒体的监管治理，必须发挥把关人的作用，凸显新媒体从业者的职业操守。对热点的报道，记者在查询信息时，应反复核实，仔细论证，坚决规避假新闻。新媒体编辑也要认真审查、甄别，让富含正能量的信息涵养大学生社会主义核心价值观。

（4）形成新媒体自身的采编力量

新媒体作为一个独立的大众媒体也要有自己的采编力量。现在市场上的手机大多数都有强大的拍、录、摄功能，大学生中的“拍客”一族在我们的生活中也逐渐崭露头角，体现了“小窗口，大生活”，把生活中感动的人和事给大家分享，在无形中实现了社会主义核心价值观的传递与渗透。拍客也逐渐形成了一种风尚，他们利用各类相机、手机或 DV 等数码设备拍摄图像或视频，并将这些信息上传网络进行分享与扩散。这里所说的拍客只是大学生用手机媒体获取信息内容的一个渠道，当然，其他媒体也应当有自己获取信息的渠道与手段，根据新媒体自身的特性，将收获的信息进行加工、编辑与整理后通过新媒体平台进行传播。独具自身特色的内容，满含生活情趣、充满生活气息的故事，才会吸引用户的眼球，才会使大学生的社会主义核心价值观的培育实现春风化雨，滋润与渗透。若只是将网络或者其他媒体的内容进行简单加工和压缩后通过新媒体平台呈现出来，新媒体就不能称为独立的媒体，仅为一种呈现的工具。新媒体的内容和服务提供商应该加大投入力度，挖掘与培养自己的采编力量，利用成熟的技术和内容进行良好的融合，实现价值观效应的最大化。

（5）打造网络新闻品牌产品

新媒体品牌化的主要途径是利用公众人物的知名度或宣传富有特色个性内容。新浪微博通过与大批知名度高的公众人物签订开通新浪微博的协议，利用他们自身的人气来吸引受众的关注，进而成功依靠“明星战略”获得较好的效果。与此同时，新媒体提升产品内容的质量，加强新媒体设置议题的能力，通过完美的营销策略提高其传播社会主义核心价值观的知名度，并建构品牌形象。例如，作为官媒的《人民日报》，一改传统老派作风，在 2015 年十大新闻类微信公众号中排名第一，《人民日报》的微信文章经常“10 万+”，成为传播社会主义核心价值观的重要载体。

2. 创新新媒体传播内容和方式，提高新媒体传播影响力

（1）创新宣传内容，构建宣传的“新媒体话语体系”

马克思指出：“人们自己创造自己的历史，但是他们并不是随心所欲地创造，并不是在他们自己选定的条件下创造，而是在直接碰到的、既定的、在过去承继下来的条件下创造。”① 这说明，人们的物质及精神的活动，都不能与历史相脱离，都是在特定的历史条件下影响形成的。在当今时代剧变的条件下，我们必须继承中华优秀传统文化并发挥核心价值观的培育作用。优秀传统文化植根于国人内心，潜移默化地引导着国人的思想方式与行为方式。今天，坚守和弘扬社会主义核心价值观，必须从中汲取丰富营养，否则就不会有生命力和影响力。②

第一，用新媒体传递中华民族的优良传统与价值观。

中华民族有许多优良传统与价值观念。例如，中国传统文化主张面对冲突时“以德服人”“不战而屈人之兵”“和为贵”；讲“仁”，主张以仁爱之心待人，修身养性、诚实守信、尊老爱幼兄友弟恭；强调“先天下之忧而忧，后天下之乐而乐”“天下兴亡，匹夫有责”等所体现出来的爱国精神、“大道之行也，天下为公”“民为邦本，本固邦宁”等所体现出来的民主意识、“人而无信，不知其可也”“言必信，行必果”等所体现出来的诚信观念；等等。这些传统思想与理念，构成了社会主义核心价值观的文化底蕴与重要内容。可见，社会主义核心价值观与优秀传统文化倡导的主流价值理念一脉相传。无论时代如何发展，这些流传至今的优良传统与价值观在当今社会依然具有十分重要的意义。社会主义核心价值观作为一种当代意识，其体系的构建必须要以祖国优秀的传统思想作为前提，不断吸收中国传统文化的精华。③

儒家传统文化在日常生活中渗透着“礼”“孝”的伦理观。孔子指出“少成若性，习贯之为常”，④ 强调从幼童阶段起，渗透于日常生活中，通

---

① ［德］马克思，恩格斯．马克思恩格斯选集（第1卷）［M］．中共中央马克思恩格斯列宁斯大林著作编译局，编译．北京：人民出版社，2012：669.

② 冯刚．坚守核心价值观必须发挥文化的作用［N］．光明日报，2015-11-10.

③ 熊瑛．中国传统文化对大学生社会主义核心价值观的构建［J］．文化学刊，2015（1）：179.

④（汉）戴德．大戴礼记·保傅［M］．济南：山东友谊出版社，1991：57. 这句话最早出自《大戴礼记·保傅》：“孔子曰：‘少成若性，习贯之为常。’此殷周之所以长有道也。”

过习惯性地反复陶冶，使之在无形中接受并形成不可动摇的道德信念，确立其成人以后应作为一个合格的人的目标。强调“蒙以养正”①，“蒙养之始，以德育为先”②。

礼仪是文化修养与道德修养的外在表现形式，是做人的基本要求，诸如做人要诚实、守信、知耻、守公德、讲良心。“礼俗培养了整体的精神，反过来，整体的精神又赋予礼俗以灵魂。个人只有实践社会团体的美德才能成为一个人。礼意味着所有人的不断教育，礼又是生活的范式，在整个现在的状况中产生出一种适当的范围，使人以严肃的态度对待事物、信任和敬意。”③ 礼仪是宣扬伦理、教化民众的有效方式。《公民道德建设实施纲要》首先就倡导“明礼诚信”。新媒体要充分挖掘传统文化中的精华，实现教育内容的平面单一向音、图等多元的转化，增强大学生理解中华优秀传统文化的兴趣点。通过新媒体宣讲文明礼仪，使大学生学习如何与人相处、交往、合作。这不仅有利于大学生教养的提高及其人格的健全发展，也有利于提高下一代的综合素质，最终促进大学生文明程度的提高。

第二，弘扬中华优秀传统文化，提升民族凝聚力。

中华民族是一个有着伟大而悠久的历史与文明传统的民族，不但有光荣史，而且也有屈辱史。中华民族战胜各种艰难险阻的力量来自民族自尊心、自信心、自豪感和凝聚力。中华民族的儿女都把自己看作炎黄子孙、龙的传人，在中华民族传统的历史及民俗文化中，也处处传递着强烈的民族自我认同意识和民族归属感，这已成为维系国家统一和民族大团结的一种重要凝聚力。诚如习近平总书记强调的：“中华优秀传统文化是中华民族的突出优势，中华民族伟大复兴需要以中华文化发展繁荣为条件，必须大力弘扬中华优秀传统文化”，要“用中华民族创造的一切精神财富来以文化人、以文育人，决不可抛弃中华民族的优秀文化传统”④。因而在培育大学生社会主义核心价值观的过程中需要把中华民族优秀传统价值、信仰、民俗等文化样式引入新媒体平台，使其在大学生中重获生命力，这也

---

① 于春海，译评．易经·蒙卦［M］．长春：吉林文史出版社，2010：19.

② 康有为．大同书·己部·小学院［M］．上海：上海古籍出版社，2005：207.

③ ［德］雅斯贝尔斯．什么是教育［M］．邹进，译．北京：生活·读书·新知三联书店，1991：90-91.

④ 中共中央宣传部．习近平总书记系列重要讲话读本［M］．北京：学习出版社，人民出版社，2014：99-100.

是新媒体职责之所在。古人云："吟咏流千古，声名动四夷。"[①] 历史上的英雄豪杰、历史事件和醒世格言，或口头流传、遗迹再现，或通过学校教育、舆论传播，无时无刻不作用于人们的思想意识和社会风气。诚如江泽民所言："广泛开展中华民族的优秀文化教育和中国近代史、现代史教育是进行爱国主义的重要一环。"[②] 党的十四届六中全会决议也指出："要把现代化建设的伟大成就和宏伟目标，中国近代史现代史、中共党史和基本国情，中华民族优秀传统和革命传统，民族团结和祖国统一，国防和国家安全，作为新时期爱国主义教育的主要内容。"[③] 大学生社会主义核心价值观的培育不仅要讲究方式方法，而且方式要多样化。例如，可引导大学生参观网络青少年博物馆、网上历史纪念馆、网上名人故居等，这些场馆自然地渗透着社会所提倡的传统文化观与道德观。中华民族代代传承的传统节日，如除夕、春节、元宵节、清明节、端午节、中秋节、重阳节等都充盈着思亲人、盼家国团聚之念。通过新媒体使传统节日放大，教育意义加深，更可以增强民族认同感、归属感和凝聚力，满足人们精神生活需要，促进人际关系和谐与融洽。

"互联网+"必将赋予传统文化全新的宣传内容：我们可以通过分享经典词作以推绎构想传统社会的生活场景和民风民俗，依托博物馆公开和个人提供的音乐知识、名物资料、文本信息等，搭建新媒体空间沟通联动平台，促进艺术、文学、历史专家和爱好者的资源与信息优势互补，向大学生全方位立体地展现传统文化的魅力[④]。我们可以建立专门传播传统文化的教育网站、微信、手机短信平台等，通过这些平台开展多种多样的培育活动；也可以把中国传统文化融入影视、动漫、音乐、网游当中，通过生动活泼的形式引起大学生的关注，"使他们在游戏、娱乐过程中自然而然地认识、接受传统文化，进而不断地增强文化自信心、民族荣誉感以及对

---

① （唐）白居易．居易集·卷十五·读李杜诗集因题卷后［M］．喻岳衡，点校．长沙：岳麓书社，1992：247.

② 江泽民．在全国宣传部长座谈会上的讲话［J］．求是，1993（5）：5.

③ 中共中央文献研究室．十四大以来重要文献选编（下）［M］．北京：人民出版社，1999：2055.

④ 谷卿．让"互联网+"引爆传统文化［N］．中国青年报，2015-12-18.

社会主义核心价值观的自觉认同"①。

当前，网络游戏已成为新媒体文化产业最重要的组成部分，对广大网民尤其是大学生具有广泛而深刻的影响。社会主义核心价值观是中国特色社会主义文化的核心，应着力将"三个倡导"的内容融入以网络游戏为主的新媒体文化产品创作开发中，"坚持走民族精品路线，鼓励、引导、扶持国内企业开发和推广弘扬民族精神、反映时代特点，有中国精神、中国气派、现代风格的原创网络文化产品"②。

（2）创新宣传方式

第一，运用新媒体开展隐性化教育、消解逆反心理。

"精神作为人们的思想观念，在马克思主义哲学看来，是物质的最高产物。"③ 社会主义核心价值观可谓是我国改革开放过程中的精神产物，特别需要注重隐性化教育。新媒体时代到来，我们可以以"微课堂"、经典名著的"掌上阅读"、微信公众号等方式，以大数据为载体，也可以通过文明城市的举办以及《中国好声音》《最强大脑》等娱乐节目进行渗透式宣传，积极对大学生进行价值引导，发挥新媒体对大学生价值判断的引领作用，不断为培育和践行社会主义核心价值观注入正能量。一方面，充分利用新媒体的特点，建设好网络搜索与社区论坛并且引导大学生参与其中，在大学生关心的新闻事件的报道中、在大学生热衷讨论的话题中、在大学生经常参与的网络休闲游戏中，以正面宣传、理性评价、反面点评等方式将社会主义核心价值观教育融入和渗透其中，让学生体会到在信息面前的主导权而激发起主动性的同时，潜移默化地接受社会主义核心价值观的教育；④ 另一方面，充分利用新媒体的隐匿性和互动性，让大学生自由发表观点，以便教育者掌握学生真实状况，然后再通过相应新媒体工具针对不同情况，对不同学生设计具体方案、提供个性化服务，从而能够使社会主义核心价值观教育做到有的放矢，对症下药；与此同时，"以柔克刚"，善于以柔性的、隐蔽的方式化解学生对社会主义核心价值观教育的

---

① 张春梅．大学生社会主义核心价值观的培育：基于传统文化的视角［J］．高教论坛，2014（8）：15.

② 关洁．社会主义核心价值观的网络培育途径［J］．当代世界与社会主义，2013（2）：81.

③ 范宝舟．论马克思交往理论及其当代意义［M］．北京：社会科学文献出版社，2005：88.

④ 王双群，潘学良．新媒体与大学生社会主义核心价值观培育［J］．湖北社会科学，2014（11）：181.

抵触情绪和心理防卫，促使大学生在社会主义核心价值观上的知、情、意、行之间实现良性循环，达到培育的最优化效果。

第二，运用新媒体答疑解惑、引导实践。

在社会主义核心价值观培育新媒体平台上，主要有两种极端情况：一种是对社会主义核心价值观极力诋毁，其目的就是削弱社会主义主流意识形态的影响力；另一种则是对社会主义核心价值观极尽吹捧，易使人产生“假、大、空”的错觉，也会降低社会主义核心价值观的说服力。这两种极端在大学生群体中容易产生影响，因而必须为社会主义核心价值观教育者所重视，传播社会主义核心价值观要“注重内容的科学性和一致性，避免非科学和伪科学以及易引发歧义的内容在传播过程中出现”①。为此，可以通过合理地运用新媒体加以化解，如通过创设学术沙龙、理论论坛、QQ群、微信等新媒体平台，帮助学生解答在社会主义核心价值观学习和生活实践过程中产生的疑惑；通过强化主流网站的建设，科学理性地宣讲社会主义核心价值观等。在新媒体平台中，通过科学的传播方式可促进学生消解网上的狂热行为，也可以促进学生增强对社会主义核心价值观的自觉认知，并在各种海量的信息中做出正确的价值判断，形成和巩固大学生已有的社会主义核心价值观认识，并逐渐付诸自己的社会实践之中。

### （二）传播内容的精准性

新媒体平台已经成为青年群体人际互动、信息获取以及了解社会最重要的媒介之一。要将以“两微一端”为代表的新媒体打造成为社会主义核心价值观的播种人。加大对网络平台的建设力度，建立政府官网、红色网站、商业网站等立体大众交流和沟通平台，对社会主义核心价值观的丰富内涵进行多方位的解读，增加其信息容量，保证人们多样性地获取相关内容。

#### 1. 坚持文艺作品的社会主义意识形态性

“作为观念形态的文艺作品，都是一定的社会生活在人类头脑中的反映的产物。革命的文艺，则是人民生活在革命作家头脑中的反映的产

① 高峰. 试论社会主义核心价值观的培育环境［J］. 西藏民族学院学报（哲学社会科学版），2014（5）：72.

物。”[①] 从唯物史观视域来看，文艺是具有意识形态性的，一般是通过文艺作品为载体来反映特定社会的意识形态。马克思主义创始人坚持文艺的意识形态性质，把文艺视为一种特殊的意识形态形式。[②] “马克思主义的研究者特别注意的正是艺术的意识形态的性质。”[③] 社会主义核心价值观是社会主义意识形态内容的本质表现。在新媒体的文化生态中，利用好以移动网络技术为基础的信息平台，鼓励大量优秀的文艺作品以新媒体的形式展现和表达社会主义核心价值观。“运用媒介的议程设置功能，规定和传播蕴含某种政治理念、价值观念和文化取向的话语框架，通过这种话语描述，影响受众看待政治事件、意识形态甚至看待其他文明的方式，使得政治信息以一种不被‘局外人’察觉的方式，得以在一个可延展的特定范围内传播。”[④]

我们要营造全民培育与践行社会主义核心价值观的浓郁文化氛围，让文化氛围感染和影响人，进而让这种能量传导至青年大学生中间，影响和增进大学生对于社会主义核心价值观的正确认识、科学理解和自觉认同。比如红色经典可使从未经历过残酷战争的大学生了解艰苦奋斗的革命先辈们崇高的革命英雄主义精神。“无形的文化感染和文化力量能够作用于人的精神，激发正能量，形成社会效益红利。”[⑤] 马克思主义哲学也告诉我们：内容决定形式，但形式也会反作用于内容。因而，需要我们不断创新这些红色经典影片的表现手法，体现时代新意，也更能吸引大学生的兴趣。例如，2014 年，由著名导演徐克执导的 3D 电影《智取威虎山》，不仅唤起了几代人的历史记忆，也构建起了人们新的记忆。这部影片既有枪林弹雨亦有刀光剑影，既有军民情深也有侠义豪情，让长辈们看得热泪盈眶，让年青一代受到精神鼓舞。[⑥] 同样，由文化和旅游部组织实施的动漫

---

① 毛泽东．毛泽东选集（第 3 卷）［M］．北京：人民出版社，1991：860.

② 沈杰，刘爱莲，葛彦东．哲学语境中意识形态认同的文艺方式：基于毛泽东文艺思想的意识形态性考量［J］．学术论坛，2013（12）：7.

③ ［苏联］卢那察尔斯基．关于艺术的对话［M］．北京：生活·读书·新知三联书店，1991：75.

④ 张春美，陈继锋．微文化生态下的社会主义核心价值观培育［J］．安徽师范大学学报（人文社会科学版），2014（1）：70.

⑤ 钟宁，李泓祎．新时代社会主义核心价值观实践转化的挑战与机遇［J］．社会科学家，2021（5）：143.

⑥ 王伟，黄桂媛．社会主义核心价值观形象化研究［J］．学术论坛，2015（6）：15.

弘扬社会主义核心价值观培育扶持计划，就是非常好的创新传播社会主义核心价值观的重大举措。比如，在 2015 年 11 月公布的影视作品名单中，有《丝路公主》《大圣归来》《滚蛋吧！肿瘤君》《少年英雄——江格尔》《郑成功》《芷江 1945》《漫画红都（瑞金）》等作品，鲜明地体现出了社会主义文化的独特品质，对于讲好中国故事、凝聚中国力量起着重要推动作用，毕竟“缺乏艺术性的艺术品，无论政治上怎么进步，也是没有力量的”①。

2. 凝练工作的持续与长久性

笔者在课题研究中，针对“社会主义核心价值观的熟知程度”通过问卷的形式向笔者所在单位的教师、在校学生等群体进行了随机调查，发现只有 25.60%的人对核心价值观 24 个字能全部记住，这一部分主要集中在两课老师和大学生干部之间，而大多数人不能完全记住，65.30%的受访者只能说出几个词，9.10%甚至完全不知道（见图 5-1）。

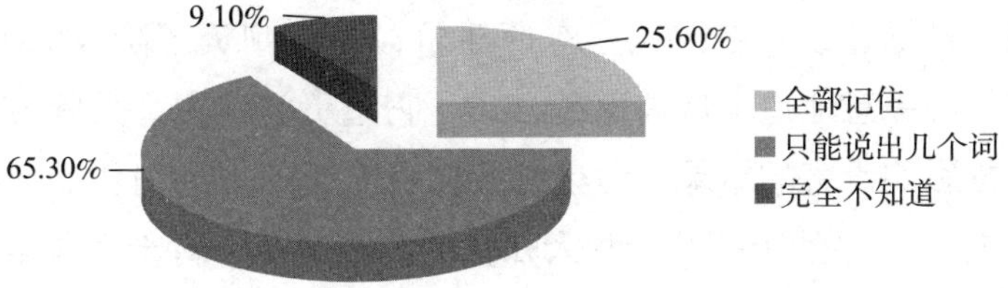


**图 5-1　大学社会主义核心价值观的熟知程度**

社会主义核心价值观要真正实现高校领域的大众化传播任重道远。从学理上分析，这 24 个字虽然内涵丰富逻辑严密，但不容易被社会大众记忆。从目前的研究来看，理论的抽象性在一定程度上影响了大众对其认知和认同。可见，进一步凝练社会主义核心价值观也就非常紧迫了，需要在现有 24 个字的基础上进一步用民族化大众化的语言凝练和诠释社会主义核心价值观，使其既要能反映马克思主义经典作家关于人的解放与自由全面发展的核心思想，又要能彰显共同富裕这一社会主义本质的深刻内涵，还要能延续中华民族和谐、仁爱、大同的传统精神以及体现人民群众共享改革开放红利的良好愿望。

① 毛泽东．毛泽东选集（第 3 卷）［M］．北京：人民出版社，1991：870.

## （三）示范力量常态化

习近平指出，社会主义核心价值观形象化要特别抓好领导干部、公众人物、青少年、先进模范等重点人群。爱国、敬业、诚信、友善是倡导公民个体践行社会主义核心价值观的价值准则，也是社会主义新型社会交往关系形成的价值基础。这不仅要求每一个公民能够严格遵守，而且需要一批价值范导力量进行示范引领。榜样的力量是无穷的，每一个公民都应该成为社会教育的德育主体。

### 1. 发挥党员干部的带头作用

中国共产党的十八大报告明确指出："教育引导党员、干部模范践行社会主义荣辱观，讲党性、重品行、作表率，做社会主义道德的示范者、诚信风尚的引领者、公平正义的维护者，以实际行动彰显共产党人的人格力量。"① 反观苏联解体、东欧剧变，某些党员干部言和行高度脱节，对于坚持社会主义意识形态起了颠覆性作用，"他想把某些东西攫取到手，但却企图把自己描述成正在向这些东西斗争；它批判资产阶级的生活方式，而自己却一心一意地追求这种生活方式；它谴责消费主义是庸俗思想的反映，是西方影响毒害的结果，但享有特权者对于西方的消费品和物质享受却视为珍宝"②。显然个别共产党人知行的高度脱节，对于大学生这个拥有较高知识素养的群体而言，在社会主义核心价值观领域的影响近乎是颠覆式的，社会主义的意识形态教育完全成了一种痴人说梦，给我们在新时期下开展大学生社会主义核心价值观的培育工作敲响了警钟。在中国古代历史上一直有"以吏为师"的教化传统，官吏不仅要秉公办事、恪尽职守，而且要为政以德，做道德楷模，为民众所追随。正如孔子所言："为政以德，譬如北辰，居其所而众星拱之。"③

作为全民的核心与领路人的中国共产党必须以社会主义核心价值观为自己的价值取向，并且外化为党的执政行为。新媒体时代，尤其在移动互联网风靡的今日，党员干部对社会主义核心价值观的认同践行状况，会直

---

① 胡锦涛．坚定不移沿着中国特色社会主义道路前进　为全面建成小康社会而奋斗［N］．人民日报，2012-11-18.

② 黄苇町．当"为了人民的利益"成为口号［J］．当代贵州，2014（34）：65.

③ 《论语·子路》。

接传导到网络虚拟空间，优秀示范的案例会瞬间为公众尤其为大学生群体所了解和认知，也成为大学生身体力行的榜样示范。而负面反向的事态则会瞬间发酵，病毒式地传播，形成蝴蝶效应，很容易削弱大学生对于社会主义核心价值观的认同，瓦解中国共产党的公信力和动摇其执政的合法性。

2. 发挥社会道德楷模的示范作用

俗话说，“言教不如身教”。班杜拉（A. Bandura）也指出：“大多数人类行为是通过对榜样的观察而获得。”① 同样，大学生社会主义核心价值观的培育也必须高度重视模范人物的示范引领作用，需要用杨善洲、“最美妈妈”吴菊萍、“最美司机”吴斌等先进人物真实典型的榜样来引领大学生的行动，它使社会主义核心价值观的教育形象更真实并更具有感染力和说服力。“在教育实践活动中，要把雷锋、焦裕禄、杨善洲等先进典型作为生动教材，抓住全心全意为人民服务这个根本，同培育和践行社会主义核心价值观结合起来。”②

习近平同志指出：“伟大时代呼唤伟大精神，崇高事业需要榜样引领。”③ 先进典型的社会主义核心价值观的忠实倡导者、生动诠释者、模范践行者，既体现出“天下兴亡，匹夫有责”的爱国情怀，也体现出“功崇惟志，业广惟勤”的敬业作风，还彰显出“以诚处世、以信立身”的诚信精神与“与人为善、厚德载物”的友善品格。这都与我们倡导的“爱国、敬业、诚信、友善”的价值准则高度契合。“一个好的例子胜过一千个理论。”榜样的人格感化力量，既可“化”为人们感同身受的认知和范式，也能真实地“化”为人们自觉遵从的内在精神和价值。

3. 发挥公众人物的引领作用

以知名艺人等为代表的社会公众人物是当下许多青年大学生争相崇拜和效仿的偶像。新媒体时代，他们都有数量庞大的网络粉丝群。其个人网站、微信圈、微博等社交媒体上每天都有居高不下的点击率和关注度。他们的一举一动形成了强大示范引领作用。因而，这些艺人应成为社会主义

---

① ［美］A. 班杜拉．思想和行为的社会基础：社会认知论（上册）［M］. 林颖，译．上海：华东师范大学出版社，2001：63.

② 霍小光．刘云山在辽宁调研时强调：以先进典型为镜，以服务人民为本，把群众路线教育实践活动不断引向深入［N］. 人民日报，2014-04-23.

③ 习近平．习近平谈治国理政［M］. 北京：外文出版社，2014：159.

核心价值观的承载者、宣传者和践行者，更应为社会传播正能量。否则的话，也会对大学生的价值观念形成不利影响。一段时间以来，我国文艺界一直存在着急功近利、金钱至上的不良风气。近年来，有关劣迹艺人涉嫌黄赌毒的事件时有发生。有人把“丑闻”当“名气”，不怕自己违背道德、违反法律，只怕自己不够出位，博不了眼球；有人缺乏身为公众人物的自觉，忽视本人在社会风气建设方面的责任和担当，只顾自己的欲壑难填；更有人在聚光灯的照耀下迷失了自己，忘记了初心。为此，必须强化对公众人物的道德行为规范，并完善行业的准入制度，从入口把好关，切实地发挥好公众人物的道德引领作用。

## 本章小结

实现中华民族的伟大复兴，需要一批又一批立志为中国特色社会主义事业奋斗终身的栋梁之材。习近平总书记反复强调，青年学生正处于人生的“拔节孕穗期”“灌浆期”，迫切需要能够观察时代、解读时代、引领时代的科学理论指导。习近平总书记在学校思想政治理论课教师座谈会上的讲话中重点谈道，“知识是载体，价值是目的”，社会主义核心价值观的培育就是要塑造学生以人民为中心的价值观，教育、引导学生站稳人民立场，为实现中华民族伟大复兴而不懈奋斗。习近平新时代中国特色社会主义思想就是立足时代之基、回答时代之问、引领时代之变的科学理论。本章认为：在第四章深入阐释马克思主义基本理论、思想政治教育方法论与传播学理论，提出了政治性、人本性、整体性、实效性和实践性五个基本教育原则之后，本章的研究重点转换为新媒体传播环境多维联动优化、依托新媒体平台构建学校、家庭、社会三方联动的协同培育模式，这是本章对策路径的两个重要的思考维度。其要旨是从外部实现对大学社会主义核心价值观培育的环境优化，为内化创设良好的外部基础。从马克思主义内外因的辩证理论来看，第五章侧重解决的是外因的问题。而大学生社会主义核心价值观归于一点，是要逐步实现内化于心，成为大学生的精神追求与理想信念。第六章试图从大学生的内在原因，通过自我教育，逐步实现大学生自身的虚拟实践养成，外化为大学生自身的自觉行动。这也成为新媒体时代大学生社会主义核心价值观培育的整个逻辑构想。

# 第六章 大学生社会主义核心价值观培育的实践养成路径

新媒体时代大学生既是社会主义核心价值观的认知主体，也是实践主体。在大学生社会主义核心价值观的培育中，学校的教育作用与大学生的道德行为之间固然存在着一种函数关系，教育作为外部的力量可以增进大学生的认知，但是要切实转变为个体认同，直至走向信仰，就大学生这个接受外部影响的复合体而言，归根结底离不开主体的自主性这一因素，离不开人的自我意识。大学生自我教育环节至为关键，要着力将自我教育“自觉性”与网络实践活动“常态化”相结合。“生活不能只是思，生活是需要过的。”大学生社会主义核心价值观的形成不是在象牙塔中自动生成的，而是在“知中行，行中觉，觉中悟，悟中从”[①] 的循环往复过程中形成的。“道不可坐论，德不能空谈。于实处用力，从知行合一上下功夫，核心价值观才能内化为人们的精神追求，外化为人们的自觉行动。”[②]

## 第一节　实践养成的目标：大学生全面发展的诉求

### 一、虚拟实践是现实实践的延伸和超越

虚拟实践是对传统马克思主义实践论的又一探索和发展。新媒体是信

---

① 高良坚．论开放德育视阈下大学生社会主义核心价值观的培育：基于杜威经验论视角［J］．理论月刊，2015（8）：38-42．

② 习近平．青年要自觉践行社会主义核心价值观：在北京大学师生座谈会上的讲话［N］．人民日报，2014-05-05（2）．

息技术发展与变革的产物，当代大学生在新媒体虚拟平台展开的实践活动日趋频繁和多元，构成了当代大学生核心价值观培育的崭新形式。“虚拟实践是指虚拟社会主体在虚拟领域中对虚拟社会客体的加工、整合、优化、创造等活动过程。即主体对虚拟领域中碎片式的信息进行合规律性和合目的性的加工、整合，然后经过优化，创造出新信息的过程。”① “在非现实的时空中的虚拟生存相对独立于现实生存，不是对现实生存的翻版，而是对现实生存的丰富，并且还可以将现实生存理想化。”② 虚拟社会实践以信息交流、数字化为基础，在内容共享、主体间性、主客体交互、方式超链、效果反馈等方面，都具有人—机—人系统性的共生共存，可以减少大学生现实实践中的不确定性，使安全性增强，并降低了现实实践的偏差，深层次构建实践活动中协作、共享、平等关系，充分囊括了实践指向人、人也指向实践的价值意蕴。它是对传统现实实践的有效补充与延伸，更有利于大学生社会主义核心价值观培育过程中的“虚与实”的有效衔接，有利于大学生充分发挥自己的个性与能力，推进大学生对社会主义核心价值观的认知、认同及践行，促进自身全面自由地发展。

## 二、大学生虚拟实践养成的规律分析

社会实践中进行大学生社会主义核心价值观培育，就是将社会主义核心价值观的外在追求内化为大学生个体的内在信念，并能够自觉地践行。一般意义上，第一个环节是实现社会主义核心价值观由外而内的转化，需要大学生自我认同，这是一个内化的过程。这一环节中，学校的教育显然处于核心地位，家庭和社会要协同跟进。这一过程中，我们要尊重大学生的主体特点，采取大学生喜闻乐见的方法、载体等，充分发挥出社会主义核心价值观的科学性和真理性，为大学生所自觉接受。显然这一个环节的稳定性是脆弱的，尚未转化为大学生的信仰追求。而后展开的是第二个环节，通过实践渠道实现内化向外化的转变，这也是一个外显的过程。社会实践具有认知上的提升、认同上的强化与践行上的承载等作用。

虚拟实践，相对于大学生而言，在具体价值接受进路上也大体遵循着

① 曾令辉，郑永廷．马克思主义自由观视阈下人的虚拟自由［J］．思想教育研究，2008（6）：18.

② 吴宁．在虚拟生存和现实生存之间［J］．天津社会科学，2001（4）：49.

如上的规律。新媒体空间中充斥着繁杂的价值信息，有正向的也有负面的。正向的价值观不断得到强化与巩固，逐步内化于心，逐渐外化为大学生实践主体的习惯行为；错误的价值观在虚拟实践中得到证伪和修正，重新矫正原有的认知图式，通过反复的多循环的心理活动，正确的价值观得以确立，社会主义核心价值观是合目的性和合规律性的统一，进而使大学生自觉把其内化为个体的坚实信念，化为自己内在的价值观，这样即使外部有再大的干扰与压力，也不会轻易改变。可见，唯有大学生将社会主义核心价值观真正内化为自我认同，培育大学生社会主义核心价值观的进程才算达成，指导大学生的思想与行为才有了基本依据。

而虚拟实践中有两个关键之处：其一，要做好虚拟空间价值的引领和示范工作。网络空间不是价值无涉的场域，而是一个信息甄别筛选和最终判断的过程。教育主体要充分发挥好“为人”的功能，做好信息把关人。其二，大学生网络空间中自我主体性的彰显。网络虚拟空间对于大学生自我主体性的要求尤为凸显，大学生有效地展开虚拟实践活动，网络空间的自我教育是核心，要有较强的网络媒介素养能力，进而避免“虚拟异化”。“价值问题本质上是人类社会历史实践活动中的问题。离开了实践活动的主体性、目的性、历史性，对价值问题的研究就会导致经院哲学。”① 大学生尤其要经过社会实践活动（现实和虚拟），促使其在实践中不停感悟与吸收社会主义核心价值观，促进个体已有的价值观图式与核心价值观相互作用、逐步融合对接，最终转变为大学生价值主体的一种自觉行为。

## 第二节　实践养成的前提：大学生自我主体性建构

人是意识的类存在物，人能够将自己的活动转化成自己的意志和意识的对象，人与动物的区别正是这种有意识的生命活动。人是通过这种对象性的活动，来确证着人的客观存在。审视当下，传统思想政治教育中对于大学生主体性培育的意识，尚未完全走向自觉。同时，新媒体对大学生主体性正负向的影响力日趋强大，为此关注正处在自我意识趋于成熟并发展到新阶段的大学生，强化对他们主体性的培育和合理引导，刻不容缓。总

① 冯平. 重建价值哲学［J］. 哲学研究，2002（5）：14.

之，要“坚持教育与自我教育相结合，既充分发挥学校的教育引导作用，又充分调动大学生的积极性、主动性……要积极调动大学生自我教育、自我管理、自我服务的积极性、主动性”①。

## 一、大学生自我主体性建构的学校维度

先贤大师的思想和智慧为我们理解社会主义核心价值观培育中的个人主体性提供了理论注解。从2000年前古希腊德尔斐神庙箴言“认识你自己”，至康德从先验范畴主体性启程，首次从哲学高度建立了人的主体性原则，提出了“人为自然立法”的哲学思想。再到胡塞尔现象学中“撇开实证科学的表面事实，还原到先验的纯粹的主体性”，直至马克思的人的实践主体的思想，实现了对以往人的主体性思想的重大超越。从马克思主义哲学范畴上讲，主体是社会实践活动中实践者、认识者或行为者本身。大学生主体性本身就是一个关系的范畴，大学生的主体性发展离不开一定的关系。大学教育阶段是个体主体性发展的转折期，是由自我的主体性向自觉性、自由主体性发展的过渡，大学教育的责任更多地体现为帮助学生进行自我教化、自我成长和自我发展。在学校层面，大学生主体性的建构，是教育者和受教育者互为主体②、互动性的结果。教育者的主体地位体现在对教育环境、教育内容、教育途径和载体的选择以及对受教育者主动施教的过程中，而受教育者在对教育内容（包括知识、教材、环境、资源等在内）的建构关系上和教育效果的呈现上则表现出主体的地位。③

### （一）以生为本，走进生活世界

社会主义核心价值观教育所要解决的根本问题就是如何激发受教育者自我意识的自觉。自我意识是“人作为社会的应当的和可能的主体要转化为现实的和实际的主体所需要的一个重要的条件……人在社会历史活动中主体地位的实际确立和有效实现，是以人对自身在社会历史过程中的地

① 中共中央，国务院．关于进一步加强和改进大学生思想政治教育的意见［N］．光明日报，2004-10-15.

② 自20世纪80年代将学生主体性纳入教育学研究视野以来，对于主体的讨论一直成为理论研究的热点问题。对教育活动主体的理解，大致经过了单主体说、双主体说、主体交互说三个不同的认识阶段。

③ 孙建青．当代中国大学生核心价值观教育问题研究［D］．济南：山东大学，2014：188.

位、职责、使命和任务及实现途径等的足够清醒的自觉意识为前提条件的”①。强烈的自我意识在人生的自我发展进程中发挥着内部驱动力的作用。

1. 树立大学生是培养主体的教育观

互联网及其相关因素的深度嵌入成了教育场域的一个突出特点。传统教育模式中主、客体泾渭分明的格局被突破，权威被平等取代，教与学为互动而让路，一幅崭新的教育图景正在逐步成形。师生话语已由传统的独语向共享转化，大学生不仅是信息的接收者，也是信息的制造者和传播者，发掘学生中的潜在力量，提高教育对象的自我组织能力不仅是可能的而且是必要的。以微信、微博等为代表的新型社交媒体的迅猛发展说明了广大“微民”的巨大力量，这种力量为大学生主体性不断得以构建和完善提供了可能。在大学生社会主义核心价值观培育过程中，教师始终是一种外部性力量的存在，外部的教育力量唯有通过大学生自身的主体性作用（内因）的发挥才能实现对价值观的自我习得。

这样，高校思想政治教育工作者应树立以学生为培育主体的理念，在民主、平等、协商的互动交往中，充分调动大学生参与社会主义核心价值观培育的热情；要从学生学习和生活的场景中展开对话。借助新媒体中丰富的教育资源，发挥思想政治教育的隐性功能，强化网络正能量的延伸影响，做好议题设置，消除网络杂音与噪声，及时回应学生关切，潜移默化地传播社会主义核心价值观，涵养网络正能量之生成动力，实现服务与育人的有效融合；在高校思政课堂环节上，自觉创新手段方法，将“慕课”、翻转课堂教学模式、易班学生互动社区等进行合理运用，“微”时代课堂教学中，要对学生主体性做出积极回应。

2. 尊重大学生发展的选择权

在大学生社会主义核心价值观的教育过程中，人是主体性对象。每个人价值观的形成，离不开他们的兴趣爱好、家庭环境、生活经历和认知方式，而这些均体现出了鲜明的个体差异性，这决定了每个大学生的教育需求是不同的。新媒体环境下，这样的个性化、差异化日趋明显，时常变化

① 欧阳康．社会认识论导论［M］．北京：中国社会科学出版社，1999：145.

的QQ心情、微信朋友圈内容的不断更新，呈现出大学生群体更为个性化、私语化的叙事特征，构成了当前大学生利益诉求表达的“晴雨表”。在社会主义核心价值观的教育实践中，要充分体现出应有的层次性和差异性，对于“00后”“10后”大学生的特征要充分理解和掌握，诸如高校中男生对社会主义核心价值观知晓度、内容正确认知率较女生低，认知渠道较女生更依赖于大众传媒，我们尤其要重视男大学生的社会主义核心价值观认知教育；充分考虑男大学生同女大学生在个性心理和需求上的差异，采取与男大学生心理特点相符合的教育方式。① 同时，农村、城镇、省会城市等不同生源的学生，在对社会主义核心价值观的认同和践行中，也呈现出了不一样的发展特征。因此，教育者应根据大学生的个体差异，变革那种遮掩学生自我潜能发挥、“一刀切”的教育观。通过扎实了解大学生的需求，有针对性地创造适合他们的情景，提供相对多元的个性化的“教育订单”。

部分高校已经开始了有益的探索，比如，郑州大学充分运用网络新媒体，打造了三个平台：网络工作平台、网络服务平台、网络育人平台。形式多样，内容丰富，提升了网络思想政治教育的覆盖面、吸引力、针对性与实效性，深得广大学生的喜爱。吉林大学珠海学院的具体做法也颇有新意，该校紧扣思想政治理论课不同课程设置的特点和社会主义核心价值观培育的层次性。比如在“思想道德与法治”教学中，紧密围绕新生的发展诉求和大学生职业生涯规划，以问卷调查的形式调查新生群体中倾向性较高的问题，以社会主义核心价值观个体层面的培育为主；“中国近现代史纲要”则侧重于通过课前读史的形式，引导大学生对党史、新中国史、改革开放史、社会主义发展史的熟知，课堂授课中以心得交流、演讲比赛等多元化形式增强大学生对富强、民主、文明、和谐的认同。“毛泽东思想和中国特色社会主义理论体系概论”要求大学生利用寒暑假的时间，开展社会实践专项调研活动，引导大学生自觉走入乡土中国，接地气、解民意。“马克思主义基本原理概论”是强化大学生对于马克思主义理论认知的主平台，该课堂侧重于马克思主义经典名著的解读和理解，是展开理论交锋研讨的依托载体。这样，通过课堂效果反馈，学生的积极性、参与

① 郭朝辉．当代大学生对社会主义核心价值观认知的实证研究［J］．西南民族大学学报（人文社会科学版），2015（5）：202.

性，课堂的感染力、渗透力，作为思想政治课核心的社会主义核心价值观的认知度、转化率都得到了显著的提升。当然，高校可以把这些好的作品与优秀成果，通过校园网展示，让更多的同学分享、交流与互动，让富含正能量的精神得到放大。这样，大学生的主体性彰显，多元化需求得到实现，社会主义核心价值观的培育才会有走入大学生内心世界的可能。

大学生主体性的形成，是一个长期而又系统的过程，也伴随着大学生个体的成长，是多因素复合的结果。而高校教育环节是大学生社会主义核心价值观形成和社会化进程中最为关键的。显然高校应借助自身的智库，遵从“00 后”“10 后”等代际大学生的成长规律，使社会主义核心价值观的教育面向当前日新月异的媒介环境和大学生丰盈的思想诉求，填补官方话语造成的空白，构筑起高校网络思想政治教育的高地。同样，社会上对于大学生发展的更多包容，也构成关键一环。难能可贵的是，“互联网+”背景下对大学生创业、创新的广泛支持，更是前所未有，一大批大学生创业明星的诞生和高品质企业的涌现，恰恰印证了社会大舞台的搭建为大学生主体性成长发挥了非常重要的作用，也为大学生社会主义核心价值观的践行筑牢了实践路向。

实际上，这一过程借助于沈壮海教授在《思想政治教育的有效主体论》中的观点，我们认为主体只有具备了相应的主体意识和主体素质，才能够成为真正的有效主体。上述的工作，更多的是帮助大学生培育和树立起应有的主体意识和主体素质。

### （二）依托虚拟空间的育人平台，强化大学生的主体意识

伴随着移动互联网的发展，以智能手机为接收终端的新媒体媒介，构成当前大学生的“第二生活场域”，大学生的日常生活场景日益趋向迁徙于虚拟空间。交友聊天使用微信、QQ，购物消费使用支付宝与抖音，课业互动使用不同归类的社区。虚拟空间俨然完成了对现实场景的完全“映射”。而实际的教育境况则是，我们社会主义核心价值观认同建构实践往往落实为远离日常生活的抽象、教条、死板的价值规范和价值准则的灌输与说教活动，追求条条款款的价值原则、规范的传授与背诵，往往漠视人的情感投入与价值思维、价值行为能力的训练养成。这构成了新媒体环境下思政教育中一对重要的矛盾。简言之，外部的教育环境已经发生了颠覆性的变革，而我们的教育理念还停留在传统德育范式的研究窠臼。为此，

必须改弦更张，寻求良策。

在思想政治教育的研究视野中，高校思想政治教育中教育情景设置至为重要，这是确保大学生价值观教育实效性的前提保证。理论上教育情境通常包括物质情境和精神情境、自然情境和社会情境、主体情境和客体情境、真实情境和虚拟情境、积淀情境和现实情境等①，而当下虚拟情境的创设则尤为迫切。从虚拟情境的创设和利用来看，可以借助大学生喜闻乐见的网络、微博、微信等新媒体，将社会主义核心价值观融入这种虚拟情境之中。

借力于大学生对网络的高嵌入性，构建起师生互动的网络校园社区。从当前来看，清华大学的“水木清华”社区、北京大学的“一塌糊涂”社区、西安交通大学的“兵马俑”社区等国内知名的网络虚拟社区，会员众多，在全国辐射影响面广。创建于2011年的麒麟新媒体团队将新媒体平台系统引入高校后，其平台覆盖范围不断扩大。它以社区和社群为单位，通过移动互联网技术，搭建起一个个微媒体。上述的发展，虽集中在中国高校金字塔的塔尖，但是这也为其他地域高校网络虚拟空间育人平台的搭建提供了非常宝贵的实践经验。十年来，高校在网络虚拟空间的打造上已取得了历史性成就。

从笔者调研的A高校来看，在新媒体平台的硬件建设和外部资源的配置上，与上述的高校差距甚大，辐射面也很有局限性。但在小微媒体上着墨颇多，成效也不错。比如在党课理论学习上，该校专门开发了党课的App软件，采用了音、频、画等多元化的表现形式，将中国共产党党史等相关知识融入其中，参加党课学习的学生在高度的趣味性中自行地完成了党课的课业设置，一改传统党课学习的死板和无趣，极大提升了党课学习的效率和出勤率，被本校学生亲切地称为“指尖上的党课”。新媒体的应用畅通了沟通渠道，提供了便利服务，赢得了学生的高度认可，也使社会主义核心价值观在润物细无声中浸入大学生的心田。

未来大学生主体意识的培养，网络虚拟平台是非常重要的依托。虚拟社区既重构了校园文化，又创新了网络校园文化，关键是生活化的表达耦合了大学生的接受方式。归为一点，就是牢牢占据网络虚拟平台，引领大

① 董杰．思想政治教育情境论［M］．武汉：湖北人民出版社，2013：148-169.

学生在这个“第二生活空间”中，展开自主性的自我教育活动，通过互动交流、共享共治、思想分享、情感共鸣等实现大学生主体性的不断构建和完善，促使社会主义核心价值观逐步内化于心。

## 二、大学生自我主体性建构的个体维度

自我教育是高校主体性道德教育的归宿。大学生自我教育的重要性和紧迫性的凸显是基于新媒体特有的属性这一基础。新媒体时代，在价值观领域存在的最大问题和困扰就是：多元价值观的出现，即一元与多元之间的冲突对立，引发了大学生对价值观选择、判断的困惑，对主流价值观理解的“碎片化”，道德相对主义盛行；同时网络虚拟空间的失范现象频出，也相当程度上加剧了大学生认同和践行社会主义核心价值观的难度。

如前文所述，处在人生观和价值观形成与嬗变关键时期的大学生群体已经受到了新媒体文化的形塑。人之主体性一旦丢失，就会产生人之主体性和新媒体的依赖性之间的一对矛盾。当然，大学生网络主体也能够通过克服对网络的依赖性来提升自身的虚拟主体性。大学生必须提升新媒体环境下的自我教育能力，培育新媒介素养，这对于大学生社会主义核心价值观的培育尤为重要。

### （一）自我教育方法的学理审视

苏霍姆林斯基认为：“只有能够激发学生去进行自我教育的教育，才是真正的教育。”① 在新媒体时代下，多种信息以多维度的方式呈现在人们面前，催生了多维度的社会关系。网络所建构的虚拟空间已成为大学生学习、生活不可或缺的场域，这拓宽了大学生学习交往的新平台，延展了大学生的交往空间。大学生依据自身的特点与优势，充分开掘利用网络资源，优化学习途径，提升了生活质量，对他们的认知方式、个性发展、道德行为等都产生了巨大的影响，为大学生自我教育的开展创造了机遇与条件。

从一般意义上说，自我教育被看作一种自我提升、自我进步的方法与手段，即受教育者依照社会及国家发展的要求，充分调动主观能动性，自

---

① ［苏联］苏霍姆林斯基．少年的教育和自我教育［M］．姜励群，译．北京：北京出版社，1984：100.

觉地学习、领会先进的思想及理论，调控自身的行为，逐步形塑优良的思想及行为的一种方式。从哲学角度看，马克思主义唯物辩证法认为，外因通过内因起作用。从心理机制视角来看，自我教育应该是自我意识的产生、演进及自我调控的提高，也是大学生主体性得以体现的标志，是个体心理矛盾运动的过程。张晓静在《自我教育论》专著中对自我教育进行界定："教育由两部分构成：一是他我教育（教育者的施教对求教者来说是来自他人的外部教育），二是自我教育（求教者主动地自己教育，即来自自我的内部教育）。"本书认同张晓静的论述，"自我教育是个体作为教育主体，在自我意识支配下，把自我作为教育对象，按社会的要求和自身发展的需要，发挥主体的能动性，主动求教，使自身在品德、才智、审美、体质等方面得到发展，从而成为一定社会所需要的人的活动，它是自教和自学的统一体，与他我教育相对应，互为依存"①。

### （二）自我教育方法的现实依归

按照伏尔泰的自然科学和精神科学的分法，价值观显而易见应划归精神科学之内。价值观的培育不可能只靠知识传授的简单方式进行。我们要使个人认同价值观，就必须浸入精神世界、融入生活世界，否则，价值观就失去了其导向的意义。因此，价值观的认同有别于人们对一般物质发展规律的认识，它必然是合规律性与合目的性的交融，要使其真正发生作用，产生自觉的行为，必须经过自我的"内修"阶段，即中国传统文化所倡导的"诚意""正心"等阶段。也正如西方的道德认知发展学派所提出的，道德认知能力的提高必须经过由他律向自律的转换，迈入自律阶段，人们就可以建构自己的道德法则与原则。

新媒体环境下大学生的自我教育是大学生自我发展和完善的重要途径，也是应对复杂多变外部环境，提高其免疫力的内在诉求，是实现教育目的的最终归宿与根本指向，是国家发展对未来人才的应有之义。在新媒体环境下，有的大学生能够积极构建有利于自身发展的价值观，成为引领社会主义核心价值观的旗帜，抵制了各种诱惑，守住了自己的初心；有的却沦为了拜金主义之类的俘虏，丧失了自己的美好追求。这深刻地说明了：一个人价值观的确立，除外部条件的影响外，最终还要靠自我内省、

① 张晓静．自我教育论［M］．哈尔滨：黑龙江教育出版社，2004：113.

自我修正。自我教育可以激活大学生网民群体的内在动因，促进个人不断进步，思想认识不断前进。

## （三）自我教育的途径

叶圣陶曾经指出：“教育的目的是达到不教育。”自我教育的过程就是提高大学生的自我认识能力、自我控制能力和自我调节能力的过程。大学生只有增强自我教育能力，才能对自己的思想和行为做出正确、客观的认识和评价，并根据社会要求修正自己的行为，在纷繁复杂的网络社会中坚持正确的方向，更好地实现教育的目的。① 为此，大学生在自我教育的过程中，既要强化自身的理论学习，不断提升自我教育的能力，也要借助传统的慎独慎思等内省方法，不断深化个体自身的媒介素养。积极主动地将对社会主义核心价值观的学习变成自己的自觉行动，将国家层面“富强、民主、文明、和谐”的价值目标与个人层面“爱国、敬业、诚信、友善”的价值追求有机结合起来。这不仅是教育者要努力引导的方向，对于大学生本身而言，也需要运用好以下几种自我教育方法，努力提升对社会主义核心价值观的自觉践行能力。②

### 1. 重视理论学习，筑牢个体自我教育的基础

大学生要在自主学习中笃信社会主义核心价值观。理论知识也是培育与践行社会主义核心价值观的重要基础。要利用好大学阶段的宝贵时间和资源，学习掌握各门科学理论知识，为树立正确的人生观、价值观积淀深厚的知识基础；要自觉地学习掌握马克思主义理论，勇于推动社会主义核心价值观的大众化传播。

第一，丰富知识储备，完善知识架构。

自我教育的过程就是一个将外在的知识进行消化吸收和深度反思的过程。为此大学生个体要变“要我学”为“我要学”。比如，对于社会主义核心价值观这个较为抽象的理论体系而言，如果大学生自身不强化自我学习能力，肯定理解得不够彻底，出现思想“积食”现象。例如，笔者在

① 孙芬，孙其昂．网络环境下大学生的自我教育［J］．前沿，2003（10）：124-126.

② 户可英．大学生社会主义核心价值观教育方法研究［D］．成都：电子科技大学，2014：141.

2020年6月的马克思主义基本原理概论课程的期末考试中，对所在教学班①的考试试卷简单做了统计。这次期末考试中，在“共产主义的特征”这道简答题上，只有15%的学生答案是正确的，答对其中几个点的占35%，剩下50%的学生，要么是把社会主义与共产主义混在一起，什么“人民民主革命”“实行人民代表大会制”等（占20%），要么就是全然不知，答成“不同以往类型的革命”“具有鲜明的积极性”等（占30%）。我想可能与课堂授课时讲得一带而过有关。让我眼睛一亮的是有一名同学引用了马克思和恩格斯的两段论述来回答这个问题。

大学生在课堂接受的社会主义核心价值观主要来源于习近平新时代中国特色社会主义思想概论、思想道德与法治、马克思主义基本原理、毛泽东思想和中国特色社会主义理论体系概论以及中国近现代史纲要等主干课程。为此，必须强化对这些课程理论的讲解，增进大学生对理论的熟知。虽然这些教材蕴含了社会主义核心价值观的基本内涵和精神，但仅通过这几本教材让大学生实现社会主义核心价值观自我教育，还是远远不够的。因为这些课本的理论性与规范性较强，趣味性与感染性较弱，要把一种影响深远、意义深刻的价值观念体系化为一种精神理念，远远不是只需要记住“三个倡导”就能够实现的。比如在课堂环节，笔者就尝试以课外阅读的方式，推荐学生阅读中国共产党历史上伟大的马克思主义哲学家艾思奇的《大众哲学》一书，并随后与学生在微信中的班级朋友圈进行了专题讨论，在课堂中进行了研讨。通过讨论，学生对《大众哲学》中，艾思奇成功实现了哲学理论内容现实化，阐释生活化，并与大众传媒有机融合，极大推动了马克思主义大众化的进程，达成了理解上的共识。哲学发源于困惑、疑惑与问题。从这个意义上说，深化新时期中国马克思主义哲学研究，需直面“中国问题”。② 艾思奇立足时代、立足实践，成功地实现了马克思主义大众化。新媒体时代来临，我们也应把握时代脉搏，推进马克思主义大众化，让马克思主义成为时代的最强音，这需要我们创新传播方式，通过多维度联动予以破解。这对于引导大学生自我教育的开展，推动他们对马克思主义哲学的理论探索和现实问题的思考，形成正确的世界

① 该班是本科文科班，职业教育专业，人数50人。

② 韩庆祥．哲学需直面“中国问题”［N］．人民日报，2015-04-20.

观、人生观、价值观具有重要的现实意义。

用马克思主义科学的方法指导自己的人生实践。在关于社会主义核心价值观的理解调研座谈会中，笔者也清晰地看到了泾渭分明的几种人，少部分人基本上不清楚，尚处在混沌阶段；一部分学生只会背概念，是考试的高手，自己的理解不够多；最后一部分人虽然未必将 24 个字全说出来，但是却有自己某些方面的深刻思考。印象很深的是，一次调研座谈会结束后，一个李姓同学，通过网络查找资料，竟从中外比较，尤其从苏联解体方面跟我进行了深度探讨。他认为苏联解体前的国民已失去了应有的价值共识，价值观相当混乱，理解之深刻让我大为吃惊。大学生要学会运用马克思主义的科学世界观和方法论认识和分析新媒体环境下涌现出来的新问题和新情况，正确对待大学阶段在学习、情感、职业选择等方面所遇到的疑惑和彷徨，做到理性思考、明辨是非、明确方向，让正能量贯穿人生发展的始终。

第二，学习网络法律法规，实现网络自律。

新媒体作为一种载体，它本身是中性的东西，正如西方学者埃瑟·戴森所言："数字化的世界是一片新的疆土，可以释放难以形容的生产能量，但它也能成为恐怖主义和江湖巨骗的工具，或弥天大谎和恶意中伤的大本营。"① 这就需要大学生时刻关注我国网络法律法规动态，养成随时学习网络相关法律法规知识的习惯，学习《互联网新闻信息服务管理规定》《互联网文化管理暂行规定》《网络文化经营单位内容自审管理办法》《互联网新闻信息服务单位约谈工作规定》《刑法修正案（九）》《中华人民共和国网络安全法》等有关法律法规、规范性文件，提升自身的网络法律素养。能够做到在网络虚拟空间学会正确使用网络，要学会有效搜索，学会辨别分析消息的可靠性与真实性，能够进行有效的加工，善于咀嚼生成；强化网络理论学习，不断提高自身应有的道德自律能力和媒介素养，提高他们对信息的过滤能力，抵消和消除垃圾信息及有害信息的干扰和侵蚀，如对黄赌毒等有害信息的自觉抵制与举报。正如古人所云："学如弓弩，才如箭镞，识以领之，方能中鹄。"② 换言之，大学生网络伦理失范的解决

① ［美］埃瑟·戴森. 2.0 版：数字化时代的生活设计［M］. 胡泳，范海燕，译. 海口：海南出版社，1998：17.

② 《续诗品·尚识》。

关键在于引导学生自我教育与注重内省相结合，提升大学生的自我反省、自我批判、自我取舍和自律的能力，[①] 使社会主义核心价值观逐步入心。

2. 强化集体自我教育

在大学生的日常交往中，集体自我教育（尤其是同辈同侪）是有别于自我教育的另一种有效的教育方式。学校与老师可以指导学生“组建实践共同体，帮助学生建构起成员身份，获得归属感”[②]。该方法旨在营造共同参与、讨论的情景氛围，自主建构，充分发挥集体自我教育的作用。

第一，秉持传统的集体自我教育的有效方式。

比如课堂环节的问题讨论、专题学习、兴趣小组，围绕一个科研课题或项目所展开的攻关，等等。同时，也可以在网上班级中公布讨论的主题，鼓励同学们网上讨论，为课堂的深度讨论预热。在这个集体互动的过程中，实际上是与西方道德教育理论中班杜拉所倡导的社会学习道德教育理论相吻合的。该理论派别认为除传统的直接学习模式外，还有一种就是学习者通过观察他人的行为或行为的结果而发生的学习，由注意过程、保持过程、运动再生过程和动机过程组成。[③] 传统的班级、团队组织、学生会等线下的生活空间对大学生的集体自我教育也会相应地产生重要影响。大学生个体在集体的交往中，总是会被那些表现优秀的榜样吸引，不断地对大学生自身构成刺激。那么随着这一过程的持续，这样的学习过程就有转化为自身价值信念的可能，使社会主义核心价值观走心。“蓬生麻中，不扶自直”“入芝兰之室，久而自芳”即是这个道理。

第二，依托网络，拓展集体自我教育的新途径。

中国互联网络信息中心公布的第 31 次《中国互联网络发展状况统计报告》的调查数据显示，在 1035 个高校大学生调研样本中，目标人群中 100%的人参与了不同类型的一个或多个网上自组织。[④] 大学生网络群体已逐步变为现实社会中一股强大的组织力量。

---

① 范益民．新媒体时代大学生网络伦理道德失范教育的法治化思考［J］．学术探索，2016（1）：58.

② 蒋慧芳，曾文婕．社会主义核心价值观教育的深化之路：实践养成的视角［J］．教育科学研究，2021（9）：79.

③ 袁桂林．当代西方道德教育理论［M］．福州：福建教育出版社，2005：207.

④ 人民网．第 31 次中国互联网发展状况统计报告［EB/OL］．http：//it. people. com. cn/GB/119390/118340/373718/index. htmlCNNIC.

早在2008年3月至11月，西安市社科院和共青团西安市委共同组织的调研发现：该市网上青年自组织的数量非常庞大。从他们调研发放的59600多份问卷统计情况来看，30.67%的青年人建立了自己的群或自组织，63.35%的人认为，网上青年自组织活动逐渐成为他们生活中一种不可或缺的常态方式。① 近几年来，大学生使用社交网站的人数出现不断增长之势，如微信、微博用户规模取得了极大的扩张。

在新媒体时代，学习者使用新媒体查获大量信息时，学习者的主要目标就在于使用新媒体技术把查获的信息转换为对自己有意义的知识。近代心理学与认知理论指出，这种转变对每个人来讲不是一种单一的“刺激—反应”的反映（S-R），它必定通过主体自身的认知结构活动而完成。这与使用新媒体技术凸显的自主性特点与大学生社会主义核心价值观的培育是异曲同工的，因社会主义核心价值观的培育无论从其特征来看还是从其目的而言，都是旨在“促进个体道德自主建构的价值引导活动”。②

在目前大学生的人际交往圈中，点开智能手机会发现，每个大学生基本上都会依托微信、微博、QQ等新型媒体而组建起各自的网络朋友圈。它们是因共同的兴趣爱好、生活经历或学术背景而形成的，具有典型的个性化。这些朋友圈是一个个强化集体自我教育的“小团队”。在这样的生态圈中，在思维方式、价值观念、人生追求上彼此相互影响、互相关照。

在这些网络朋友圈中，圈中好友形成了一个相对稳定的格局。这种格局关系，建立在对于成员彼此的信任和认同之上，故而不同成员之间的情感、言论以及个人价值观念会对其他个体形成一定程度的渲染和交融，进而营造出一种独有的交际氛围，构建起“趣缘圈”，即“建立在共同兴趣、爱好之上的人际关系联结纽带”③。比如，每一班级或者专业，都会基于学习或者爱好或者管理之需，建立起一个又一个的微信圈。尤其是一些班级管理群，在这些圈子里，管理员（最好是思政工作人员）一定注意在交际

---

① 共青团西安市委，西安市社会科学院课题组．西安网络自组织发展调查报告［J］．陕西行政学院学报，2009（2）：19.

② 王学俭，刘强．新媒体与高校思想政治教育［M］．北京：人民出版社，2012：69.

③ 蒋占峰，娄博华．青年思想政治教育话语的抖音趣缘研究［J］．学校党建与思想教育，2021（3）：30.

氛围的营造上，懂得植入关联社会主义核心价值观的议题。小团体中，鼓励他们相互传递正能量，使社会主义核心价值观成为他们向上、向善的动力。

以笔者调研的A高校为例，A校开展的“微学习”练就“微能力”活动，就是非常好的尝试。通过微信、微博打造“微学习”平台：“紧跟官微来读书”，通过投票、推荐、自读、领读、表彰、书评、赠书、座谈、留言等引导师生爱读书、善读书、读好书，在读书中交流、学习、感悟、启发、升华，活动的阅读总量达到165万人次；该校的“青春e站”重点关注了学生的心理健康、职业生涯规划、考研，成为学生成长、成才、成功的助推器。显然，这是在新媒体环境下，注重集体自我教育的非常好的尝试。

3. 批判地继承中国传统文化的精华

新媒体时代，大学生的价值理念、思维模式及行为表征相较以前有了很大的变化。西方发达国家凭借其经济实力和传媒优势，大肆传播西方的价值理念和生活方式；利用新媒体蚕食我国思想文化阵地；以电子游戏和卡通漫画为介质对我国传统文化之精华进行戏说，严重损害了我国民族的情感和民族精神，稀释了我国民族凝聚力；通过高密度的影视大片、图书等文化产品的输出，大力美化西方的价值观及意识形态。由于形式新颖，使部分大学生难辨真伪，产生了一定认知上的亲近感，并加以推崇，对民族文化视而不见，缺失了文化自觉和文化自信，失去了价值观自信，出现了价值观迷失。面对西方价值观的强烈冲击，当代大学生必须增强自我教育的能力，不断提升学习的主观能动性，秉持科学态度，研判传统文化与社会主义核心价值观的关系。

第一，创造性地转化中华传统文化中的精髓。

2023年6月2日，习近平总书记在文化传承发展座谈会上，站在中华民族伟大复兴的历史高度，鲜明地提出，“第二个结合”是又一次思想解放。中华优秀传统文化是中华民族各种思想及文化的总汇，是中华各民族几千年发展流变中集体智慧的结晶，具有独特的魅力。中华优秀传统文化是社会主义核心价值观的文化土壤，蕴含着社会主义核心价值观的精神要素。大学生对于社会主义核心价值观理解、认同也必须立足于传统文化，从传统文化中汲取有益的营养。儒家思想是中国优秀文化的重要组成部分，在人与社会、人与人的关系建构上打下了深深的烙印，如“仁、义、礼、智、信”等已经被时代进行了诠释和延展，交融于社会主义核心价值观。“苟日新，日日新，又日新”，体现了中华优秀传统文化具有的自我革故鼎新的能力。随着中国特色社会主义实践的发展，传统文化的特有价值将会得到进一步升华和创新，如讲仁爱、重民本、守诚信、崇正义、尚和合、求大同的时代价值，将在中华民族实现民族复兴的中国梦的进程中，实现创造性转化、创新性发展。大学生要在自觉地遵循“取其精华，弃其糟粕”原则上，做出客观评估，在网络群体互动中进行讨论，进行重新淘洗和加工，“抽象继承”，使其更易接受和把握，帮助树立文化自信，体悟传统文化的价值，增强价值观自信。同时，新媒体时代下，强化对革命文化价值观促进社会主义核心价值观建设的推动。围绕红色基因、革命精神、共产主义理想信念等对社会主义核心价值观在高校的建设还需持续深耕。

第二，注重个体自我教育与相应理想人格的培养。

大学生理想人格的养成，需要中华优秀传统文化的涵养。孔子说：“仁远乎哉？我欲仁，斯仁至矣”①，“君子求诸己，小人求诸人”②，“君子之过也，如日月之食焉，过也，人皆见之，更也，人皆仰之”③。对于力行，朱熹曾说：“夫学问岂以他求，不过欲明此理，而力行之耳”④。当然，中国古代教育家提出的理想人格主要是道德人格，它不包括社会理想、职业理想和生活理想等方面的人格；并且单就道德理想人格而言，更为凸显精神人格，而对物欲的追求则被搁置。

社会主义核心价值观是对中国梦和中华民族伟大复兴的理论萃取，是高远理想与现实发展的高度统一。大学生社会主义核心价值观的培育是对个人理想、社会理想与国家理想的高度涵盖。而中国传统儒家思想所倡导推崇的“修身齐家治国平天下”的治世路径，对于大学生社会主义核心价值观分层次的培育也具有极强的现实借鉴意义。为此，大学生社会主义核

① 《论语·述而》。

② 《论语·卫灵公》。

③ 《论语·子张》。

④ 朱熹，朱杰人．朱子全书［M］．上海：上海古籍出版社；合肥：安徽教育出版社，2022：2566.

心价值观的培育应该立足于大学生理想人格的培养上。在个人理想人格的追求中，不断深化对社会主义核心价值观社会和国家层面的理解，做到个人发展与国家、社会发展的高度一致。

同时中国传统文化在“立志”“存养”“良知”“内省”“克己”和“力行”等方面提出了很多重要的自我教育路径与方法。在新媒体复杂外部环境下，大学生更应该自觉善于运用尤以内省、慎独为代表的自我修身方法，来强化和培养个体的自律意识，使社会主义核心价值观在日常行为中养成。内省法即自我反省的方法，《荀子·劝学》就提及“君子博学而日参省乎己，则知明而行无过矣”①，此方法是对自己言行开展剖析，查找症候，提出新思路，提升自我。故而内省法是强化自我教育，提升个体自律水平的有力手段。“慎独”思想最早见于《礼记·中庸》，书中谈道“道者，不可须臾离也，可离非道也。是故君子戒慎乎其所不睹，恐慎乎其所不闻。莫见乎隐，莫显乎微，故君子慎其独也”②。慎独要求的是在个人独处无人监督的情况下，尤其在网上虚拟世界中，进行自我约束，遵守道德原则，不做任何不道德的事。因此，内省、慎独等方法的运用，显得尤为重要。

大学生践行社会主义核心价值观，应自觉将个体自我教育与相应理想人格的形成有机融合起来。提升自觉慎独慎行要做到以下几个方面：一是要学会在没有外部约束的情形下，自觉规范自己的网络行为。谨慎自己在网络空间的一言一行，说话文明，严禁网络传播黄、赌、毒、暴力等负面消息，杜绝人肉搜索等侵权行为；诚信友善，宽以待人，富有正义感，遵守网络公德，自觉遵守学习网络安全法律等。二是要树立“绿色上网”的理念。依托新媒体的各种媒介工具构建起来的各种网络社交平台，是一个信息芜杂、观念碰撞的“大卖场”。为此，作为大学生群体，要树立健康绿色的网络观，对待各种有违社会主义核心价值观的丑陋现象、低俗观念要敢于抵制，勇于做出“差评”，对于积极践行社会主义核心价值观的好人好事，要积极弘扬，给予点赞。三是要自律勤俭，俭以养德。大学生要树立正确的理财观和消费观，自觉抵制西方消费主义文化的影响。不一味

① 荀况．荀子（精选本）［M］．李佐丰，选注．北京：高等教育出版社，2008：2.
② 《礼记·中庸》。

地互相攀比，追求品牌，拒绝在网络上炫富、攀富，晾晒西式高度利己主义的奢靡生活。要节用于内，树德于外。大学生只有从自身做起，增强其道德自觉，慎独慎行，把社会主义核心价值观落实到实际行动中，贯穿到日常生活的各个环节中，才能使大学生成为社会主义核心价值观的积极推动者和自觉践行者。①

## 第三节　实践养成的方式：网络虚拟活动“常态化”

新媒体时代大学生社会主义核心价值观的培育，是内化和外化的辩证统一，它是一个渐进的生成过程。这既要实现理论上的高度认同，即实现我们常说的真学、真懂、真信；同时还要实现真行，行即实践。践行是“认知、认同及践行系统中的最高层次，是为了满足自己的需要，用自身的方式不断地否定现存世界，有目的、有意识地促使‘实然’向‘应然’转化的活动”②。这是一个知与行不断转换的过程。之前大学生只是将社会主义核心价值观的理论内容不断纳入已有的个体认知图式和原有的价值体系中，这是一个理论认知的过程，而尚未真正构成大学生个体的价值追求和行动指南。“社会主义核心价值观不能仅仅停留在主体的认识层面和情感层面，必须在具体行为上体现出来才有实质意义。”③ 为此，大学生须躬身于社会实践，参与虚拟实践，通过实践去探寻自省。在这样反反复复的过程中，不断地内化，进而形成正确的人生观和价值观。

### 一、营造社会主义核心价值观实践氛围

哲学大师涂又光先生有一个著名的“泡菜理论”。该理论以“泡菜”和“泡菜水”做比喻，强调了教育环境氛围的重要性。大学生社会主义核心价值观的培育工作离不开外部“泡菜水”的味道，在培育过程中一定要

① 徐玉明．简述大学生社会主义核心价值观的知行统一［J］．思想理论教育导刊，2015（4）：71.

② 李浩源．大学生社会主义核心价值观三个层次的构建研究［J］．中国政法大学学报，2021（5）：87.

③ 王俊涛．培育和践行社会主义核心价值观的着力点分析［J］．长春师范学院学报，2013（3）：3.

调制好这个“泡菜水”，让身处其中的大学生耳濡目染。校园文化层面在本书中已经论述颇多，此处侧重于社会层面的价值氛围的规范和营造。正如习近平总书记所言，“要全面深化改革，营造公平公正的社会环境，促进社会流动，不断激发广大青年的活力和创造力”。[①] 通过社会“知—行”价值氛围的营造让大学生在这个氛围中去感悟思考、自我教育、自我完善。

## （一）构建立体式宣讲格局

从社会层面来看，要着力营造出弘扬社会主义核心价值观主旋律的培育氛围，形成与高校课堂学术情景、校园文化环境相匹配的宣讲格局。这种氛围旨在让大学生浸淫其中增强价值的情感认同，激活大学生自觉认知和践行核心价值观的内在驱动力。总之，社会要利用各种场合，以弘扬中华优秀传统文化中的精髓为抓手，在社会形成社会主义核心价值观教育的生活情景，使核心价值观如空气一样无所不在、无时不有。在社会硬件设置上，借助于宣传标语、大型城市雕塑、园林景观建设等形式植入传统文化元素，隐性地渗透传递社会主义核心价值观；在社会软件建设上，可以借助“两微一端”为代表的新媒体平台，以契合大学生心理需求的网络游戏、红歌会、舞台剧等娱乐方式，深度开发社会主义核心价值观的内涵资源，为其在网络技术下拓展新的传播途径，实现社会主义核心价值观的教育在技术层面的新跨越。

“三个倡导”24 个字的社会主义核心价值观提出以来，从整个社会的宣传输导来看，国家做了大量卓有成效的工作，社会主义核心价值观作为一种先进的价值理念，正逐渐为大多数人所认知和理解。2014 年上半年，光明网启动的“核心价值观百场讲坛”活动已经成为宣讲社会主义核心价值观的品牌互动，每场讲座所掀起的学习浪潮，引发的思想风暴，直接输导传送至大学生群体，起到了强大的价值氛围的规范作用。正如国防大学教授公方彬撰文所指出的那样，“我有幸聆听了关于《信仰信念与核心价值观》的专题报告……你的报告的确让我的心灵得到一次震撼与洗礼，让我更加焕发了为国家教育事业敬业奉献的激情斗志！您作的报告是我有生

---

① 习近平．青年要自觉践行社会主义核心价值观：在北京大学师生座谈会上的讲话［N］．人民日报，2014-05-05.

以来鼓掌最用力、时间最长的一次！因为精神上的震撼令我不能自已……”[①] 这是社会主义核心价值观在意识形态领域斗争的胜利，是社会主义终将取代资本主义的底气所在，彰显出我们社会主义制度自信和价值理念的自信。同样，“寻找最美孝心少年”“身边的感动——全国道德模范”等系列活动，已然成为社会公众喜闻乐见、动容动情的品牌节目。

### （二）发挥好网络“大V”为代表的意见领袖作用

中国社会科学院发布的《社会蓝皮书：2014年中国社会形势分析与预测》的统计显示，新浪微博、腾讯微博用户中，拥有10万以上粉丝的超过1.9万个，100万以上的超过3300个，1000万以上的超过200个。[②] 有的网络名人拥有数千万个粉丝，对于舆论发展的走向影响很大，故而被网民称作网络“大V”。[③] 这些网络“大V”有着强大的社会影响力，构成了一个强大的民间舆论场。他们是整个新媒体时代，社会主义核心价值观引领传播的“先锋性人物”，甚至在一定程度上有着制造舆论热点、决定舆论走向的影响力。客观地讲，新媒体时代网络“大V”发挥着意见领袖的传播作用，通过发挥网络上的议程设置功能，主流上释放着积极正能量，在民间和官方之间构建起了协商沟通的桥梁和平台，对于传播社会主义核心价值观发挥着不可估量的作用。但部分网络“大V”受到内外部因素的影响，网络发言观点过于极端，罔顾事实以偏概全，确实存在一定程度的道德失范现象，个别甚至对于共产党的领导进行恶意攻击、肆意地解读社会主义核心价值观，这不仅给社会正常的运行秩序带来了一定阻滞，而且对大学生社会主义核心价值观的教育造成相当的干扰和破坏。

时至今日，在人人“自投罗网”的环境中，虚拟空间成为大学生表达思想及诉求的集散地，成为一个影响他们价值观形成的重要场域。新媒体

---

① 公方彬．将核心价值观融入全民族内心深处［N］．光明日报，2015-12-30（14）．

② 李培林，陈光金，张翼．社会蓝皮书：2014年中国社会形势分析与预测［M］．北京：社会科学文献出版社，2013：222．

③ 网络“大V”具有蝴蝶效应：（他的粉丝超过100，他好像是内刊；超过1000，他就是布告栏；超过1万，他就是本杂志；超过10万，他就像一份都市报；超过100万，他就像一份全国性报纸；超过1000万，他成了电视台；超过1亿，他变为了CCTV了，这是关于微博意见领袖影响力的形象描述。）微博意见领袖具有影响面广、关注度高、亲和力强的特征，其一言一行、一举一动，都会对其粉丝产生巨大的影响。因而，充分发挥这些网络意见领袖在大学生社会主义核心价值观培育中的建设性作用，其重要性与紧迫性是不言而喻的。

空间环境的复杂性和难控性，也对大学生正确价值观的形塑构成了巨大挑战。网络空间虽然是多元文化、中西价值观念碰撞交汇的场域，但是网络“大V”在所处的空间领域中，发言评论并不是天马行空、无所约束的。为此，建议从外部治理和内部约束的视角，展开对网络“大V”的引导和管理。其一，明确“边界意识”。网络“大V”必须遵循网络的法律法规，不越“法治”的界限，在宪法的框架中展开思想的交流和信息的互换。对于恶意冲击社会主义制度，挑衅宪法规定，违规违纪的行为，国家网信办必须出重拳依法治理。其二，榜样示范，树立“网德”。网络“大V”是千百万网民尤其是粉丝的信任累加的结果，是网络空间环境下对网络精英们的一种赋权表现。作为网络“大V”一定要善用手中的特权和使命，多为社会主义核心价值观的传播汇入正向的能量。能够做到线上与线下道德遵循的一致性，榜样示范，始终如一，用实际行动影响和引导青年的网络道德素养，积极地涵养社会主义核心价值观。

## 二、发挥大学生网络自组织的德育功能

在新媒体的高频互动环境中，同辈之间的影响日趋增大。作为“数字化生存一代”的“95后”“00后”大学生，他们的成长轨迹呈现出了有别于“90后”大学生的鲜明特质。由于对信息网络的深度依赖，从而引起了大学生从日常生活的现实交往向虚拟交往的变迁，虚拟空间日渐成为当前大学生生活交往的主阵地，显然同辈群体之间的互动交流，对于彼此价值观念、视野的拓宽起到了推动强化作用，同时负面的情绪、思想、观念也很容易积聚外溢、爆发，产生意想不到的负面效应。大学生群体中网络自组织，主要是凭借彼此之间的情感、兴趣爱好、生活经历、梦想追求、同质度高的价值观等聚拢到一起的。典型的主要以“群”（QQ群、飞信群、朋友圈等）、“吧”（以BBS等网上交流平台为载体）、“客”（博客、拍客等）、“游”（以网络游戏平台为载体）等形式展现出来。

针对当前大学生的生活现状，教育者应该尊重支持大学生在网络自组织中的生活交往方式，积极把这个场域打造成大学生实践活动的新平台。根据大学生特点和网络自组织特征，在大学生网络自组织管理过程中，以

学生为本，创设一个自由发言的平台，保持他们思想情绪疏通[①]的作用。教育者要实行必要的价值引导，支持不是不管，尊重不是一味超脱，因势利导，以社会主义核心价值观作为价值统领，剔除消极影响，将大学生的价值观念引向积极正向的主流轨道，促进大学生网络自组织发展资源的合理配置和优化共享。

### （一）同辈互助

苏霍姆林斯基指出，“严格地说，自我教育就是从这里开始的：让一个人去关心另一个人，力求看到自己身上的好的东西在另一个人的身上表现出来”。[②] 个体的自我教育不是脱离共性大家庭的，是与共性自我教育相融共存的。个体必须在共性教育中汲取养分，个体的自我教育才能实现突破与飞跃。个体自我教育的展开离不开同辈群体之间的影响。“朋辈”在《现代汉语词典》中的释义是“同辈的朋友，泛指朋友”，由地位相近，年龄、兴趣、爱好、价值观和行为方式大体相同的人组成的一种非正式群体。大学生朋辈文化强调同辈范围内具有相同背景、共同兴趣爱好的大学生群体，拥有共同的话语体系、价值理念和行为习惯，通过彼此分享学习和生活经验、思想观念或行为技能，使朋辈群体间实现交互影响、相互促进、共同成长等方面的文化类型，侧重青年主体的自我教育、自我发展，成为当前大学生群体内部的重要文化。哈耶克认为，“教育领域的任务乃是使年轻人获享各种能力以适应变化不定的世界”。[③] 塑造朋辈榜样，是指教育者通过吸纳、选拔学生群体内部的跨域优秀同辈和身边同辈，发挥优秀朋辈带动功能和朋辈的示范引领，大学生同辈群体之间具有类似的社会阅历、成长过程和心理空间，他们的年龄性格、能力水平、兴趣爱好等相似，容易产生共鸣。这种共鸣对大学生形成一定的压力，进而自觉地调节自我教育的目标和方向，使自我得到发展和提高。[④] 在当下的网络虚拟空

① 钱珊．大学生网络自组织发展现状及价值导向研究［J］．开封教育学院学报，2014（12）：220-221.

② ［苏联］苏霍姆林斯基．少年的教育和自我教育［M］．姜励群，译．北京：北京出版社，1984：101.

③ ［英］弗里德利希·冯·哈耶克．自由秩序原理（下）［M］．邓正来，译．北京：生活·读书·新知三联书店．1997：171.

④ 刘恒新，张华．构建大学生自我教育的实践机制［J］．四川师范大学学报（社会科学版），2010（4）：113.

间中，大学生高频地使用社交媒体，如微信圈、微博、QQ群，同辈群体之间思想的共鸣是非常高的，这对于大学生自我教育具有非常强大的影响。这一过程中，尤其要注重发挥好青年学生中间的意见领袖引领示范作用。意见领袖属于大学生群体中的优秀分子，大多由学生干部、学生党员等组成，他们的政治觉悟高、对社会主义核心价值观均有较高的认同度，他们往往决定了舆论的发展走向，并且对同辈群体的价值观念的建构形成强化作用。

借助校园广播、微信公众号等对朋辈榜样的良好学习经验和学习方法进行分享交流，通过朋辈间的借鉴学习鼓励主体自身追求进步的信心和方法，实现教学资源的价值共创。构建朋辈学习共同体，是指通过朋辈学习共同体的环境营造和氛围塑造，鼓励大学生朋辈群体内部以读书会、研讨会和知识竞赛等形式组建学习共同体，围绕世情、国情、民情等话题，吸引学生积极主动地参与共同体学习，通过朋辈间的交互带动，不断培养主体的社会责任意识和国家发展的使命担当意识等精神品质，提升资源学习和主体创新资源的能力。因此，围绕高校思政课教学朋辈文化资源的整合开发，统筹调配多样化资源类型，充分发挥学生主体的主观能动性，用主体的“身边”带动理论“天边”，凸显思政课教学朋辈文化资源的普遍性、平等性和直接干预性的特点，通过拉动主体与资源间“物理距离”而拉近两者的“心理距离”，使思政课教学资源更具有亲和力、可接受性和影响力。

在实践操作层面，其一要做好网络意见领袖的培育工作。从步入大学校门伊始，高校思政工作者就应针对性地选拔和培养一批政治觉悟高、网络素养强的学生骨干，依托他们的力量，牢牢掌握校园网络舆情的动态和实现对大学生网络观点的实时捕捉，收集整理好大学生社会主义核心价值观培育的一手素材。其二通过他们的正面榜样示范，有利于消除或者化解大学生的不良网络情绪，如大学生因为学习压力、交际受阻、家庭变故、人生抉择等问题产生的失落、挫败、焦虑等消极情绪，可以在意见领袖正能量感召下，通过倾诉、转移注意力等方式，将其消极情绪淡化，以便维持良好的身心健康，维持大学生自我控制的意志力。比如每年的奖助学金、评优评选等涉及大学生利益发展的工作，在这些节点上高校一定要高度关注。QQ心情的更新、微信微博的吐槽、贴吧中的极端留言等，对于这些“网上”活跃舆情话题尤其要关注，这是关乎社会主义核心价值观中“平等”“公正”能否为大学生所真正认知理解的关键。

笔者调研的一个案例如下：一年一度的奖助学金的评选工作，是令辅导员 A 最为头疼的工作。2020 年 9 月在开展这项工作中依然采用了往常的评选方案，进展得也算顺利。一次偶然机会，辅导员 A 在 QQ 群无意间浏览到，他所带班级一个女生的 QQ 心情留言，“蔚蓝的天空此刻在我的心中是那么黑暗”。凭借多年的工作经验，他与这个女生进行了一次单独谈心。原来，她的一份校外获奖证书，在班级考核认定中她认为没有被确认，加上班长态度不当，交涉多次无果，让她心生不满。如果加上这个证书，她有望获得本校的学业奖学金。了解此情况后，辅导员 A 立马依据评选细则进行了二次认定，虽然最终没有得到确认，但是该女生对于此事件的处理非常满意。她觉得自己得到了应有的尊重和关爱。事后，该女生与辅导员 A 在网络空间中互动得非常好，成为老师准确了解班级工作的“网上”窗口。

### （二）发挥好把关人与“议程设置”的功能

学生思想政治教育工作者要最大限度地主动以朋辈身份平等地融入大学生的网络组织中，比如通过添加团学组织的微信圈、微博圈、QQ 群等。在隐性渗透过程中，可以通过设置学生关注的热点问题、流行话题，让学生进行讨论，不动声色地吸引学生点赞关注、转发传播，并在讨论过程中不断强化舆论的“标杆”作用。这是一个显性教育与隐性渗透艺术结合的过程。隐性的渗透有助于将大学生的逆反对抗情绪降到最低，而显性教育则是要求高校思想政治教育工作者，积极主动地占领网络阵地，扩大主旋律的辐射范围。为了发挥显性教育的有效性，思政教育工作者应该会用网络话语，主动缩短与大学生之间的交流沟通距离。隐性渗透和显性教育是互补的，只有在两者的共同作用下，才能实现对大学生影响程度的最大化，保证大学生网络自组织的健康发展。这是新媒体环境下价值观教育的一种新的探索，依托网络自组织的功能，尊重学生的主体性，发挥出他们的能动性，进而在最终的价值选择和判断中，教育者帮助大学生做出恰当合理的引导，并保证了社会主义核心价值观的隐性传播。

## 三、开展多样化大学生的网络社团活动

社会主义核心价值观要想真正为大学生所认同、内化，进而转化为其行动指南，必须经过社会实践环节。而高校校园是大学生生活的主要场所，是大学生个体社会化的“准舞台”。大学社团是校园文化建设的重要

载体，具有扎根于大学生的实际生活、迎合于大学生自身的发展诉求等先天优势，能够直面难题，发挥着重要的德育功能。

### （一）大学生社团活动的重要性

大学生社团是一种以大学生为主体，重在参与，将理论付诸实践的有效育人方式，具有特色性、自主性、志愿性、聚合性、实践性等特征，一直以来都是大学生校园生活的重要磁场，是校园文化建设的重要载体。目前高校的社团花样繁多、活跃异常，每年社团组织纳新时的“百团大战”盛况，加速了大学生融入大学生活的进程，极大地丰富活跃了大学生的校园文化生活。大学生投身于学生社团组织，围绕自身成长，自主地开展实践活动，深化了对社会主义核心价值观的理论认知，提升了实践能力。新媒体平台延展了大学生社团的活动空间，为大学生通过实践锻炼成才提供了广阔的舞台，促进更多的大学生社团从现实向网络空间的转移。在这一过程中，大学生借助微信、微博等媒介工具，自由地实现着在现实和网络两个实践场域的穿梭，磨炼了交际能力、了解了社会现状、做到了学以致用，在开拓进取、求实创造中不断地提升着个体的能力。这在一定程度上弥合了大学生思想政治教育与社会现实之间的裂痕，从而提高了思想政治教育的实效性。

### （二）以活动为平台，延展培育的空间

#### 1. 引导社团的“网上”转型

打破传统以“线下”为主的团学活动的格局，自觉融入和开辟，依托于新媒体技术和媒介而构建起网络社团。传统的社团活动，主要基于活跃学生课余生活，以“第二课堂”的身份展现在大学校园文化活动中。在信息传播、人际活动单一的时空环境下，传统社团对于大学生走向政治社会化、提升自我道德教育水平发挥了不可替代的作用。但是面对新媒体的冲击影响，如果高校大学生社团建设还是停留固守在传统的模式下，俨然无法适应大学生的发展诉求。

对于新媒体背景下，网络社团[①]的发展转型，至少包含两个层面：一是传统大学生社团走向网络空间，在现实和网络之间的互动，即现实社团

① 关于网络社团定义，目前学界已多有论述，但是观点不一。为便于论述，笔者将网络社团宽泛地理解为两大类型：现实社团的网络化和网络化的社团。

的网络化；二是依托于网络空间所形成的大学生社团，比如清华的“水木清华”社区、各种“圈子”、基于网络平台建立的兴趣俱乐部等，即网络化的社团。依托学校的优质教育资源，学生社团也要实现新媒体时代应有的“华丽转身”。为此，创设专题网站、推出微信公众号等，借助智能手机的超强传播功能，使大学生在虚拟世界里体验现实世界的魅力，受到感染和熏陶。同时，利用新媒体技术，推出契合大学生心理需求及思想发展需要的、隐含社会主义核心价值观内容的专门的心理辅导软件，引导“微个体”们走出空虚和孤独的虚拟世界。通过这种软件的使用，逐步解决大学生心理问题，接受与认同社会主义核心价值观，克服狭隘自我意识，融入真实社会生活，走向健康和完善，显然增强了德育实效性，教育的供给关系得到了平衡，现实课堂的价值观教育效果在实践场景中得到检验，真正实现了让大学生的网络实践场所成为“政治与道德知识的检验场和强化机制，是德育所传导的以实践观念为总体的积极精神的重要载体，是一种体验和养成方式，也是个体通向社会的桥梁和角色适应方式”①。

笔者单位一社团名称为汉服社，这个社团的主旨就是传承中华优秀传统文化。在该社团负责人的带领下，借助网站、微信、微博公众号，定期将活动推送至学校同学中，每学期定期邀请该校学生或家长，开展优秀家风你来讲、我心目中的父母、中国传统文化礼仪展、传统节日服装表演、重要仪式等活动，效果显著。学校可以在“重要时点举行的校园仪式，如校庆典礼、校友返校日、杰出校友的捐赠仪式等，系统梳理回顾大学发展历程中的重要时刻、重大事件、杰出人物，在仪式中展现出来并传承，激励在校师生的爱国爱校、敬业奉献精神②”。伴随着影响力的增加，他们在每个学期又适时邀请本地区的优秀道德模范人物、非物质文化遗产传承人等走进校园，每次讲座场场爆满，校外的观众也数量不少。同时，把这些精彩的讲座上传社团的朋友圈，让更多的同学受到教育。该社团的发展蓬勃向上，为繁荣校园文化释放出应有的能量，很好地实现了校园社团与社会主义核心价值观的无缝衔接。显然，这些社团的发展拉近了校内外的距

---

① 戴锐．德育语境中社会实践的理论内涵与实施原则［J］．新德育·思想理论教育（综合版），2006（3）：36-39.

② 顾志勇．大学社会主义核心价值观培育：基于仪式的构建、逻辑与实践［J］．学校党建与思想教育，2020（23）：3.

离，充实了思想政治教育者的教育资源，丰富了教育载体，教育手段更为多元。

在新媒体环境下，一些依托互联网发展应运而生的大学社团也逐渐为大学生所聚焦，日趋影响着大学生的社会化程度。比如部分高校的“微公益”社团就是一种很好的尝试，打破了传统校际合作的局限，补齐了短板，实现了不同学校、学生的合作，把个体公益行为聚合为社会群体的行动。这一过程，锤炼了社团成员的意志品性、团队协作、创新能力，对民主、公正意识的培养起到了很好的检验作用。

当然，这也为高校思想政治工作带来了新的时代问题，即如何预防或消除此种价值力量汇聚而带来的负面后果，对于这样的难题，回归到本书第四章和第五章所论述的，强化对于新媒体管理“疏”与“导”的问题，做好对新媒体网络空间的监管和优化。

2. 加大政策的扶持力度

从大学生现实发展的维度来看，走向网络生活化耦合了新媒体环境下大学生的成长特点和价值接受规律。作为“数字化生存一代”的大学生，他们的主体性更为张扬，对于传统价值规范和教条的灌输方式拒斥心理明显，而更愿意选择契合他们生活方式的、隐性的接受方式。这种生活化的选择取向，恰恰提醒了我们高校教育工作者，对于传统社团活动的育人功能要重新审视，要自觉把社会主义核心价值观培育的目光聚焦在大学生的网络实践场域或场景中，发挥出网络社会实践的德育功能。

高校应坚持人、财、物全方位的支持，促进网络社团的良性运作。在政策上，不能视发展网络大学生社团为权宜之计，而应该作为一项长期的政策保障固定下来，学校应将学生社团活动的网络发展纳入学校整体教育计划和教育发展规划当中加以考虑，在政策的制定上要明晰具体，责任到人；既要有资金的扶持，也要有指导人员保障，同时对于整个高校社团的网络发展应该建立起一个考核评价指标体系，要与大学生社会主义核心价值观的日常教育形成有效衔接，确保网络社团健康持续发展，真正成为传统大学生社团的有力补充；打造校园网络品牌社团，扶持一批网上影响大、积极传播正能量、深受大学生欢迎的网络社团。

## 四、引导大学生“线上”“线下”双向互动

依托于互联网所生成的网络虚拟空间，是本书研究分析的主要框架范围。对于大学生而言，真正要将社会主义核心价值观转化为自己的行动指南，是一个“线上”与“线下”双向互动的过程，二者互为补充，缺一不可，即既要有现实的实践活动，又要有虚拟的实践经历。也正如社会学所揭示的那样，“在特定的社会与文化环境中，个体通过与社会的交互作用，发展自己的社会性，成为能够履行社会角色行为的社会人的过程”①，即社会学意义上的思想政治教育规律。大学生最终的落脚点和价值归宿还是要走向社会，这是一个社会化的过程。作为个体的大学生，要积极投身到全面建成小康社会、实现中华民族伟大复兴中国梦的社会主义火热实践中。

### （一）大学生志愿服务活动

大学生志愿服务活动具有极强的社会主义核心价值观的教育功能。大学生通过志愿服务来倡导团结友善、互帮互助、无私奉献的良好风气，这是对雷锋精神的自觉践行，也是中华民族优秀传统美德的集中体现，更是社会主义核心价值观个体层面爱国、敬业、诚信、友善的自觉融入。

大学生志愿服务是一种公益性的活动，对于他们而言这是一种理论与实践有效结合的方式。这极大地满足了他们对走向社会的渴求，提升了他们的社会参与意识，同时也回应和尊重了他们的价值选择，找寻到了个体的自我价值。志愿服务活动体现出了较强的德育育人功能，是高校开展社会主义核心价值观教育的重要依托。不论是“网上”抑或“网下”的志愿服务活动，都表征出了对弱势群体的关爱、对和平的向往、对平等的希冀，而这些恰恰是对理论上社会主义核心价值观的真切回应。

新媒体时代，借助新媒体工具而衍生的微公益形式，则又为大学生开展志愿服务提供了更为多元和立体的广阔舞台。为此，学校应重点利用本校网站的论坛、博客、贴吧等互动阵地，宣传传播大学生志愿服务有关内容，建立起支持大学生开展志愿服务的长效机制，通过制度规范来支持大学生的志愿服务活动；大学生要充分利用微信、微博、QQ 群进行交流与

① 郑洁，税伟．论大学生社会化的发展阶段及主要内容［J］．重庆邮电学院学报（社会科学版），2004（1）：132-134.

沟通，建立具有自己特色的网络志愿者服务平台，传递“服务社会，奉献社会”的正能量，如在每年12月1日世界艾滋病日，大学生志愿者可以在网上开展世界艾滋病日签名活动，让更多人了解艾滋病，从而自觉投入艾滋病的预防宣传工作中。同时，也可以在网上开展传递红丝带活动，让更多的人了解艾滋病，使更多人自觉尊重艾滋病患者的人权，传递希望、爱与信心，并延伸到自己的朋友圈，带动更多的人参与到志愿服务活动中来。同时，大学生志愿活动要积极与校外展开对接，拓宽服务渠道，为大学生走出校门开展多元化的志愿服务搭建好平台。当然，这种公益活动也可以通过新媒体平台，发出倡议，传递爱心，让更多的大学生参与到这种公益活动中来，分享快乐，提升自我。这种奉献社会、服务他人的活动，推动他们逐步完善自我，践行了“友善”“平等”价值观，实现了知情意行的统一。

### （二）寒暑假调研活动

借助于每年大学生的寒暑假期，实现中华传统美德、地方历史文化资源、地方红色革命文化资源、物化形态的历史文化资源、地方民俗文化资源、重大庆典活动、德育教育基地实习等实践的常态化。比如，笔者所在的单位每年开展的“红色文化万里行”的大学生暑期调研活动，学生用智能手机拍下了一幕幕感人的场景，这已经成为弘扬和传播社会主义核心价值观的品牌活动。在调研活动中，学生们依托学校的微博、微信公众号等新媒体平台，把这一幕幕感人场景，通过图片、视频实时传送，并在微信平台中谈感想，交流心得，让更多的学生体验和感受到了红色文化的魅力和影响，拓展了活动的辐射面。在整个活动中，学生砥砺了品格意志、激发了学习的动力，夯实了热爱关注中国优秀红色文化的情感，加深了对社会主义制度和中国共产党领导的深层次理解，培育了他们对爱国、敬业、富强的理性认识，社会实践效果非常显著。当然，大学生在社会实践中，要发挥自身熟练运用新媒体的优势，可以设置专门的QQ群、微信群等，上传自身的成长与就业心得、农业与农村发展方面的成绩与不足，引导更多的大学生参与进来，群策群力，这样既利于自身的健康成长，也利于“爱我家乡、爱我中华”深厚感情的培植。同时，高校要鼓励大学生充分利用好微信、微博、QQ群等新媒体，图文并茂、形式多样地展现自己家乡的新变化、祖国各地的新变化，如我眼中的“中国传统文化”“红色文化”等，对家乡、祖国发展中的短板建言献策，群策群力，体悟“富强、文明、民主、和谐”的中国梦，必然会激励自己更加努力学习与工作，取得了良好的育人效果。

**（三）深入生产一线**

“实践”即人类能动地改造世界的社会性的物质活动，内在地包含直接现实性、自觉能动性以及社会历史性三个基本特征。大学生利用寒暑假下工厂、到农村更是一种实践，它让大学生学到了课堂上学不到的知识，明白了在校园里明白不了的道理。同时，利用新媒体的跨越时空性、即时性与便捷性，可以同步直播大学生在生产一线的所做、所看、所想，并可以制作成系列节目，每天定时推送。与此同时，设置专门的交流区与留言区，在语言交流中，实现精神升华，推动思想境界的提升。这推动了大学生在接触社会中成长，在了解社会中成熟，在奉献社会中成才。在火热的社会实践中，大学生对社会主义核心价值观的理解也更为全面直观、彻底。著名摄影师焦波的院线版电影《乡村里的中国》的摄制中，摄制组的很多成员都是在校大学生，通过在农村373天的驻点摄制，青年大学生对于农民生活的苦乐酸甜、乡村治理的困境、中国发展的系列问题等，都有了一个客观的看待。有了感情、有了体验，才会对“爱国”有一个公正的看待，才能从民族文化的最深处正确区分出社会主义核心价值观中“民主”“自由”与西方的最大不同。

马克思指出：“主观性在它的直接承担者身上表现为他的生活和他的实践活动，表现为这样一种形式，通过此种形式，他把单独的个人从实体性的规定性引到自身中的规定，如果撇开这种实践活动，那么他的哲学内容就仅仅是善的抽象规定。”① 大学生在实践活动中不断受到外界的赞许或者批评，并在QQ群、微信朋友圈、微博中开展交流互动，分享成功的喜悦，查找自身的不足，用别人好的建议矫正缺点，这必将有助于自我反省、评价、激励和提高，从而培养大学生正确的道德认识、高尚的道德情感、坚强的道德意志、坚定的道德信念、良好的道德行为习惯，将外在的道德要求逐步转化为大学生个体内在的道德品质，达到大学生思想政治教

---

① ［德］马克思，恩格斯．马克思恩格斯全集（第40卷）［M］．中共中央马克思恩格斯列宁斯大林著作编译局，编译．北京：人民出版社，1982：69.

育的目的。

## 本章小结

本章立足于大学生社会主义核心价值观的实践践行，促进大学生内心的认同，转化为大学生的日常行动。大学生个体自身践行是整个培育的落脚点，前五章是现状剖析、归因分析、理论基础和基本原则，通过新媒体媒介环境的优化、“家庭—学校—社会”多维联动机制的展开，最终都要归结于大学生自身的内化吸收。本章力图在前五章的基础上，立足于“线上”与“线下”、“虚与实”的实践，通过对大学生主体性培育的阐述，引发大学生自我教育意识产生的因子，进而通过社会价值氛围的营造、制度层面的保障，搭建起大学生自觉走向社会实践这一大舞台的促进机制，推动大学生网络实践的“常态化”。

“人的正确思想，只能从社会实践中来。”① 大学生唯有实践，才能进一步修正思想，检验理论认知，不断提升思想境界，才能自觉实践社会主义核心价值观。在实践中接受检阅，在实践中体悟核心价值观，在实践中修正自身的价值观，最终在这个螺旋上升的过程中，实现对社会主义核心价值观的高度认同。总之，这一逻辑理路，始终遵循的是内外因结合、“知—行”统一的路线。当然，本章的论述，是本书的最后一章，也是整个大学生社会主义核心价值观培育工作的归宿，马克思、恩格斯关于以人的自由全面发展的思想内在规定了社会主义核心价值观的价值目标。实现了社会主义核心价值观这一科学、先进的意识形态从“天上”到“人间”的扎根生发。当然，在论述的展开过程中，新媒体作为一种外部的强大力量，始终没有脱离本章论述的视野。

① 毛泽东．毛泽东文集（第8卷）[M]．北京：人民出版社，1999：320.

# 结　语

社会主义既是一种理想，又是一种运动；既是一种理论，又是一种制度；更是一种价值观。社会主义核心价值观是当前全面建成小康社会和实现中国梦的科学指导思想，也是我们社会主义意识形态建设的“压舱石”，更是当前高校思想政治教育工作的主旋律。习近平总书记指出：“面对传播快、影响大、覆盖广、社会动员能力强的微博、微信等社交网络和即时通信工具用户的快速增长，如何加强网络法治建设和舆论引导，确保网络信息传播秩序和国家安全、社会稳定，已经成为摆在我们面前的现实突出问题。”毛泽东同志在为安吴青训班二周年纪念题词中曾谈道，“带着新鲜血液与朝气加入革命队伍的青年们，无论他们是共产党员或非党员，都是可宝贵的，没有他们，革命队伍就不能发展，革命就不能胜利”①。如何在青年大学生中开展社会主义核心价值观的培育工作？作为一个时代性命题，意义极其重大。聚焦当下，显然这一时代课题遇到了“新媒体环境冲击影响”这一时代性挑战。媒介对人的影响无孔不入、无时不在、无远弗届，② 美国媒介理论家保罗·莱文森将其喻为“软利器”，飘忽不定、难以掌控、防不胜防。

同时作为研究对象的“数字化生存一代”的大学生，在新媒体的环境下浸淫日久，更是呈现出了有别于其他群体的独特的内在规定性。他们渴望成长成才发展，渴望自我价值在社会舞台上得到认可，渴望建功立业报效祖国。

在互联网和数字技术的助推下，移动通信技术进入了迅猛发展阶段，4G、5G技术的日渐普及化，技术的更新替换，让人眼花缭乱，新

---

① 毛泽东邓小平江泽民论青少年和青少年工作［M］. 北京：解放军出版社，2001：4.

② 《尚书·大禹谟》。

媒体时代已然进入了纵深而又复杂的大变革时期。新媒体时代人与媒介互动频率一再提速，赶超了历史的任何时期，给人类的社会交往方式、社会结构的变革带来了巨大的重构性力量。人人都是自媒体，人人皆可发声，这是时代赋予的权利。然而，技术的创新，给人类的发展带来的双刃剑效应也日趋显现。网络虚拟空间中，负载着多元化价值的信息对在校大学生群体的冲击比比皆是。他们在信息的海洋中也极易迷失航向而深陷漩涡不能自拔，思想受到了羁绊，行为出现了偏差。霍尔巴赫就曾指出："利益是人的行动的唯一动力。"① 正是利益的召唤，才使价值主体感受到自觉认同价值规范的魅力，并真正获取了开展价值认同的动力。如何在迷失的媒介环境中，求得主体的健康发展，保持应有的价值清醒，成为他们现在和未来发展的强烈诉求。同时作为双刃剑的另一面，也是亟须关注的问题域：高校思想政治教育的对象是人，而当前伴随着人工智能的普遍运用，使得以往"人—人"的沟通模式向"人—机—人"的沟通模式转化，以致人与机器的责任边界变得模糊。同时，具备强计算、大数据特征的人工智能，不仅拥有丰富的思想政治教育资源库，而且可以不受时空限制满足教育对象自主获得资源的需要，使高校思想政治教育出现话语主体泛化甚至去主体化的倾向，并造成大学生思想政治教育话语逆反性强、渗透率低、实效性差等问题。②

诚然，就一个人的价值观形成而言，在进入大学之前，家庭、学校及社会等外部环境已产生了较大的影响，诸多的价值观念已初步构建，并且是根深蒂固的，难以改变。但大学阶段，则是大学生核心价值观形成的关键期，从不稳定到走向成熟，大学教育自然承担起为国家培养未来栋梁的重任。

目前新媒体的发展日新月异，将大众引入了一个形塑生活习惯、交往方式的崭新时代。新媒体在深刻地改变着大学生的认知系统，改变着大学生价值意识建构的方式，改变着大学生价值意识建构的内容，也改

---

① ［法］霍尔巴赫．自然的体系（上卷）［M］．管士滨，译．北京：商务印书馆，1999：260.

② 郑天翔，张震．人工智能时代高校思想政治教育创新研究［J］．学校党建与思想教育，2022（7）.

变着大学生价值意识建构的强度。显然，高校始终作为大学生社会主义核心价值观培育的主阵地的地位并没有改变，相反在一定程度上得到了巩固和强化。在高校思想政治教育工作中，我们早已潜移默化地深入其中，此时或许还有茫然不知所措之感。新媒体潜在的建设或破坏能量伴随着人类技术创新的冲动逐渐释放出来，尤其对大学生社会主义核心价值观培育所带来的机遇和挑战的格局变动，是我们高校所不能回避的，思政老师更不能失声。反而，更应该以一个更为自信和自觉的大教育理念，大胆转变已有传统的思政教育范式，指导我们新时期的高校德育工作。所以在本书中，笔者以新媒体环境的优化为起点，侧重以学校为内核，联结家庭、社会等要素，整合交往和谐共进的培育框架，落脚于大学生自我主体性的建构。

关于大学生社会主义核心价值观的培育研究，目前着墨颇多，都力图实现在大学生这一特殊群体中的有效传播。站在巨人的肩膀上，笔者已发现了可能的盲区和空白点。思想政治教育学科是一门问题意识极强并具有鲜明实践导向的学科。故此，展开实践应用研究的意义并不亚于纯粹理论思辨的研究。对于新媒体时代大学生社会主义核心价值观的培育这一命题做出必要的回应，并开出可能的“良方”，恰逢其时。据此，本书可能在如下四个方面实现了对已有研究成果的初步突破：

第一，开拓了研究的新主题。

大学生社会主义核心价值观是高校思想政治教育研究的核心内容。近年来，在新媒体环境下开展大学生社会主义核心价值观的培育工作也逐渐为党和政府以及学界重视，但主要还停留在研究和探索阶段，并未能真正在大学生思想政治教育中得以广泛推广和实施。新媒体与大学生社会主义核心价值观的相关性研究成果主要集中在一些学术论文上。在目前笔者有限的阅读范围内，还没有发现对“新媒体与大学生社会主义核心价值观”进行深入研究公开发表的专著或博士论文（当然类似的研究成果在个别的专著或者博士、硕士论文中有所呈现）。而且当前研究大多是从宏观上的探讨，对如何真正发挥新媒体的思想政治教育功能，如何紧扣大学生对于各种媒介工具的“偏爱喜好”，结合大学生的特点做好社会主义核心价值观培育工作尚缺乏深入、细致的分析和研究。目前的研究尚未系统化，还处在一个整体提升和深入开掘的新时期。可见，新媒体时代大学生社会主义核心价值观的研究必然推动思想政治教育开拓新主题。

第二，实现了问题研究的系统化。

目前学界，关于大学生核心价值观的培育过程，从系统论角度，就是基于国家、社会和学校三位一体的长效机制的建立。而新媒体时代环境下，媒介制度的建设、媒介素养的培育、传统文化如何实现现代化的转换和借助新媒体的媒介有效渗入传播等话题，亟待给予深入研究。在家庭教育方面，大学生与中小学生的家庭教育截然不同，加之新媒体的技术渗透，使大学生的家庭教育出现许多新现象与新问题，大学生的家庭教育如何在新媒体条件下实现教育方法的现代性转化，如何通过新媒体与学校教育、社会教育对接，整合资源，实现社会主义核心价值观培育效能的最大化，并引导大学生自觉践行，成为一种自我习惯等，本书初步做出了探索和回应。

第三，深化了对新环境的认识。

依据思想政治教育过程的“四要素”理论，我们知道教育环境是其中重要一环。如前所述，与我们传统社会迥异的网络新媒体环境对大学生社会主义核心价值观的产生构成了重要影响。新媒体环境与传统社会环境异同在何处、新媒体环境大学生社会主义核心价值观的生成有何特点、新媒体时代又会对大学生社会主义核心价值观培育带来哪些困境，这些都是值得当前大学生思想政治教育研究和探讨的议题。可见，要对大学生展开切实有效的社会主义核心价值观培育，必须深入剖析和梳理新媒体时代的特征与规律。

第四，形成了多学科的研究视野。

“任何一种方法总是有其内在局限性的，在这个意义上，总是与其他方法呈互补而不是绝对拒斥的态度。”① 当前的新媒体与大学生社会主义核心价值观研究中，笔者不赞同仅仅局限于借助思想政治教育学和教育学理论进行研究，新媒体时代下大学生社会主义核心价值观的培育

① 高兆明. 伦理学理论与方法［M］. 北京：人民出版社，2005：151.

工作，必然涉及传播学、马克思主义哲学、心理学等学科理论知识，属于一种综合性的研究。在研究过程中，笔者充分借鉴与吸收了上述学科尤其是传播学的研究成果，运用了文献分析法、比较研究法、实证研究法，初步实现了对新媒体时代大学生社会主义核心价值观培育全方位、多角度分析，从而在理论研究上有所创新，使得整个研究扎实厚重。

深感不安的是，大学生社会主义核心价值观教育研究是一项庞大的理论工程，运用到马克思主义哲学、思想政治教育学、教育学、传播学、心理学、伦理学等多学科领域的理论知识。大学生社会主义核心价值观教育研究又是一个动态的实践过程，必须在教育教学的实践中，在师生的互动参与对话中，在“家—校—社会”的联动中去积极架构价值观教育、引导的模式。本书虽然尝试着对新媒体的概念、特征、传播特点、对于个体价值观影响的逻辑，进行了较为科学的阐释，但是搁笔之际，也深刻感受到这个话题的沉重和庞杂。受笔者学识水平和研究能力的限制，所论及之处，可能存在挂一漏万的现象，甚至个别地方存在谬误之嫌。

其一，由于新媒体是一个相对性的概念范畴，内涵随着时代的发展也会不断增容扩量。在本书的研究中，对大学生中间极具代表性的微信、微博、QQ、飞信、BBS 等媒介形式更多采用了“宏大叙事”式的论述，而现实生活中大学生对各种新媒体的使用状况也体现出了鲜明的偏爱喜好，[①] 受制于研究的篇幅和笔者的研究水平，对各种媒介形式如何一一影响到不同年级的大学生的价值观，在书中并未能做出应有的讨论和回应。

其二，本书虽然引用了学界大量的最新研究成果，并借助于笔者已有的部分实证研究成果，但由于缺乏关于大学生社会主义核心价值观现

① 从笔者的有限调查和访谈中发现，在大一、大二低年级学生群体中，使用 QQ 的居多，当然微信、微博等也有所使用，但频率不是最高。随着大学生年级的不断升高，微信、微博等媒介形式日渐成为学生的主流社交媒介。原因可能有二：其一，目前微信等新型媒介在教师中间非常流行，很多教学管理的相关工作需要学生的参与，那么大学生不自觉地“被介入”；其二，随着大学生生活阅历和交际面的不断扩大，朋友圈也日渐扩大，分层次性的诉求日益体现出来。但总体上 QQ、微信、微博这三种形式构成了当前大学生社交的主要媒介。同时，不同的专业在社交媒介的使用上，也体现出了相应的差异性。上海交通大学社会调查中心发布的《2015 年中国大学生媒体使用习惯与最喜爱的媒体调查报告》进一步印证了笔者的判断。

成的、权威性的问卷可借鉴，没有较大样本地展开实证调查的研究，总体上缺陷明显，是一个很大的遗憾。

其三，对于新媒体时代大学生社会主义核心价值观培育的评估机制，由于能力水平所限，本书放弃了这方面的论及。唯有寄希望于更多关注大学生社会主义核心价值观培育的专家和学者加入研究序列中，方能实现本课题一些关键环节、重难点问题的突破性推进。今后，在这个研究论域，笔者会继续关注本课题的前沿性研究成果，进一步总结和探索出创新性的培育路径，努力提升新媒体时代大学生社会主义核心价值观培育的实效性。

其四，时代主题的深度阐释，还有进一步展开的张力和空间。新时代下思想政治教育话语滞后于网络舆论场域新发展和时代新变革，没有将单一的、抽象的传统话语转变为形象、生动的网络话语，没有达到讲好"中国故事"、阐述"中国精神"、形成"中国力量"的目标，这一现状在一定程度上还是存在的。这也造成了网络上理不能说服人、情不能感染人的被动局面。

目前新媒体技术迭代更新，发展势头迅猛；网络形态、影响形式也不断剧变。以人工智能为核心技术的第四次工业革命引领人类社会进入新纪元，对人类社会生活产生了深刻的影响，对新时代我国教育事业的发展，尤其是高校思想政治教育的创新提出了新的挑战。习近平总书记指出，要"高度重视人工智能对教育的深刻影响，积极推动人工智能和教育深度融合，促进教育变革创新"①。未来的思考方向，希冀重点从以下几个方面展开突破：

一是"线上"探索的步伐不能停止。从网络媒介发展进程可以看出，目前已经形成了以微信、微博、今日头条号、百度号、澎湃号、小红书以及抖音、快手等短视频媒体为平台的多形态、立体化、多层级传播矩阵。未来关乎新媒体的创新工具也会日趋多元。基于新媒体技术应用走向，探讨大学生社会主义核心价值观教育未来形态的几个基本特征："线上"与"线下"培育协同推进、优势互补的基本策略。即实现

① 习近平．习近平向国际人工智能与教育大会致贺信［N］．人民日报，2019-05-17（1）．

“线上”丰富优质的教育资源与“线下”工作格局的结合，搭建起成熟个性化的网络教育平台。

二是思想政治教育的大数据化。大数据，是未来网络科技发展的方向。大数据的特点是信息海量、形式多元、运算迅速、价值巨大。各高校应该基于本校的科技优势，搭建本校的大数据云平台，打破各个孤岛，整合校内外网络资源，将社会主义核心价值观教育的优质资源上传至本校的云平台，通过大数据分析学生的家庭环境、借阅情况、兴趣爱好、思想动态等，为高校的思想政治教育工作提供精准方向，做到在新媒体时代德育工作的有的放矢。

三是课堂教学的“互联网+”。创新大学生社会主义核心价值观的课堂教学，实现课堂研究的前沿式推进，推动教学思维由传统向现代转型。思想政治教育者要“主动了解并适应社会大众的需求，打破线上线下壁垒，抓住‘互联网是事业发展最大变量’这一助推器，用新颖的方式传递好主流价值观”①，拓展高校思想政治教育的新形式，如高校思想政治理论课的“慕课”平台建设、“翻转课堂”、“混合式教学”等新模式，推动培育方法与手段的现代化。

---

① 吴琼，林冬芳．短视频时代思想政治教育话语面临的挑战与进路［J］．思想理论教育，2021（10）：94.

# 参考文献


## 一、经典著作类

[1] 马克思恩格斯文集（第 1 卷）[M]. 北京：人民出版社，2009.

[2] 马克思恩格斯选集（第 1~4 卷）[M]. 北京：人民出版社，2012.

[3] 马克思恩格斯全集（第 19 卷）[M]. 北京：人民出版社，2006.

[4] 列宁全集（第 1 卷）[M]. 北京：人民出版社，1984.

[5] 列宁全集（第 25 卷）[M]. 北京：人民出版社，1988.

[6] 毛泽东选集（第 1~4 卷）[M]. 北京：人民出版社，1991.

[7] 毛泽东文集（第 8 卷）[M]. 北京：人民出版社，1999.

[8] 邓小平文选（第 1~2 卷）[M]. 北京：人民出版社，1994.

[9] 邓小平文选（第 3 卷）[M]. 北京：人民出版社，1993.

[10] 习近平著作选读（第 1~2 卷）[M]. 北京：人民出版社，2023.

## 二、专著类

[1] 薄琥. 媒介社区化聚合 [M]. 北京：中国传媒大学出版社，2011.

[2] 陈堂发. 为何？何为？论当代中国媒介权限 [M]. 北京：群言出版社，2007.

[3] 杜维明，卢风. 现代性与物欲的释放 [M]. 北京：中国人民大学出版社，2009.

[4] 董云川，等. 寻找迷失的象牙塔 [M]. 北京：人民出版社，2012.

[5] 董杰. 思想政治教育情境论 [M]. 武汉：湖北人民出版社，2013.

[6] 范宝舟. 论马克思交往理论及其当代意义 [M]. 北京：社会科学

文献出版社，2005.

［7］冯建军．当代道德教育的人学论域［M］．福州：福建教育出版社，2015.

［8］宫承波．新媒体概论［M］．北京：中国广播电视出版社，2009.

［9］高德胜．知性德育及其超越：现代德育困境研究［M］．北京：教育科学出版社，2003.

［10］郭庆光．传播学教程［M］．北京：中国人民大学出版社，1999.

［11］胡锦涛．坚定不移沿着中国特色社会主义道路前进　为全面建成小康社会而奋斗［M］．北京：人民出版社，2012.

［12］侯惠勤．马克思的意识形态批判与当代中国［M］．北京：中国社会科学出版社，2010.

［13］蒋宏，徐剑．新媒体导论［M］．上海：上海交通大学出版社，2006.

［14］康有为．大同书·己部·小学院［M］．上海：上海古籍出版社，2005.

［15］阚敬侠．新闻传播中的法益冲突及其调整［M］．北京：法律出版社，2009.

［16］鲁洁．道德教育的当代论域［M］．北京：人民出版社，2005.

［17］罗国杰．马克思主义价值观研究［M］．北京：人民出版社，2013.

［18］李纪岩．当代大学生社会主义核心价值观培育研究［M］．济南：山东人民出版社，2013.

［19］李培林，陈光金，张翼，编．社会蓝皮书：2014 年中国社会形势分析与预测［M］．北京：社会科学文献出版社，2013.

［20］李德顺．价值论［M］．北京：中国人民大学出版社，2007.

［21］李其龙．世界教育大系德国教育［M］．长春：吉林教育出版社，2000.

［22］刘新庚．现代思想政治教育方法论［M］．北京：人民出版社，2008.

［23］欧阳康．社会认识论导论［M］．北京：中国社会科学出版社，1999.

[24] 彭虹．涌现与互动：网络社会的传播视角［M］．北京：中国社会科学出版社，2010.

[25] 邱伟光，张耀灿．思想政治教育学原理［M］．北京：高等教育出版社，1999.

[26] 《人民日报重要报道汇编》编辑组．人民日报重要报道汇编［M］．北京：人民日报出版社，2012.

[27] 上海师范学院，编选．欧洲哲学史原著选编［M］．福州：福建人民出版社，1985.

[28] 宋惠昌．社会主义核心价值观专题解读［M］．北京：中共中央党校出版社，2010.

[29] 邵培仁，海阔．大众传媒通论［M］．杭州：浙江大学出版社，2005.

[30] 沈壮海．思想政治教育有效性研究［M］．武汉：武汉大学出版社，2008.

[31] 汤敏．慕课革命［M］．北京：中信出版社，2015.

[32] 檀传宝．学校道德教育原理［M］．北京：教育科学出版社，2015.

[33] 田海舰，邹卫．社会主义核心价值观论纲［M］．北京：人民出版社，2010.

[34] 王学俭，刘强．新媒体与高校思想政治教育［M］．北京：人民出版社，2012.

[35] 王玉梁．理想信念信仰与价值观［M］．西安：陕西人民出版社，2001.

[36] 王长江．现代政党执政规律研究［M］．北京：上海人民出版社，2002.

[37] 薛海鸣．新时期大学生核心价值观教育研究［M］．北京：中国书籍出版社，2014.

[38] 习近平．习近平谈治国理政［M］．北京：外文出版社，2014.

[39] 杨艳琪．新媒体与新闻传播［M］．北京：社会科学文献出版社，2015.

[40] 袁铎．非意识形态化思潮研究［M］．北京：中国社会科学出版

社，2008.

[41] 袁贵仁．价值观的理论与实践［M］．北京：北京师范大学出版社，2006.

[42] 袁贵仁．马克思的人学思想［M］．北京：北京师范大学出版社，1996.

[43] 袁银传．价值观、核心价值观、核心价值体系、中国特色社会主义核心价值观［M］．武汉：武汉大学出版社，2014.

[44] 袁桂林．当代西方道德教育理论［M］．福州：福建教育出版社，2005.

[45] 余英时．中国思想传统的现代诠释［M］．南京：江苏人民出版社，2003.

[46] 张晓静．自我教育论［M］．哈尔滨：黑龙江教育出版社，2004.

[47] 张岱年．文化与价值［M］．北京：新华出版社，2004.

[48] 张艳秋．理解媒介素养：起源、范式与路径［M］．北京：人民出版社，2012.

[49] 中共中央宣传部．习近平总书记系列重要讲话读本［M］．北京：人民出版社，2014.

[50] 中共中央文献研究室．习近平关于全面深化改革论述摘编［M］．北京：中央文献出版社，2014.

## 三、译著及外文文献类

### （一）译著

[1]［美］路易斯·拉思斯．价值与教学［M］．谭松贤，译．杭州：浙江教育出版社，2003.

[2]［美］曼纽尔·卡斯特．网络社会的崛起［M］．夏铸九，王志弘，译．北京：社会科学文献出版社，2001.

[3]［美］托马斯·里克纳．美式课堂：品质教育学校方略［M］．刘冰，等，译．海口：海南出版社，2001.

[4]［美］尼葛洛庞帝．数字化生存［M］．胡冰，范海燕，译．海口：海南出版社，1997.

[5]［美］曼纽尔·卡斯特．认同的力量［M］．夏铸九，译．北京：

社会科学文献出版社，2003.

[6] [美] 罗斯科·庞德. 通过法律的社会控制 [M]. 沈宗灵，译. 北京：商务印书馆，1984.

[7] [美] 埃瑟·戴森. 2.0 版：数字化时代的生活设计 [M]. 胡泳，范海燕，译. 海口：海南出版社，1998.

[8] [美] 塞缪尔·亨廷顿. 变化社会中的政治秩序 [M]. 王冠华，等，译. 上海：上海人民出版社，2008.

[9] [美] J. L. 弗里德曼. 社会心理学 [M]. 高地，译. 哈尔滨：黑龙江人民出版社，1984.

[10] [美] 克里夫·贝克. 优化学校教育：一种价值的观点 [M]. 袁振国，等，编，戚万学，等，译. 上海：华东师范大学出版社，2003.

[11] [美] A. 班杜拉. 思想和行为的社会基础：社会认知论（上册）[M]. 林颖，译. 上海：华东师范大学出版社，2001.

[12] [美] 大卫·哈柏斯塔姆. 媒介与权势（上下卷）[M]. 尹向泽，等，译. 北京：国际文化出版公司，2006.

[13] [英] 卡尔·波普尔. 科学知识进化论 [M]. 纪树立，译. 北京：生活·读书·新知三联书店，2011.

[14] [意] 葛兰西. 实践哲学 [M]. 徐崇温，译. 重庆：重庆出版社，1990.

[15] [加] 马歇尔·麦克卢汉. 理解媒介：论人的延伸（增订评注本）[M]. 何道宽，译. 南京：译林出版社，2011.

[16] [奥] 卢卡奇. 历史与阶级意识 [M]. 杜章智，译. 北京：商务印书馆，1996.

[17] [美] 路·冯·贝塔朗菲. 普通系统论的历史和现状 [J]. 王兴成，译. 国外社会科学，1978 (2).

[18] [荷] 斯宾诺莎. 伦理学 [M]. 贺麟，译. 北京：商务印书馆，1983.

[19] [德] 黑格尔. 法哲学原理 [M]. 范扬，张企泰，译. 北京：商务印书馆，1961.

[20] [德] 黑格尔. 历史哲学 [M]. 王造时，译. 上海：上海书店出版社，2005.

[21] [德] 雅斯贝尔斯. 什么是教育 [M]. 邹进, 译. 北京: 生活·读书·新知三联书店, 1991.

[22] [苏联] 卢那察尔斯基. 关于艺术的对话 [M]. 北京: 生活·读书·新知三联书店, 1991.

[23] [苏联] 苏霍姆林斯基. 少年的教育和自我教育 [M]. 姜励群, 译. 北京: 北京出版社, 1984.

[24] [苏联] 肖·阿·纳奇拉什维里. 宣传心理学 [M]. 金初高, 译. 北京: 新华出版社, 1984.

（二）外文文献

[1] Albrow, Martin. Max Weber's Construction of Social Theory [M]. London: Palgrave Macmillan, 1990.

[2] G Lukacs. History and Class Consciousness [M]. London: The MIT Press, 1971.

[3] H Marcuse. One—Dimensional Man [M]. Bostan: Beason press, 1964.

[4] Shearon A. Lowery, Melvin L. DeFleur. Milestones in Mass Communication Research (3rd Edition) [M]. Allyn & Bacon, 1994.

[5] M McLuhan. Understanding Media: The Extensions of Man [M]. New York: McGraw-Hill, 1996.

[6] M McLuhan. The Global Village: Transformation in World Life and Media in the 21st Century [M]. New York: Oxford University Press, 1989.

[7] 美国约翰道顿大学生价值研究院网: http://studentvalues. fsu. edu/.

## 四、学术期刊和报刊类

（一）学术期刊

[1] 陈秉公. 马克思主义意识形态理论与社会主义核心价值体系建构 [J]. 马克思主义研究, 2008 (3).

[2] 陈少平, 郑铮彬. 大学生社会主义核心价值观教育的现状调查和路径探讨 [J]. 思想教育研究, 2015 (11).

[3] 陈永福, 陈少平, 郑铮彬. 大学生培育和践行社会主义核心价值观状况调查 [J]. 福州大学学报 (哲学社会科学版), 2015 (2).

[4] 陈力丹．传播学的基本概念与传播模式［J］．东南传播，2015（3）．

[5] 程恩富，郑一明，冯颜利．近年社会主义核心价值体系建设情况的调查研究报告［J］．毛泽东邓小平理论研究，2011（2）．

[6] 重庆市委重大调研课题组．关于“信仰问题”调研情况的报告［J］．马克思主义研究，2009（12）．

[7] 曹抱芬，胡凯．大学生社会主义核心价值观教育中认知图式的优化［J］．思想教育研究，2012（12）．

[8] 董云川，周宏．“人的文化性存在”作为德育逻辑起点的探析［J］．思想战线，2013（2）．

[9] 董云川，徐娟．学校道德教育的两难困境：基于多元的社会现实与相对的哲学解析［J］．思想战线，2015（2）．

[10] 邸乘光．关于进一步凝练社会主义核心价值观的思考［J］．思想政治教育研究，2014（2）．

[11] 邓若伊，蒋忠波．网络传播与大学生社会主义核心价值观的建构：基于五省市大学生的调查分析［J］．西南民族大学学报（人文社会科学版），2011（9）．

[12] 戴锐．德育语境中社会实践的理论内涵与实施原则［J］．新德育·思想理论教育（综合版），2006（3）．

[13] 范洁波．大学生社会主义核心价值观教育的困境及对策［J］．高教探索，2014（2）．

[14] 方爱东．社会主义核心价值观论纲［J］．马克思主义研究，2010（12）．

[15] 范益民．新媒体视域下高校思想政治教育研究范式转换的探索［J］．继续教育研究，2016（3）．

[16] 冯刚．新形势下推动高校网络文化建设的思考与实践［J］．思想教育研究，2015（8）．

[17] 冯平．重建价值哲学［J］．哲学研究，2002（5）．

[18] 高源，马静．“未来10年10大挑战”调查报告［J］．人民论坛，2009（24）．

[19] 高德胜．危机四伏的家庭及其教育功能的萎缩［J］．全球教育

展望，2008（10）.

［20］高国希.雷锋精神：德性伦理与榜样教育［J］.思想理论教育，2013（13）.

［21］高良坚.论开放德育视域下大学生社会主义核心价值观的培育：基于杜威经验论视角［J］.理论月刊，2015（8）.

［22］关洁.社会主义核心价值观的网络培育途径［J］.当代世界与社会主义，2013（2）.

［23］郭朝辉.当代大学生对社会主义核心价值观认知的实证研究［J］.西南民族大学学报（人文社会科学版），2015（5）.

［24］韩延明.校训：培育大学生社会主义核心价值观的沃壤［J］.中国高教研究，2014（9）.

［25］黄岩，陈伟宏.新媒体：大学生核心价值观培育的契机与挑战［J］.思想政治工作研究，2011（6）.

［26］胡恒钊.西方思想政治教育方法特点及其借鉴意义［J］.学术论坛，2010（5）.

［27］胡建，王玉鹏.当代大学生家庭教育论析［J］.学校党建与思想教育，2012（1）.

［28］洪昀.新媒体时代大学生思政教育工作的思考［J］.国家教育行政学院学报，2012（12）.

［29］侯勇，孙其昂.论精神生活的现代性遭遇与超越之路［J］.南京师范大学学报（社会科学版），2010（7）.

［30］黄蓉生，胡建军，崔健.加强大学生社会主义核心价值观教育的多维思考［J］.思想理论教育，2015（6）.

［31］黄苇町.当“为了人民的利益”成为口号［J］.当代贵州，2014（34）.

［32］胡凯，杨欣.大学生志愿服务的思想政治教育功能［J］.思想政治教育研究，2010（4）.

［33］蒋红.高校意识形态工作亟待加强［J］.红旗文摘，2014（21）.

［34］蒋红，胡玉荣.价值观的时代变迁及认同整合的深层次推进［J］.学术探索，2015（1）.

［35］吉明明.大学生家庭教育的弱化及对策研究［J］.教育与职业，

2011（14）.

［36］金秋美，郭云芳．论在青年中推进社会主义核心价值观建设的必要性与途径［J］．中国青年研究，2010（4）.

［37］蒋广学，刘丰．论媒体融合背景下主流意识形态传播的策略［J］．湘潭大学学报（哲学社会科学版），2015（5）.

［38］蒋广学．论社交网络平台的分化趋势与校园网络文化的转型路径［J］．思想理论教育导刊，2014（8）.

［39］蒋广学．试论网络素养教育的现实困境与突围途径［J］．北京教育·德育，2013（12）.

［40］刘建伟，陈鹏联．大学生对马克思主义中国化最新成果的接受状况调查：以陕西省部分高校为例［J］．高校教育管理，2014（11）.

［41］刘际飞，吴惠．应用微信公众平台开展大学生思想政治教育工作的四个着力点［J］．思想教育研究，2015（12）.

［42］刘文佳，杨永志．论网络媒体与社会主义核心价值观传播［J］．学术论坛，2015（2）.

［43］刘娜．大学生对网络思想政治教育环境中主流观点的认同研究［J］．思想政治工作研究，2015（4）.

［44］刘艳萍．大学生社会主义核心价值观教育的实证研究［J］．教育评论，2014（12）.

［45］柳礼泉，陈方芳．社会主义核心价值观融入日常生活探析［J］．思想教育研究，2015（7）.

［46］鲁洁．人对人的理解：道德教育的基础：道德教育当代转型的思考［J］．教育研究，2000（7）.

［47］骆郁廷，高飞．大学生思想认识活动的特殊性及其引导［J］．思想理论教育导刊，2015（7）.

［48］李绍伟，池忠军．培育和践行社会主义核心价值观的首要范导力量［J］．理论与改革，2014（2）.

［49］李艳艳．维护微博意识形态安全必须纠正的几种倾向［J］．红旗文稿，2014（23）.

［50］马克垚．困境与反思：“欧洲中心论”的破除与世界史的创立［J］．历史研究，2006（1）.

［51］马学轲.2014年意识形态领域十个热点问题［J］.马克思主义研究，2015（2）.

［52］马健生，孙珂.在传统与现代之间：英国大学生主流价值观教育探析［J］.外国教育研究，2011（10）.

［53］宁晓菊.大学生社会主义核心价值观教育创新研究［J］.中国劳动关系学院学报，2014（6）.

［54］乔瑞华.新时期影响大学生社会主义核心价值观的因素及其培养途径［J］.思想理论教育导刊，2014（9）.

［55］盛建军，何茂昌.新媒体时代交往实践观下的大学生社会主义核心价值观教育［J］.学校党建与思想教育，2014（4）.

［56］邵明英，曾煜.大学生手机媒体使用需求及应对：基于全国12所高校的调研［J］.思想教育研究，2015（6）.

［57］宋欣阳.大学生社会主义核心价值观的“微信陪伴”策略研究：基于上海13所高校官方微信的调研［J］.思想理论教育，2015（7）.

［58］石亚玲.大学生社会主义核心价值观认同调查分析：以南方四校为例［J］.思想政治课研究，2015（2）.

［59］神彦飞，金绍荣.提升大学生网络思想政治教育实效性的困境与路径［J］.思想理论教育导刊，2015（7）.

［60］孙文杰.论新媒体环境下校园文化的构建［J］.学习与实践，2013（1）.

［61］沈杰，刘爱莲，葛彦东.哲学语境中意识形态认同的文艺方式：基于毛泽东文艺思想的意识形态性考量［J］.学术论坛，2013（12）.

［62］沈壮海，段立国.2014年度大学生思想政治状况分析：基于全国30所高校的调查［J］.思想政治教育研究，2015（8）.

［63］孙芬，孙其昂.网络环境下大学生的自我教育［J］.前沿，2003（10）.

［64］谭可可.论网络新媒体马克思主义大众化传播的三重维度［J］.湖南社会科学，2013（6）.

［65］唐平秋，卢尚月.新媒体环境下大学生社会主义核心价值观培育的思考［J］.思想理论教育导刊，2015（4）.

［66］陶绍兴，朱芬华，计宏亮.新媒体环境下大学生社会主义核心

价值观的培育路径探究［J］. 佳木斯大学社会科学学报，2014（5）.

［67］王学俭，李东坡. 社会主义核心价值观研究述要［J］. 思想政治教育研究，2013（4）.

［68］王功名. 大学生社会主义核心价值观教育的实践困境与突破［J］. 教育评论，2015（3）.

［69］王亚南. 消费主义视域下大学生社会主义核心价值观培育［J］. 社会科学家，2014（5）.

［70］王华敏，李晓娟，黄蓉生. 大学生社会主义核心价值体系知行现状调查研究［J］. 思想教育研究，2011（5）.

［71］王莉，孙建华. 网络背景下虚拟生存对思想政治教育要素的影响探略［J］. 学校党建与学校教育，2013（12）.

［72］王小占. 大学生使用自媒体现状的调查和建议：基于武汉地区高校的调查［J］. 学校党建与思想教育，2013（6）.

［73］王双群，潘学良. 新媒体与大学生社会主义核心价值观培育［J］. 湖北社会科学，2014（11）.

［74］王伟，黄桂媛. 社会主义核心价值观形象化研究［J］. 学术论坛，2015（6）.

［75］汪庆华. 高校构建培育和践行社会主义核心价值观协同机制探析［J］. 思想理论教育导刊，2015（8）.

［76］王金磊. 借力新媒体加强大学生社会主义核心价值观培育的几点思考［J］. 思想理论教育导刊，2014（11）.

［77］吴阳松. 新媒体视域下当代青年社会主义核心价值观培育问题探论［J］. 理论导刊，2015（5）.

［78］吴向东. 价值观：社会主义本质之维［J］. 马克思主义研究，2007（12）.

［79］吴倬. 关于社会主义核心价值观问题的理论思考［J］. 教学与研究，2008（6）.

［80］吴宁. 在虚拟生存和现实生存之间［J］. 天津社会科学，2001（4）.

［81］吴满意，肖永梅，曹银忠. 大学生社会实践活动的新形式：虚拟社会实践［J］. 理论与改革，2010（2）.

[82] 熊晓琳，李海春．传播学受众理论与思想政治理论课教学改革研究 [J]．学校党建与思想教育，2013 (7)．

[83] 熊晓琳．高校思想政治理论课教学过程“信息流”分析 [J]．思想教育研究，2013 (9)．

[84] 熊瑛．中国传统文化对大学生社会主义核心价值观的构建 [J]．文化学刊，2015 (1)．

[85] 徐玉明．简述大学生社会主义核心价值观的知行统一 [J]．思想理论教育导刊，2015 (4)．

[86] 杨玉好．马林诺夫斯基文化思想简论 [J]．烟台大学学报，1989 (3)．

[87] 杨晓敏，叶启绩．社会主义核心价值观的多元动态结构与现实表达 [J]．山东社会科学，2015 (2)．

[88] 喻永均．大学生社会主义核心价值观认同度调查研究 [J]．南京师范大学学报 (社会科学版)，2014 (8)．

[89] 殷梅霞，柯健．学生社会主义核心价值观“认同—信仰”培育机制研究 [J]．河北师范大学学报 (教育科学版)，2015 (4)．

[90] 袁霞．探析网络时代的家庭教育 [J]．教育学术月刊，2010 (8)．

[91] 杨文华，李韫伟，李鹏昊．网络生态环境下马克思主义意识形态的结构演替及文化转向 [J]．中共天津市委党校学报，2015 (5)．

[92] 杨生平．社会主义核心价值观知行合一的实践建构 [J]．中国特色社会主义研究，2015 (1)．

[93] 叶南客，肖伟华．论中国传统文化对社会主义核心价值观教育现实困境的开解：基于王阳明“致良知”中德育方法论思想的考察 [J]．思想教育研究，2016 (4)．

[94] 张耀灿．对“思想政治教育原理”的重新审视 [J]．学校党建与思想教育，2011 (10)．

[95] 张宜海．社会主义核心价值观的公民认同路径探析 [J]．河南社会科学，2014 (7)．

[96] 张波，邓卓明，邹莉．意识形态话语权：大学生社会主义核心价值观培育的挑战及路径 [J]．思想教育研究，2015 (1)．

[97] 张静芳．在批判极端个人主义中培育大学生社会主义核心价值观［J］．思想政治工作研究，2014（12）．

[98] 张元，丁三青，李晓宁．网络环境下社会主义核心价值观认同的实践路径［J］．科学社会主义，2014（4）．

[99] 张静芳，陈进华．新媒体时代高校德育环境的挑战及其对策［J］．道德与文明，2012（6）．

[100] 张小飞，陈莉．新媒体时代文化生态的嬗变与社会核心价值观传播策略［J］．理论视野，2013（6）．

[101] 张彦君．社会主义核心价值观认同驱动力研究［J］．河南社会科学，2014（7）．

[102] 张春梅．大学生社会主义核心价值观的培育：基于传统文化的视角［J］．高教论坛，2014（8）．

[103] 张春美，陈继锋．微文化生态下的社会主义核心价值观培育［J］．安徽师范大学学报（人文社会科学版），2014（1）．

[104] 周庆山．论网络法律体系的整体建构［J］．河北学刊，2014（8）．

[105] 周晓虹．文化反哺：变迁社会中的亲子传承［J］．社会学研究，2000（2）．

[106] 郑洁，税伟．论大学生社会化的发展阶段及主要内容［J］．重庆邮电学院学报（社会科学版），2004（1）．

[107] 郑志龙，余丽．互联网在国际政治中的“非中性作用”［J］．政治学研究，2012（4）．

[108] 郑杭生．改革开放30年：快速转型中的中国社会：从社会学视角看中国社会的几个显著特点［J］．社会科学研究，2008（4）．

[109] 曾令辉，郑永廷．马克思主义自由观视阈下人的虚拟自由［J］．思想教育研究，2008（6）．

[110] 樊爱霞．价值认同视域下的新时代大学生社会主义核心价值观教育［J］．教育理论与实践，2020（40）．

[111] 李爽，金玲玲，王婷，等．大学生对社会主义核心价值观认知和践行情况调查分析［J］．学校党建与思想教育，2020（24）．

[112] 黄义灵，王萍．马克思主义人学视域下大学生社会主义核心价值观教育研究［J］．学校党建与思想教育，2020（23）．

[113] 郝晓丽．新媒体环境下的社会主义核心价值观教育［J］．中学政治教学参考，2020（36）．

[114] 田鹏颖．社会主义核心价值观的存在形态［J］．社会主义核心价值观研究，2021（3）．

[115] 杨慧民．网络意见领袖建构网络意识形态的逻辑理路及其应用［J］．理论导刊，2022（4）．

**（二）报刊**

[1] 冯刚．坚守核心价值观必须发挥文化的作用［N］．光明日报，2015-11-10.

[2] 公方彬．将核心价值观融入全民族内心深处［N］．光明日报，2015-12-30.

[3] 谷卿．让“互联网+”引爆传统文化［N］．中国青年报，2015-12-18.

[4] 胡锦涛．迈向新世纪，创造新业绩：在共青团第十四次全国代表大会上的祝词［N］．人民日报，1998-06-20.

[5] 霍小光．刘云山在辽宁调研时强调：以先进典型为镜，以服务人民为本，把群众路线教育实践活动不断引向深入［N］．人民日报，2014-04-23.

[6] 韩庆祥．哲学需直面“中国问题”［N］．人民日报，2015-04-20.

[7] 刘邵宏．新媒体与大学生社会主义核心价值观培育［N］．光明日报，2014-07-02.

[8] 习近平．在党的群众路线教育实践活动总结大会上的讲话［N］．人民日报，2014-10-09.

[9] 习近平．在首都各界纪念现行宪法公布施行30周年大会上的讲话［N］．人民日报，2012-12-04.

[10] 习近平．在2015年春节团拜会上的讲话［N］．人民日报，2015-02-18.

[11] 习近平．在哲学社会科学工作座谈会上的讲话［N］．人民日报，2016-05-19.

[12] 许新．独立学院思想政治理论课如何创新［N］．中国教育报，2015-11-17.

[13] 徐光明. 大学里也有“家委会”：江西师范大学国际教育学院探索家校合力育人 [N]. 中国教育报，2015-11-18.

[14] 袁贵仁. 加强有说服力的思想政治工作 [N]. 光明日报，2002-03-26.

[15] 中共中央，国务院. 关于进一步加强和改进大学生思想政治教育的意见 [N]. 光明日报，2004-10-15.

[16] 中共中央办公厅. 关于培育和践行社会主义核心价值观的意见 [N]. 人民日报，2013-12-24.

## 五、学位论文

[1] 户可英. 大学生社会主义核心价值观教育方法研究 [D]. 成都：电子科技大学，2014.

[2] 龙蕊. 网络环境中当代大学生培育和践行社会主义核心价值观探究 [D]. 苏州：苏州大学，2014.

[3] 刘铮. 大学生认同与践行社会主义核心价值观研究 [D]. 长沙：中南大学，2012.

[4] 李绍伟. 社会教育的德育功能研究 [D]. 徐州：中国矿业大学，2014.

[5] 梁庆婷. 大众传媒的思想政治教育功能研究 [D]. 徐州：中国矿业大学，2011.

[6] 季海菊. 新媒体时代高校思想政治教育研究 [D]. 南京：南京师范大学，2013.

[7] 秦继伟. 当代大学生网络自律意识教育研究 [D]. 长沙：湖南师范大学，2013.

[8] 孙建青. 当代中国大学生核心价值观教育问题研究 [D]. 济南：山东大学，2014.

[9] 汪頔. 新媒体的发展趋势及其对价值观的影响 [D]. 上海：复旦大学，2013.